全国船舶工业职业教育教学指导委员会推荐教材

U0645188

船舶焊接检验

主　编　刘军华　杜训柏
主　审　贾正逊

哈尔滨工程大学出版社
Harbin Engineering University Press

内 容 简 介

本教材依据船舶焊接检验岗位需求进行编写,全书采用理实一体化的架构,突出船舶焊接检验职业技能,并保证船舶焊接检验工艺学科知识体系的完整性。本教材突出能力训练,着力培养学生分析和解决实际问题的能力。全书内容包括船舶焊接检验工艺实施、焊接缺陷识别、船体焊缝目视检测、船舶钢焊缝射线检测、船舶钢焊缝超声波检测、船舶钢焊缝磁粉检测及船舶钢焊缝渗透检测七个项目,二十六个任务。各项目均有德育导向,各任务设有知识链接,并配置立体化教学资源,任务实施中有明确的技能实施要素,可使学生构建理论和实践的有机联系。

本教材以实用和标准化为原则,兼顾了知识的体系化;以项目驱动组织教学内容,以培养高技能型人才的实践能力为重点,突出实用性。本教材既可作为高等院校船舶工程技术、智能焊接技术等相关专业的中职和高职教材,也可供船舶生产管理技术人员自学使用。

图书在版编目(CIP)数据

船舶焊接检验 / 刘军华,杜训柏主编. —哈尔滨:
哈尔滨工程大学出版社,2023.12
ISBN 978-7-5661-4156-9

Ⅰ.①船… Ⅱ.①刘… ②杜… Ⅲ.①造船-焊接-检验 Ⅳ.①U671.83

中国国家版本馆 CIP 数据核字(2023)第 235725 号

船舶焊接检验
CHUANBO HANJIE JIANYAN

选题策划　史大伟　雷　霞
责任编辑　刘海霞
封面设计　李海波

出版发行　哈尔滨工程大学出版社
社　　址　哈尔滨市南岗区南通大街 145 号
邮政编码　150001
发行电话　0451-82519328
传　　真　0451-82519699
经　　销　新华书店
印　　刷　哈尔滨市海德利商务印刷有限公司
开　　本　787 mm×1 092 mm　1/16
印　　张　15
字　　数　379 千字
版　　次　2023 年 12 月第 1 版
印　　次　2023 年 12 月第 1 次印刷
书　　号　ISBN 978-7-5661-4156-9
定　　价　55.00 元
http://www.hrbeupress.com
E-mail:heupress@ hrbeu.edu.cn

前　　言

　　焊接技术是船舶制造过程重要的工艺环节。焊接工艺的合理性、焊接技术人员的水平、焊接结构的质量等因素直接影响着船舶建造的整体质量和安全。因此,焊接检验是船舶建造质量检验的重要组成部分。

　　本教材注重以职业为导向,以能力为本位,以素质培养为重点,面向市场,面向社会,体现现代职业教育特征,满足高素质技术技能型船舶焊接检验岗位人才培养的需要。

　　本教材在组织编写过程中,主要有以下特色:

　　1. 本教材总结了全国开办有船舶工程技术、船舶检验、智能焊接技术专业类的职业院校多年来的专业教学经验,吸收了部分企业知名专家的意见,代表性强,适用性广。

　　2. 本教材以职业岗位的需求为出发点,根据现行船舶检验规范,结合焊接检验新技术、新方法和新工艺,具有较强的针对性和实用性。本教材构建了船舶焊接检验项目化、任务式教材体例,以保证现代焊接检验方法及工艺技术的完整性和系统性。

　　3. 本教材编写时将每项目划分为若干任务,列出知识目标、能力目标及素质目标,并编制配套的思考与练习题。

　　4. 本教材融入了大量自主开发的虚拟仿真素材、生产一线工艺操作案例,并开发了视频、动画、仿真、PPT、案例等 3 000 多条素材,均已收录在"微知库"平台——职业教育智能焊接技术专业教学资源库升级改进项目《焊接检验》课程中。

　　本教材是针对三年制高等职业教育编写的,两年制的也可参考使用。同时,本教材还适用于焊接检验岗位员工的自学及其他形式的职业教育。

　　本教材由船舶焊接检验工艺实施、焊接缺陷识别、船体焊缝目视检测、船舶钢焊缝射线检测、船舶钢焊缝超声波检测、船舶钢焊缝磁粉检测和船舶钢焊缝渗透检测七个项目组成。本教材由刘军华、杜训柏(江苏海事职业技术学院)主编,负责全书的组织、设计、统稿。

　　具体分工如下:

　　刘军华编写项目 1;杜训柏编写项目 4、项目 5 及全书思政案例;陈晓明(江苏海事职业技术学院)、代亮(杭州国能汽轮工程有限公司)编写项目 2;陈晓明、周丽琴(广西电力职业技术学院)编写项目 3;顾永凤、吴鸿燕(九江职业技术学院)编写项目 6;康双琦、张通超(江苏海事职业技术学院)编写项目 7。

　　本教材由中国船级社江苏分社船舶检验处处长贾正逊高级工程师担任主审。

　　限于编者经历和水平,书中难免有疏漏和不妥之处,望同行专家和读者给予批评指正,以望再版时改正,在此表示谢意。

编　者

2023 年 12 月

目　　录

项目1
船舶焊接检验工艺实施

学习目标

知识目标：

（1）了解船舶焊接检验的作用

（2）熟悉船舶焊接检验的方法及流程

（3）熟悉船舶焊接检验的内容及要求

能力目标：

（1）能根据工艺要求完成船体结构焊前检验工作

（2）能根据工艺要求完成船体结构焊接过程检验工作

（3）能根据工艺要求完成船体结构焊后检验工作

素质目标：

（1）树立检验工作是事故预防重要手段的观念

（2）养成检验工作严谨细致和求真的职业品格

（3）培养检验工作必须遵守标准和规范的习惯

项目背景

船舶脆断事故中，40%左右是由焊接缺陷引起的，因此船舶焊接质量决定着船舶建造质量，开展船舶焊接质量检验具有非常重要的现实意义。而船舶焊接常见缺陷类型多样，有的缺陷可能非常细小，有的隐藏在焊缝内部难以发现，需要采用不同的检测方法仔细甄别。因此严谨细致和实事求是是焊接检验工作人员应具备的职业品格，遵守船舶检验标准和规范是检验工作的职业习惯。

焊接检验是以近代物理学、化学、力学、电子学和材料科学为基础的学科之一，也是控制焊接质量的关键手段。焊接检验的本质是利用调查、检查、度量、试验和监测等方法，将产品的焊接质量同其使用要求不断进行比较的过程。正确及时的焊接检验能够确保船舶焊接质量和船舶运行安全。

思政案例

船体结构焊接检验主要由船体结构焊前检验、船体结构焊接过程检验、船体结构焊后检验、安装运行质量检验及船舶服役质量检验等五个环节组成。船舶生产中焊接检验方法繁多，检验机理迥异，常见检验方法参见表1-1。

表 1-1　船舶焊接检验方法及特点

检验类别	分类		性能特征
非破坏性试验	焊缝外观检验	焊缝成形	优点： 1. 可直接对所生产的产品进行试验，而与零件的成本或可得到的数量无关。 2. 既能对产品进行普检，也可对典型抽样进行试验。 3. 对同一产品可采用不同的试验方法。 4. 对同一产品可以重复进行同一种试验。 5. 劳动成本相对较低。 缺点： 1. 对检验人员的技能要求较高。 2. 试验结果可能会受操作人员影响而略有差异。 3. 部分检验结果只是定性的或相对的。 4. 部分检验设备价格较高
		焊缝几何尺寸	
		表面缺陷	
	压力试验	液压试验	
		气压试验	
	密性及结构适宜性试验	静水压试验	
		冲水试验	
		空气试验	
		压缩空气填角焊试验	
		抽真空试验	
		超声波试验	
		渗透试验	
	焊缝无损检测	射线检测	
		超声波检测	
		磁粉检测	
		渗透检测	
		涡流检测	
破坏性试验	力学性能试验	拉伸试验	优点： 1. 检测结果直观。 2. 能够定量检测。 缺点： 1. 抽样具有局限性。 2. 试验为破坏性。 3. 常常不能对同一件产品进行重复性试验。 4. 试验用的试样，往往需要大量的机加工或其他的制备工作。 5. 设备投资及劳动消耗往往很高
		弯曲试验	
		硬度试验	
		冲击试验	
		疲劳试验	
	化学分析试验	化学成分分析	
		焊缝腐蚀试验	
	金相试验	宏观金相	
		微观金相	
	焊接性试验		

焊接检验贯穿于船舶建造和运行的全生命周期，鉴于焊接检测方法的多样性，合理选择焊接检测方法，无疑成为有效保证焊接结构质量的核心所在。

非破坏性试验

破坏性试验

拉伸试验

冷弯试验

布氏硬度试验

任务1　船体结构焊前检验

【任务描述】

焊前检验是焊接事故预防的重要环节,施焊前做好各种准备工作,可最大程度避免或减少焊接缺陷,是保证焊接质量的积极、有效措施。

船体结构焊前检验主要包括基本金属、焊接材料、焊接工艺认可、焊工资格、备料及装配、焊前预热以及焊接设备及配具等的检验工作,涉及检验项目繁多。为保证船体结构焊接质量,保障船舶焊接生产合理实施,必须明确船体结构焊前检验项目及要求,掌握船体结构焊前检验注意事项,进而合理地开展船体结构焊前检验。

【相关知识】

船体结构焊前检验是对船舶焊前准备工作的检查,其目的是保证焊接过程的合理实施。

一、基本金属检验

1. 钢板、扁钢与型钢

（1）标记和合格证书检查

每件钢材不少于一个位置清晰标出下列标记:船级社的检验标志;钢厂名称或商标;钢材等级标记;炉罐号或其他能够追溯钢材全部生产过程的编号或缩写等。

除钢厂名称外,合格证书应包括:订货方名称和合同号以及使用该材料的船名;炉批号、熔炼化学成分;材料的技术规格/等级和尺寸;交货数量和质量;碳当量;力学性能试验结果,包括可追溯的试验标识号;除热轧状态以外的供货状态;表面质量检查结果等。

（2）表面质量检验

①麻点、氧化皮、压痕、辊印、划痕和凹槽等无害缺欠,满足规定时则可接受;

②在表面或边缘目视可见的裂纹、有害的表面发纹、结疤(带非金属夹杂物的冷搭)、粘砂、分层、尖锐边缘(拉裂),均作为有损于产品使用的缺陷,应予以修补。

（3）尺寸偏差检验

钢板长度、宽度及平整度等应满足公认的国家或国际标准。

2. 锻钢件

（1）标记和合格证书检查

不少于一个位置清晰标出下列标记:船级社的检验标志;标识号;试验压力(如有时);牌号或等级;检验单位缩写和验船师印章;证书号。

每一锻钢件或成批量交验的锻钢件,合格证书应包括:订货方的名称和合同号;锻钢件的描述、钢级及标识号;炼钢方法、炉罐号和熔炼化学成分分析;热处理详细资料,包括热处理温度和保温时间;力学性能试验结果;低倍组织检查结果(如有时);锻造比;试验压力(如有时);无损检测的方法及结果(如适用)。

(2)表面目视检验

锻钢件的表面应保持清洁,无氧化皮、油脂等影响检查的物质。

3. 铸钢件

(1)标记和合格证书检查

不少于一个位置清晰标出下列标记:船级社的检验标志;标记;试验压力(如有时);牌号或等级;证书号。

每一铸钢件或每批铸钢件合格证书应包括:订货方的名称和合同号;铸钢件质量及铸钢件说明书;炉罐号和化学成分;热处理详细资料,包括热处理温度和保温时间;力学性能试验结果;试验压力(如有时);无损检测的方法和结果。

(2)表面质量检验

应按批准图纸的要求,加工到规定的表面粗糙度。铸钢件表面和内部应无裂缝、缩孔、冷隔、结疤等缺陷,以及将会影响铸钢件使用的其他缺陷,如气孔等。

4. 铸铁件

(1)标记和合格证书检查

不少于一个位置清晰标出下列标记:船级社的检验标志;标记;试验压力(如有时);牌号或等级;证书号。

每一铸铁件或每批铸铁件合格证书应包括:订货方的名称和合同号;铸铁质量及铸铁件的说明书;铸件标识号(或炉罐号);化学成分(如有特殊要求时);热处理工艺(如采用);力学性能试验结果;试验压力(如进行该试验时)。

(2)表面质量检验

应按已批准图纸的要求,加工到规定的粗糙度。

铸铁件上不应有裂纹、气孔、缩孔、疏松、砂眼、冷隔等影响其后机加工和使用的各种有害缺陷。

5. 铝合金

(1)标记和合格证书检查

应至少在一个位置清晰标出船级社的检验标志和下列标记:制造厂的名称或商标;牌号和状态号;耐腐蚀试验的标记"M"(如有时);识别标志。

合格证书应包括:订货方名称和合同号;船名或结构项目号;产品的数量、尺寸规格和质量;牌号和交货状态;化学成分;识别标志;力学性能试验结果;腐蚀性能试验结果(如适用)。

(2)表面质量检验

铝合金产品边缘应平齐、无毛刺,外形尺寸和公差范围应符合船级社接受的有关技术条件。

铝合金产品表面不应有裂纹、分层、腐蚀、氧化夹杂物、起皮、气泡、硝盐痕和严重的机械损伤以及影响后续加工或使用的有害缺陷,缺陷的判定应符合公认的有关技术条件。

二、焊接材料选用

1. 凡经船级社认可的焊接材料,均应在每盒或每包上的明显位置标上船级社认可的标志。

已认可的焊接材料应在每一包装盒中附上1份使用说明书,说明书应包括制造厂对该焊接材料所推荐的贮存、焙烘和使用的参数。

2. 选用焊接材料的级别应与船体结构用钢级别、材质相适应。

（1）不同强度母材焊接

不同强度的母材焊接,除结构不连续处或应力集中区域内应选用较高强度级别的焊接材料外,一般可选用与较低强度级别的母材相适应的焊接材料。

母材强度相同、韧性级别不同时,除结构受力情况复杂或施工条件有特殊要求的,一般可选用与较低韧性级别相适应的焊接材料。

高强度钢或碳当量大于 0.41% 的钢材与相同强度或较低强度钢之间焊接,或重要结构件焊接,应使用低氢焊接材料。

（2）不锈钢及其复合钢板焊接

奥氏体不锈钢通常选用其熔敷金属的化学成分与母材基本相当的焊接材料。

奥氏体/铁素体双相不锈钢宜选用其熔敷金属的金相结构中奥氏体组织多于铁素体组织的焊接材料,或直接选用相适应的奥氏体不锈钢焊接材料。

不锈钢复合钢板的焊接材料应分别适用于相应的基材和复层材。

焊接含氮不锈钢时,可考虑采用含有适量氮气的惰性保护气体。

（3）镍合金钢焊接

为保证焊接接头的低温韧性,一般选用比母材含镍量较高的焊接材料,如常选 Ni 基或 Fe-Ni 基两种类型。

采用钨极氩弧焊时,可选用与镍合金钢成分类似的铁素体型镍合金钢焊接材料。

为保证焊接接头的质量,可选用焊缝金属热膨胀系数与母材热膨胀系数相近的焊接材料。

镍合金钢与船体结构钢相焊时,应选择与镍合金钢相匹配的焊接材料。

3. 焊条、焊剂烘干温度及保温时间应规范、正确。

4. 保护气体类型、纯度及流量应符合焊接工艺规程要求。

三、焊接工艺认可

通常在采用新材料、新工艺时,应进行工艺认可试验,以验证制造厂具备使用该工艺进行焊接作业的能力。

1. 焊接工艺计划书（PWPS）

焊接工艺计划书由船厂或产品制造厂在焊接工艺认可试验前编制,用以指导完成焊接工艺认可试验的技术文件。焊接工艺计划书应包括焊接工艺规程中所有的技术参数。

在认可试验中,可根据试验的结果对相关的技术参数进行修改和完善。

工厂应制定详细的焊接工艺计划书,提交认可的焊接工艺计划书应包括下列内容:

(1)母材的牌号、级别、厚度和交货状态;

(2)焊接材料(焊条、焊丝、焊剂和保护气体)的型号、等级和规格;

(3)焊接设备的型号和主要性能参数;

(4)坡口设计、加工要求及衬垫材料(如有时);

(5)焊道布置和焊接顺序;

(6)焊接位置(平、立、横、仰焊等);

(7)焊接规范参数(电源极性、焊接电流、电弧电压、焊接速度和保护气体流量);

(8)焊前预热和道间温度、焊后热处理及焊后消除应力的措施等;

(9)施焊环境为现场施焊或车间施焊;

(10)其他有关的特殊要求。

2.焊接工艺试验报告(WPQR)

焊接工艺试验报告是准确描述和详细记录焊接工艺认可试验中实际使用和得到的技术参数的技术文件,用作焊接工艺规程认可的依据。

报告中涉及的每项试验结果(包括复试结果)均应予以评价。

3.焊接工艺规程(WPS)

焊接工艺规程是工厂根据合格的焊接工艺试验报告,对焊接工艺计划书修改完善后并经船级社正式批准的技术文件,用以指导产品生产焊接。

四、焊工资格审核

焊工资格分为船舶与海上设施焊工(S)及船用锅炉压力容器焊工(B)两大类。焊工资格证书示例如图 1-1 所示。

1.焊工资格证书项目

(1)母材、焊接方法、填充金属类型、焊接接头类型、板厚(管子包括壁厚和管径)和焊接位置的覆盖范围,工作水深(仅对水下焊工);

(2)有效期满日期;

(3)焊工姓名、出生日期、身份证号及照片;

(4)船厂/制造厂名称。

中 国 船 级 社
CHINA CLASSIFICATION SOCIETY
焊 工 资 格 证 书
WELDER QUALIFICATION CERTIFICATE
本证书根据中国船级社《材料与焊接规范》的规定颁发
This certificate is issued under the provisions of Rules for Materials and Welding of CCS

格式(Form) RWPAS707-F
证书号No. _____

焊工姓名 Welder name		性别 Sex	
身份证号码 ID No.		出生日期 Date of birth	
工作单位 Employer		焊工等级 Grade of welder	
考试委员会 Test Committee		焊工编号 Welder's ID	
焊接工艺规程编号 Welding Procedure Specification No.			

　　兹证明本证书持有人已通过中国船级社认可的焊工考试委员会举办的资格考试，具有从事本证书规定范围内的焊接工作的资质。
　　本证书持有人应严格按照本证书所规定的工作范围进行焊接操作，按照认可的焊接工艺规程及焊接操作规定进行焊接，并随时接受本社验船师的检查。如发现本证书持有人有违反上述规定的行为，本社有权暂停或取消其资质，其焊接操作不被本社所接受，证书持有人应承担相应的法律和经济责任。
　　THIS IS TO CERTIFY that the holder has passed the qualification test held by Test Committee of welder's qualification approved by China Classification Society, and is qualified to undertake welding operation specified in this certificate.
　　The certificate holder shall be strictly in accordance with the provisions of the scope and the requirements of approved WPS and welding operation specification for welding operation, and ready to accept CCS surveyor examination. The qualification will be suspended or withdrawn, and welding operations will not be accepted, if the certificate holders' actions violate the above requirements.The certificate holder shall be liable for relevant law and economy.

证书适用范围（参见证书背面） Scope of application (See overleaf)	
工程 Project	船舶与海上设施 Hull & offshore structure
焊接方法 Welding Process	焊条电弧焊(SMAW)
焊接位置 Welding position	F、H、V、FF、FH、FVu
对接焊型式 Butt welding detail	单面焊(One side welding)、双面焊(Both side welding)
母材材质 Base metal group	W01
焊接材料 Filler metal type	酸性焊条 Acid electrode
厚度/壁厚 Plate/pipe wall thickness	3～20mm
管子外径 pipe outside diameter	--
其他项目 Others（如有）	

本证书有效期至 This certificate is valid until	发证地点 Issued at
发证日期 Issued on	中国船级社签章 Seal of CCS

1、本社进行的焊工资格考试与评定，并不能替代制造方的工艺控制和质量控制活动。本证书的内容并不能减轻船舶设计方、制造方、拥有方、制造方、销售方、供应方、修理方、营运方，以及其他方应承担的任何责任(The welder's qualification test carried out by this society can not replace the control of technological process and quality by builders or manufacturers. The contents of this certificate do not diminish any liability of the designers, builders,owners,manufacturers,sellers,suppliers,repairers,operators and other parties)
2、本证书仅展证书持有人向本社、国家主管机关和证书持有人所在工作单位证明其具备从事本证书规定范围内焊接工作的资质。本证书的内容不构成本社对国家主管机关、证书持有人和其所在工作单位以外的任何机构和人员的任何保证。国家主管机关、证书持有人和其所在工作单位以外的任何机构和人员因信赖本证书的内容而导致的一切损失，本社概不负责 (This certificate is limited to the certificate holder to prove to this society, the state administration and his/her employer that he/she is qualified to undertake the welding operation specified in this certificate. The contents of this certificate do not constitute any guarantee of this society to any organization or personnel other than the state administration, the certificate holder and his/her employer. This society will not be liable for any loss of any results of trusting the contents of this certificate by any organization or personnel other than the state administration, the certificate holder and his/her employer)

图 1-1 焊工资格证书示例

2. 焊工资格审查内容

（1）焊工证书的有效期限

焊工资格有效期通常从证书颁发之日开始。

除定位焊工资格证书长期有效外，其他所有证书均应定期进行重新验证。

焊工技能应由下列之一方法进行周期性验证：

①每 3 年焊工重新进行考试；

②每 2 年进行验证：在 2 年有效期的最后 6 个月期间，应重新进行复证考试。

考试通过后焊工资格可延期 2 年。

（2）焊工施焊项目

①焊工等级与生产规模、生产工艺、装配工艺相适应；

②证书科目应涵盖本次施工中所使用的所有焊接施工工艺。

五、备料、装配及预热检验

1. 工件备料检查

（1）根据板厚的不同，钢材切割时可采用机械剪切或热切割（如火焰切割、等离子切割和激光切割）的方式。切割表面应无边缘过烧、较深的沟槽和缺口等切割缺陷，如存在这些缺陷，应使用机械方法去除。

（2）对冷成形的船体结构用板材，应控制其内缘弯曲半径，一般内缘弯曲半径应不小于板厚的 4.5 倍。承受高应力的特殊构件，其内缘弯曲半径应不小于板厚的 10 倍。当不能满足上述要求时，应进行热处理，或进行相应应变条件下的时效冲击试验以证明其未影响材料的冲击性能，且经表面检验确认其无表面裂纹等缺陷。

（3）钢板成形温度超过 650 ℃（线加热或点加热除外）时，应进行力学性能试验，以证明该成形温度不影响钢材的拉伸性能和冲击性能。

（4）使用线加热或点加热方式进行曲面成形或光顺处理时，表面加热温度应满足相应规定。

2. 装配检查

焊缝坡口区域的铁锈、氧化皮、油污和杂物等应予清除，并保持清洁和干燥。

涂有底漆的钢材，如在焊接之前未能将底漆清除，则应证明该底漆对焊缝的质量没有不良的影响，相关资料应交船级社备查。

构件的坡口加工、装配次序、定位精度及装配间隙应符合认可的工艺规程的要求，并应避免强制装配，以减少构件的内应力。若因焊缝坡口或装配间隙过大而必须修正时，其修正方法应征得验船师的同意。

在潮湿、多风或寒冷的露天场地进行焊接时，应对焊接作业区域提供适当的遮蔽和防护措施。

3. 焊前预热

施工环境的温度低于 0 ℃时，或材料的碳当量 Ceq 计算数值较大时，或结构刚性过大、构件板厚较厚或焊段较短时，应考虑对焊件采取适当的预热和（或）缓冷措施，以防应力过大或金相组织不良。

六、焊接设备及配具检查

焊接设备型号、电源极性应与焊接工艺相吻合,焊接过程中所需焊枪(炬)、电缆、气体管道,以及其他焊接辅助设备、安全防护设备等应准备齐全。检查辅助机具的灵活性、定位精度及夹紧力。检查面罩遮光性,手把绝缘性、隔热性,电缆接线合理性等。

【任务实施】船体结构焊前检验

1. 船体结构焊前检验任务
(1)描述船体结构焊前检验内容、要求及注意事项;
(2)描述船体结构焊前检测项目、标准及检验工艺。
(3)开展焊前检验。
2. 场地
焊接检验实训室。
3. 材料准备
(1)船舶建造相关标准、规范;
(2)基本金属、焊接材料出厂说明书;
(3)焊接工艺规程;
(4)焊接设备及配具。
4. 按要求实施船体结构焊前检验工作任务,并将结果记入表1-2中。

表 1-2　焊前检验记录

检验项目			检验内容	具体要求	备注
基本金属检验	钢板、扁钢与型钢				
	锻钢件				
	铸钢件				
	铸铁件				
	铝合金				
焊接材料选用	标志				
	焊材选用	结构钢			
		不锈钢及其复合钢板			
		镍合金钢			
	焊条、焊剂烘干				
	保护气体类型、纯度及流量				
焊接工艺认可	焊接工艺计划书(PWPS)				
	焊接工艺试验报告(WPQR)				
	焊接工艺规程(WPS)				
焊工资格审核	焊工资格证书有效期				
	焊工资格证书项目				

表 1-2（续）

检验项目	检验内容	具体要求	备注
备料检验			
装配检验			
预热检验			
焊接设备及配具检查			

【课后习题】

1. 选择题

（1）焊条、焊剂烘干规范包括（　　）和（　　）。

①烘干温度；②保湿时间；③焊条、焊剂规格；④焊材型号。

（2）焊工资格证书项目包含（　　）。

①母材；②焊接方法；③填充金属类型；④有效期满日期；⑤焊工姓名、出生日期；⑥身份证号及照片；⑦性别。

（3）对冷成形的船体结构用板材，应控制其内缘弯曲半径，一般内缘弯曲半径应不小于板厚的（　　）倍。

①4；②3；③5；④4.5。

（4）焊接材料包括（　　）。

①焊条；②焊丝；③焊剂；④保护气体；⑤焊钳。

（5）船体结构焊前检验主要包括（　　）检验工作。

①基本金属；②焊接材料；③焊接方法；④焊接工艺认可；⑤焊工资格；⑥备料及装配；⑦焊前预热。

2. 判断题

（1）船体材料焊接前应进行工艺认可试验。　　　　　　　　　　　　（　　）

（2）船体材料焊接时必须选择与母材一致的焊接材料。　　　　　　　（　　）

（3）船体材料焊接前必须进行预热。　　　　　　　　　　　　　　　（　　）

（4）除定位焊工资格证书长期有效外，为延续焊工证书有效性，所有焊工应由CCS 定期进行重新验证。　　　　　　　　　　　　　　　　　　　　（　　）

（5）气体保护焊时，保护气体流量应规范。　　　　　　　　　　　　（　　）

3. 简答题

（1）试述结构装配检查内容及要求。

（2）焊接工艺计划书应包括哪些内容？

（3）试述镍合金钢焊接材料选择原则。

（4）试述不锈钢及其复合钢板焊接材料选择原则。

（5）工件备料检查有哪些检查项目及要求？

任务2　船体结构焊接过程检验

【任务描述】

船体结构焊接过程检验是指施焊过程中对焊接工艺的合理控制,以保证规范施焊。船体结构建造工艺规程中,针对特定生产情况,均给出了相应的规定,在施焊过程中,应严格按照焊接工艺规程实施。

为保证船体结构焊接质量,保障船舶焊接生产合理实施,必须明确船体结构焊接过程检验项目及要求,掌握船体结构焊接过程检验注意事项,进而合理开展船体结构焊接过程检验。

【相关知识】

船体结构焊接过程检验主要是对焊接工艺执行情况进行检查,包括施焊人员自检和质检人员检查。

一、船体结构焊接原则规定

船体结构的焊缝应按已认可的焊接工艺规程施焊。

1. 船体结构焊接原则

(1)较长焊缝应尽可能从焊缝中间向两端施焊,以减小结构的变形和内应力。

(2)定位焊的数量应尽量减少,定位焊缝应具有足够的高度。定位焊的质量应与施焊焊缝质量相同,存在缺陷的定位焊应在施焊前清除干净。一般强度钢定位焊长度应不小于30 mm,高强度钢定位焊长度应不小于50 mm。

(3)焊缝末端收口处应填满弧坑,以防止产生弧坑裂纹。采用自动焊实施,一般应使用引弧板和熄弧板。

(4)多道焊在下道焊接之前,应将前道焊渣清除。

(5)有焊透要求的焊缝,在焊接第二面焊缝前应进行清根,清根后应具有适当的坡口形状,以便进行封底焊。

(6)在去除临时焊缝、定位焊缝、焊缝缺陷、焊疤及清根时,均不应损伤母材。

2. 船体结构焊接一般要求

(1)除确能保证完全焊透者外,对接焊焊件边缘应开单面或双面坡口,坡口角度一般为40°~60°;若焊件边缘需要加工成其他坡口形式时,则应征得船级社的同意。

(2)全焊透对接焊缝因结构原因而无法进行封底焊时,经验船师同意,允许加固定垫板进行对接焊,但接头的坡口形式及装配间隙,应保证熔敷金属与垫板能完全熔合。

(3)船体构件的角焊缝与板材对接缝交叉处,应符合下列规定:

①应将交叉处的对接焊缝的余高铲平,或将跨过对接焊缝的构件腹板边缘挖孔(通焊孔),以使构件与板材能贴紧,保证焊接质量;

②连续角焊缝构件腹板上如有对接焊缝时,应先焊好对接焊缝,并将角焊缝处的余高铲平,然后进行连续角焊接。

3. 小夹角处角接焊缝焊接

角接焊缝夹角小于50°时,可按下列形式进行焊接:

(1)内底边板与舷侧外板的角接焊缝,其坡口角度应不小于45°,如图1-2所示。若坡口角度小于45°,可将内底边板的边缘开坡口。在坡口处进行多道连续角焊后完成背面连续角焊,必要时可使用单面焊双面成形工艺。

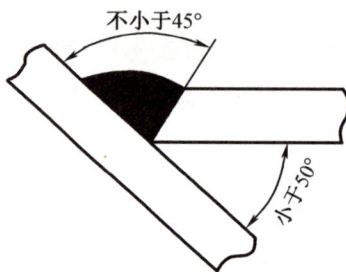

图1-2 内底边板与舷侧外板角接焊缝坡口角度

(2)肘板的角接焊缝若出现小夹角情况,可在钝角位置的一面施焊,但肘板趾端应有足够长度的包角焊缝。

二、船体材料焊接

1. 高强度钢焊接

焊接高强度钢材时,应采用与母材相适应并经船级社认可的低氢型高强度焊接材料。

焊接时,应考虑预热并注意控制热输入和道间温度。

船体结构高强度钢焊缝,外形应光顺,不应有过高的焊缝余高。

艏柱、艉柱及舵叶等高强度钢板组焊船体构件,施焊后应对其进行退火处理,以消除焊接时的残余应力。退火温度应达临界温度之上,然后缓慢冷却。

2. 船体结构铸钢和锻钢件焊接

(1)焊件含碳量达到0.23%或刚性较大时,焊前、焊后均应采取相应的预热及保温措施。

(2)采用手工焊或CO_2气体保护焊,焊接艏柱、艉柱、舵杆及艉轴架,应在焊后进行回火处理;采用电渣焊焊接艏柱、艉柱及舵杆,在焊后应进行正火-回火处理。

艏柱、艉柱、舵杆及艉轴架等构件尺度较大,不具备整体热处理条件时,允许采用有效的局部热处理方法。

3. 不锈钢及其复合钢板焊接

不锈钢宜采用能量集中的焊接方法进行焊接,如熔化极惰性气体保护焊、非熔化极惰性气体保护焊或等离子弧焊等。

不锈钢焊接工艺参数应遵循认可的焊接工艺,通常应以低热输入、短弧方法焊接。焊接时应控制电弧稳定且快速直线移动,避免两侧摆动。

焊接层间温度应尽可能低,不宜超过 100 ℃,且最高不超过 150 ℃。

复合钢板基材焊缝与复材焊缝之间,应采用合金元素含量高于复层材的奥氏体不锈钢焊接材料,焊制 1 至 2 层过渡焊层。紧靠过渡焊层的基材焊道,应采用低氢或超低氢的基材焊接材料焊接。

焊接复合钢板过渡层及随其后 1 层焊道时,应采用小直径焊接材料和小电流施焊,以保持最小的焊缝稀释率。

不应在面向腐蚀介质的钢板表面引弧或随意焊接安装临时构件。

不锈钢板及其复合板两侧表面,应避免使用铁锤矫正。

为使不锈钢板及其复合板的焊接区域具有良好的耐腐蚀性能,必要时可按原材料制造厂的使用说明进行焊后处理(酸化或钝化)。

4. 镍合金钢焊接

镍合金钢常用焊接方法包括手工电弧焊、埋弧自动焊、钨极氩弧焊以及熔化极气体保护焊。

焊接时应采用合理的焊接顺序、施焊方法或刚性固定,以减少焊接变形与应力。

焊接时应采取措施避免产生磁偏吹。

焊接工艺参数应能保证足够的熔透深度,并尽量采用热输入小的焊接规范进行焊接。焊条不宜摆动过大,收弧时应填满弧坑,避免产生裂纹,且层间温度应控制在 150 ℃以下。

施焊时应保持焊缝的连续性,中断重新焊接时焊缝应重叠 10~20 mm。

多道焊接时,应注意前后道焊缝之间的清洁和道间温度,弧坑应填满,接弧处应熔合焊透。

钨极氩弧焊焊接过程中应避免钨极接触焊缝金属,否则应去除污染层,修磨钨极尖端后再施焊。

采用氩弧焊时,氩气纯度不应低于 99.99%,打底层焊接应对焊缝正反两面进行可靠的氩气保护。

采用交流电源碳弧气刨进行焊缝清根。清根之后适当增加渗透检验,能有效地消除、防止弧坑裂纹的扩展。

应采用不锈钢丝刷清理每道焊缝,防止产生夹渣;如发现弧坑处存在裂纹或缩孔,应打磨消除。

焊后应清除焊件表面的焊渣、焊瘤、飞溅物以及其他污物,必要时应采用砂轮对焊缝进行局部修整。

为防止出现冷裂纹,厚壁或重要构件应进行焊后消除应力处理。

三、船体构件焊接

1. 舷顶列板与强力甲板边板的焊接

舷顶列板与强力甲板边板角接,板厚大于或等于 15 mm 时,至少应采用部分熔透焊,在强力甲板的边缘开单面或双面坡口,钝边应不大于 $t/3$(t 为板厚,单位 mm),并留有一定装配间隙,以保证有较深的熔深。

　　舷顶列板与强力甲板连接,采用圆弧形结构对接时,对接焊缝处应开坡口并保证完全焊透。圆弧形舷顶列板在近船首、尾处改为直角形式与甲板连接时,应有足够长度的圆弧形过渡区。过渡区内舷顶列板与甲板的对接焊缝应完全焊透。

　　2. 柴油机主机基座焊接

　　主机基座纵桁腹板厚度大于或等于 14 mm 时,在水平面板与纵桁腹板的角接处,应在腹板边缘开坡口,达到最大限度的焊透,两侧角焊缝的外形尺寸应均匀对称。

　　与主机基座相连接的其他各构件(如船底板、肋板、肘板、隔板等)的角焊缝,其焊喉厚度应满足船舶规范相关要求。

　　3. 起重桅(柱)和起重机基座的焊接

　　由钢板弯制成的起重桅(柱)和起重机基座,其柱体的纵向接缝和横向接缝均应为对接焊缝,且应完全焊透。

　　桅(柱)或基座贯穿强力甲板时,连接处的强力甲板应开单面或双面坡口,并保证完全焊透;桅(柱)或基座的根部不贯穿甲板,且直接焊于强力甲板上时,根部边缘应开单面坡口,并保证完全焊透。

【任务实施】船体结构焊接过程检验

　　1. 船体结构焊接过程检验任务
　　(1)描述船体结构焊接过程检验内容、要求及注意事项;
　　(2)进行焊接过程检验。
　　2. 场地
　　焊接检验实训室。
　　3. 材料准备
　　(1)船舶建造相关标准、规范;
　　(2)典型船体结构焊接工艺规程。
　　4. 按要求实施船体结构焊接过程检验工作任务,并将结果记入表 1-3 中。

表 1-3　船体结构焊接过程检验记录

检验项目		内容	具体要求	备注
船体结构焊接原则	较长焊缝焊接顺序			
	定位焊数量及高度			
	焊缝末端收口处			
	有焊透要求的多焊缝			
船体结构焊接一般要求	坡口形式及坡口角度			
	无法封底焊时			
船体构件角焊缝与板材对接缝交叉处检查				

表 1-3(续)

检验项目		内容	具体要求	备注
	小夹角处角焊缝			
船体材料焊接	高强度钢焊接			
	船体结构铸钢和锻钢件焊接			
	不锈钢及其复合钢板焊接			
	镍合金钢焊接			
船体构件焊接	舷顶列板与强力甲板边板焊接			
	柴油机主机基座焊接			
	起重桅(柱)和起重机基座焊接			

【课后习题】

1. 选择题

(1)焊接高强度钢材时,应采用与母材相适应并经船级社认可的(　　　)焊接材料。

①酸性;②镍基;③低氢型高强度;④不锈钢。

(2)一般强度钢定位焊长度应不小于(　　　)mm。

①25;②20;③30;④50。

(3)高强度钢定位焊长度应不小于(　　　)mm。

①25;②20;③30;④50。

(4)内底边板与舷侧外板的角接焊缝,其坡口角度应不小于(　　　)。

①60°;②30°;③35°;④45°。

(5)氩弧焊接镍合金钢,氩气纯度应不低于(　　　)%。

①98;②99;③99.95;④99.99。

2. 判断题

(1)跨过对接焊缝的构件腹板边缘应开设通焊孔。　　　　　　　　　　　　(　　　)

(2)为防止出现冷裂纹,船体构件应进行焊后消除应力处理。　　　　　　(　　　)

(3)肘板的角接缝若出现小夹角情况,可在钝角位置的一面施焊。　　　　(　　　)

3. 简答题

(1)试述不锈钢及其复合钢板焊接工艺要点。

(2)镍合金钢焊接有哪些要求?

(3)试述舷顶列板与强力甲板边板的焊接工艺要点。

(4)试述船体高强度钢焊接工艺要点。

(5)焊接柴油机主机基座有哪些要求?

任务3　船体结构焊后检验

【任务描述】

　　焊接结构焊后检验是依照相关质量标准,对结构焊缝进行的焊接检验,是保证结构质量的重要环节。

　　船体结构焊后检验涉及外观质量、内部质量、力学性能及金相组织等诸多项目,根据船体部位、船体结构形式不同等,采用的检验方法存在较大差异。

　　为保证船体结构焊接质量,必须明确船体结构焊后检验项目及要求,掌握船体结构焊后检验注意事项,进而合理开展船体结构焊后检验。

【相关知识】

一、船舶焊接检验标准选择

　　船舶焊接生产中必须按图样、技术标准和检验文件规定进行检验。

　　1. 船舶结构设计说明书

　　根据船舶结构设计说明书,应对船舶建造过程中焊接接头的各项技术指标(如接头的质量等级要求、力学性能指标、焊接参数等)进行必要的检测。

　　2. 船舶焊接技术标准

　　船舶焊接技术标准规定了船舶结构的质量要求和质量评定方法,是从事船舶焊接检验工作的指导性文件。

　　3. 工艺文件

　　工艺文件包括船舶焊接工艺规程、焊接检测规程及焊接检测工艺等,它具体规定了船舶结构的检测方法、检测程序,可现场指导检测人员工作。

　　此外,工艺文件还包含质量检查过程中收集的检验单据,如检验报告、不良品处理单及更改通知单(图样更改、工艺更改、材料代用、追加或改变检验要求)等,为焊接检测工作提供了变更依据。

　　4. 船舶焊接施工图样

　　图样是生产中使用的最基本资料,加工制作应依照图样的规定进行。在图样中,规定了原材料、焊缝位置、坡口形式和尺寸及焊缝的检验要求等。

　　5. 船舶焊接质量管理制度

　　企业的管理制度包含质量检测,可直接或间接作为焊接检测的依据。

　　6. 订货合同

　　用户对船舶焊接质量的要求在合同中有明确标定,也可作为船舶结构生产、检测图样和技术文件的补充规定。

二、钢质船体结构焊缝检验

1. 外观检查

船体结构施焊完工后,应对所有焊缝进行外观检查。

焊缝表面应成形均匀、平顺地向母材过渡,无过大的余高,不应有裂纹、未熔合、单面焊根部未焊透等缺陷存在。

表面无气孔和咬边,或气孔和咬边在允许范围以内。

2. 表面裂纹检测

(1)铸钢件和锻钢件的焊缝,以及在应力下或低温下焊接的焊缝,应进行 100%表面裂纹检测;

(2)板厚 30 mm 及以上的重要部位焊缝(例如舵柱、焊接的桅和舱壁墩座上的焊缝等)应进行 100%表面裂纹检测;

(3)位于高应力区域的焊缝应进行 100%表面裂纹检测;

(4)其他坡口深度 30 mm 及以上的焊缝应进行不低于 20%的表面裂纹检测。

3. 内部质量检验

钢质船体结构焊缝的内部质量可采用射线、超声波或其他适当的方法进行无损检测,必要时还应增加适当数量的磁粉或渗透检测。

(1)船中 0.6L 范围内的船体强力甲板和外板,应计算无损检测点,检测点一般应采用射线方法进行检测。无损检测点的布置密度应按结构的重要性和受力大小从高到低递减。纵横向对接焊缝交叉处的检测方向应平行于横向对接焊缝。

(2)船中 0.6L 以外船体强力甲板和外板,拍片数量为规定区域数量的 10%~20%,且允许采用适量的超声波检测方法进行检测。其中,轴包板、艏艉柱、艏部波浪砰击及冰区加强等关键区域检测密度应大于其他区域。

(3)重要部位焊缝应采用射线或超声波进行无损检测。

①液舱水密舱壁、内底板、底边舱斜板上的对接焊缝交叉点,每 4 个检测 1 个;

②位于船底、舷侧以及甲板上的纵骨和纵桁对接接头,在船中 0.4L 范围内每 10 个检测 1 个,0.4L 范围外每 20 个检测 1 个;

③强力甲板舱口角隅嵌补板周界对接焊缝,每一角隅转角处至少进行 2 处无损检测;

④舵柱、艉轴架、减摇鳍舱及桅柱等厚度 50 mm 及以上对接接头,应进行 100%无损检测。

(4)全焊透角焊缝无损检测:

①主机座面板与腹板连接,100%无损检测;

②挂舵臂和艉轴架对船体结构外板,100%无损检测;

③舵封板对舵铸件的连接区域,100%无损检测;

④当开口尺寸超过 300 mm 时,船中 0.6L 以内的强力甲板、舷顶列板和船底板上的开口边缘补强部位或管道贯穿处,100%无损检测;

⑤纵向舱口围板端部肘板与甲板板的趾端连接,船中 0.6*L* 内 100% 检测;船中 0.6*L* 外,每 2 处检测 1 处;

⑥内底与横舱壁、底墩或横向肋板间连接,或底墩与横舱壁间连接,35% 无损检测;

⑦底边舱斜板与内底或内壳间连接,25% 无损检测;

⑧横向槽形舱壁与顶边舱连接,35% 无损检测;

⑨甲板边板和舷顶列板连接,10% 无损检测;船中 0.6*L* 内每一合拢焊缝处增加检测 1 m 长度。

（5）抽样无损检测部位:

①电渣焊、气电焊及埋弧焊等自动焊对接焊缝的引/熄弧接头处;

②舭龙骨的对接接头;

③油船的内壳、水密舱壁上的对接焊缝;

④集装箱船纵向连续舱口围板、顶板上的对接焊缝;

⑤除集装箱船外,长度超过 0.15*L* 的纵向连续舱口围板、顶板上的对接焊缝;

⑥邻近上层建筑结构突变处的对接焊缝;

⑦由结构强度直接计算或疲劳强度评估确定的关键部位的焊缝;

⑧营运检验不可达的熔透焊缝(如船舶球鼻艏内尖角处焊缝等);

⑨其他重要的、承受高应力的或失效后可能产生重大影响的受力焊缝。

（6）船体结构与起重机基座(起重柱)直接相连节点无损检测:

①全焊透角焊,应进行 100% 超声波检测及 100% 磁粉(或渗透)检测;

②部分焊透角焊或填角焊,应进行 100% 磁粉(或渗透)检测。

三、密性及结构适宜性检验

密性及结构适宜性检验是为验证液舱和水密边界的水密性,以及构成船舶水密分隔的液舱的结构适宜性。

中国船级社《钢质海船入级规范》(2023)规定:船舶所有重力液舱密性试验以及要求水密或风雨密的其他边界,应进行密性和结构适宜性试验。具体包括重力液舱的密性和结构适宜性、液舱边界以外的其他水密边界的水密性以及风雨密边界的风雨密性。

1. 静水压试验

静水压试验是指采用液体充装并达到规定压头的试验。

（1）静水压试验通常使用淡水或海水充注,视适合试验为准。

（2）如液货舱设计成货物密度大于海水,采用淡水或海水进行试验时,试验压头应模拟更大货物密度的实际载荷。

（3）检查经试验处所的所有外部表面是否存在结构变形、凸出和屈曲,以及其他相关损坏和渗漏。

2. 静水压气动试验

静水压气动试验是指将静水压试验和空气试验相结合,在处所充装部分液体并施加气压的试验。

(1)静水压气动试验应尽可能模拟实际载荷。

(2)检查经试验处所的所有外部表面是否存在结构变形、凸出和屈曲,以及其他相关损坏和渗漏。

3. 冲水试验

冲水试验是指通过对接缝冲水并在其反面进行查看以验证接缝密性的试验。

(1)冲水试验过程中,水柱应直接喷射在焊缝上。冲水软管喷嘴处的最小压力应至少等于 $2×10^5$ Pa,喷嘴内径应不小于 12 mm,距接头的垂直距离应不大于 1.5 m。

(2)当冲水试验可能造成机械、电气设备绝缘或舾装件损坏,可对焊缝采用目视检查,必要时可采用着色渗透试验、超声波测漏试验或等效措施加以支持。

4. 空气试验

空气试验是指采用空气压力差和渗漏显示剂验证密性,包括液舱空气试验和接缝空气试验,如压缩空气填角焊试验和抽真空试验。

(1)所有边界焊缝、装配接头和贯穿件,包括管子连接件,应在不小于 $0.15×10^5$ Pa 大气压力的稳定压差状态下,采用涂刷渗漏指示液(肥皂水/清洁剂或专用的渗漏显示剂)进行检查。

(2)布置一根内装水位高度与要求的试验压力一致的 U 形管,其横截面积应不小于液舱供气管的横截面积。

(3)可采用两个经校准的压力表验证所要求的试验压力布置。

(4)焊缝应进行两次检查。第一次检查应在涂刷渗漏指示液后立即进行,第二次检查应在 4~5 min 后进行。

压缩空气填角焊试验是指将渗漏显示剂涂于角焊缝的 T 形接头的空气试验。

填角焊接头一端充注压缩空气,另一端采用压力表验证压力。压力表的布置应能在试验部分范围内所有通路的每一端,均能验证至少 $0.15×10^5$ Pa 的空气压力。

抽真空试验是将真空试验盒覆盖于接缝之上,并在焊缝上涂渗漏显示剂,盒内抽成真空以查明泄漏情况。

真空试验盒配有空气接头、压力表、检查窗口,试验时将渗漏指示液涂刷于焊缝周边。抽气泵将盒内抽成 $0.20×10^5$ ~ $0.26×10^5$ Pa 的真空。

5. 超声波试验

超声波试验是指采用超声波技术验证接缝密性的试验。

舱室内部安置超声波回声发射器,同时在舱室外部安置接收器。接收器扫描舱室的水密/风雨密边界,探测超声波渗漏指示,接收器可探测声波的位置指示舱室密封渗漏。

6. 渗透试验

在舱室边界或结构一侧涂刷低表面张力液体,如在规定时间后边界的另一侧未出现液体,说明边界具有密性。

在某些情况,可在焊缝另一侧施涂或喷洒显影液,以辅助渗漏探测。

液舱和边界试验要求见表1-4。

表1-4　液舱和边界试验要求

序号	结构部位	试验方法	试验要求	备注
1	双层底液舱	渗漏和结构试验	取①②大者: ①至溢流管顶端; ②至液舱顶部以上2.4 m,或至舱壁甲板	
2	双层底空舱	渗漏试验		
3	双舷侧液舱	渗漏和结构试验	取①②大者: ①至溢流管顶端; ②至液舱顶部以上2.4 m,或至舱壁甲板	
4	双舷侧空舱	渗漏试验		
5	表中其他位置所列之外的深舱	渗漏和结构试验	取①②大者: ①至溢流管顶端; ②至液舱顶部以上2.4 m	
6	货油舱	渗漏和结构试验	取①②大者: ①至溢流管顶端; ②至液舱顶部以上2.4 m,或至液舱顶部,加上任何压力释放阀的设定压力	
7	散货船压载货舱	渗漏和结构试验	货舱舱口围板顶部	
8	尖(液)舱	渗漏和结构试验	取①②大者: ①至溢流管顶端; ②至液舱顶部以上2.4 m	艉尖舱应在艉轴管安装后试验
9	有设备的艏尖处所	渗漏试验		
	艏尖空舱	渗漏试验		
	有设备的艉尖处所	渗漏试验		
	艉尖空舱	渗漏试验		艉尖舱应在艉轴管安装后试验

表 1-4(续)

序号	结构部位	试验方法	试验要求	备注
10	隔离空舱	渗漏试验		
11	水密舱壁	渗漏试验		
	上层建筑端部	渗漏试验		
12	位于干舷或舱壁甲板以下的水密门	渗漏试验		
13	双板舵叶	渗漏试验		
14	深舱区域以外的轴隧	渗漏试验		
15	舷门	渗漏试验		
16	风雨密舱口盖及其关闭装置	渗漏试验		帆布和压条密封的舱口盖除外
17	液舱/干货舱兼用舱口盖	渗漏试验		
18	锚链舱	渗漏和结构试验		
19	主机滑油循环舱和主机下方的其他类似液舱/处所	渗漏试验		
29	压载管道	渗漏和结构试验	取①②大者: ①至压载泵最大压力; ②至任何压力释放阀的设定压力	
21	燃油舱	渗漏和结构试验	取①②大者: ①至溢流管顶端; ②至液舱顶部以上2.4 m,或至液舱顶部加任何压力释放阀的设定压力,或至舱壁甲板	

表 1-5 为国内某企业船体密性试验大纲。

表 1-5　船体密性试验大纲

船体密性试验大纲

船级		船号	
×××有限公司			

本大纲按中国船级社《国内航行海船建造规范》(2023)中相关规定编制。

一、总则

受验部位必须经外表质量检查和内部质量检查。凡不合格者均应修补至符合要求后,才能进行本试验。

1. 受验部位应保持表面及焊缝清洁、干燥。

2. 所有同受验焊缝有关的结构、设备、属具及一切管系,均应在试前安装完毕。火工矫正,以及其他可能影响焊缝的工序也须在试前完毕。

3. 试前不应对水密焊缝进行涂刷油漆、敷设绝缘材料、铺设木铺板或其他形式的覆盖物。

4. 船体舱壁甲板以下及船舶下水后无法进行检验和修补缺陷的船体部分,应在下水前进行密性试验。

5. 试验时,当周围气温低于 0 ℃, 则受验部位必须预热,使试验过程中隔舱之外表不蒙水珠,从接缝不密处漏出的水不结冻。一般在试验过程中保持不低于 5 ℃, 对于充气试验,则应采取加热措施或采用不凝结的肥皂液。

6. 试验按水压(充气)、冲水、淋水等步骤进行。

二、合格标准

1. 水压、冲水试验:所有受验焊缝表面没有冒水股、水滴、水珠或水迹等漏水现象。

2. 充气试验:所有受验焊缝上肥皂液不发生气泡,隔舱内空气压力下降额 1 h 内不超过规定压力的 5%。

3. 淋水试验:所有受验焊缝上没有水滴、水珠或水迹等漏水现象。

4. 煤油试验:所有受验焊缝涂白垩粉溶液的表面均未发现煤油斑迹。

三、试验项目和部位

1. 水压试验

1.1　试验部位和水柱高度见下表。

序号	试验部位	试验压力要求	备注
1	艉尖舱	至空气管上端,但至少高出干舷甲板 0.5 m	
2	舵机舱	至满载吃水	以上做冲水试验
3	单层底底部	至平板龙骨以上 0.6 m	
4	压载水舱	至空气管上端,但至少高出舱顶 0.5 m	
5	燃油舱	至舱顶以上 2 m	
6	空舱	至舱顶以上 0.5 m	
7	甲板室围壁下沿	水柱高度至门槛	
8	厨房、盥洗室、浴室、厕所、蓄电池室等	水柱高度至门槛	
9	海底阀箱	至干舷甲板以上 2.4 m	

表 1-5(续)

1.2 试验时,将水灌至表中所规定的高度 15 min 后,在该水压高度的条件下,检查有关船体结构和焊缝不应有渗漏和变形现象。

1.3 灌水的舱室部位,应适当增加墩位和支撑,以防船体变形。

1.4 相邻舱室不得同时进行水压试验,可间隔交叉进行,力求对称。

1.5 上述试验如有困难,可用充气试验代替。

2. 充气试验

2.1 进行充气试验的船体结构,板厚须大于 6 mm。

2.2 充气试验充气至 0.02 MPa,保持压力 15 min。检查压力无明显下降后,再将舱内气压降至 0.014 MPa,然后喷涂或刷涂肥皂水进行渗漏检查。

2.3 每个试验的隔舱上应装置检验合格的压力表两个,安全阀一个。压缩空气通过压力调节器或减压阀引入。

2.4 在做充气试验时,应对每种类型舱室中的一个舱室做冲水试验。

3. 冲水试验

3.1 试验部位如下:

3.1.1 舷侧外板、甲板室外围壁及舱棚;

3.1.2 露天的干舷甲板;

3.1.3 水密门、窗;

3.1.4 甲板上通风筒;

3.1.5 舱口围板及钢质风雨密舱口盖。

3.2 冲水试验时,在喷水出口处的压力至少为 0.2 MPa,喷嘴离被试项目的距离应不大于 1.5 m。

3.3 垂直焊缝应自下而上冲水。

3.4 冲水试验可用煤油试验代替。

4. 煤油试验

1.煤油试验的焊缝厚度不大于 20 mm。

2.对于用橡皮衬垫保证水密的结构,铆钉和螺栓连接的结构,不允许采用煤油试验。

3.受验焊缝应在涂煤油的背面先涂上薄层白垩粉水溶液,其宽度不小于 50 mm,待白垩粉层干燥后方可进行试验。试验时周围气温在 0 ℃ 以下,须用不冻结而又不影响白垩粉洁白的溶剂(如盐溶液、酒精等)配制溶液。

5. 淋水试验

试验部位:除露天干舷甲板以外的各层甲板。

【任务拓展】焊工考试评定

1. 检验项目

不同形式试件应进行相应试验,具体参见表 1-6。

表1-6 焊工考试试验项目

试件形式	试验或检验项目
板对接焊	1. 目视检验　2. 弯曲试验[①②]
管对接焊	1. 目视检验　2. 弯曲试验[①②]
板填角焊	1. 目视检验　2. 破断试验[③]
管板角接头	1. 目视检验　2. 宏观检验
定位焊	1. 目视检验　2. 破断试验

注：①除钢材实芯焊丝或金属粉芯焊丝熔化极气体保护焊及铝合金焊接外，射线检验或破断试验可替代弯曲试验。

②对船用锅炉压力容器焊工为射线检测+弯曲试验。

③2个宏观断面检验可以替代破断试验。

2. 目视检验

试件切割成弯曲试样或破断试样前应进行目视检验。

(1)焊缝表面应为焊后原始状态，不应进行任何加工，检验结果应显示无裂纹或其他严重缺陷。

(2)钢材和铝合金焊缝检测表面缺陷应按相应标准要求进行评定。

3. 对接焊弯曲试验

(1)至少有一个弯曲试样的弯曲部分包含一个熄弧和重新起弧点(根部焊道或盖面焊道)。

(2)试样应弯曲到180°。试验后试样应在任何方向不出现长度大于3 mm的任何开口缺陷。

(3)对接焊采用射线检验时，钢材和铝合金焊缝缺陷应按相应要求进行评定。

(4)对接焊破断试验时，应进行全长度试验。钢材和铝合金缺陷分别应按相应标准要求进行评定。

(5)板对接焊初次焊工考试应进行2个正弯和2个反弯试验；对有效期满进行复证考试者，应进行1个正弯和1个反弯试验。

试件厚度大于或等于12 mm时可用4个厚度为10 mm的侧弯代替(复证考试时为2个)。

(6)管对接焊1G、2G位置考试要求同板对接焊；5G、6G、6GR位置考试均应进行4个弯曲试验。

4. 板角接焊

(1)板角接焊采用破断试验时，评定时关注裂纹、气孔、夹渣、未熔合和未焊透，缺陷分别应按相应标准要求进行评定。

(2)板角接焊采用宏观检验时，应从不同切割位置制备2个宏观试样，其中至少1个试样切割在根部焊道或盖面焊道中的一个熄弧和重新起弧点。宏观断面应包含至少10 mm的非热影响区母材金属。

每个试样一侧进行侵蚀，以清晰显示焊缝金属、熔合线、根部熔深及热影响区。

宏观检验应显示焊缝成形良好,焊缝相邻焊道间以及与母材之间完全熔合,无裂纹、未熔合缺陷。

5. 管板角接头

按图1-3所示采用机械方法将试件四等分,取其中2块,对A、B面进行宏观断面检查(其中B为接头处)。

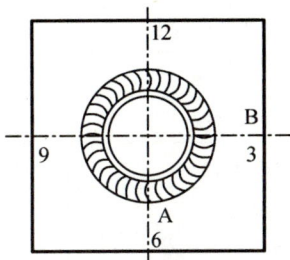

图1-3　管板角接头宏观断面截取位置

宏观断面应显示焊缝成形良好,根部焊透,无裂纹、未熔合缺陷。

6. 定位焊

定位焊破断试样压断后,每个定位焊全长的断面上,不应出现与垫板或坡口边缘未熔合现象,不应有大于2 mm的夹渣或气孔。

【任务实施】船体结构焊后检验

1. 船体结构焊后检验任务

(1)描述船体结构焊后检验内容、要求及注意事项;

(2)开展焊后检验。

2. 场地

焊接检验实训室。

3. 材料准备

(1)船舶建造相关标准、规范;

(2)典型船体结构焊接工艺规程。

4. 按要求对实训室船舶分段结构或其他焊接结构进行焊后检验,并将检验结果记入表1-7中。

表1-7　船体结构焊后检验记录

检验项目		内容	具体要求	备注
船舶焊接检验标准选择				
钢质船体结构焊缝检验	外观检查			
	表面裂纹检测			
	内部质量检验			

表 1-7（续）

检验项目		内容	具体要求	备注
密性及结构适宜性检验	静水压试验			选做
	静水压气动试验			选做
	冲水试验			
	空气试验			选做
	压缩空气填角焊试验			选做
	抽真空试验			选做
	超声波试验			选做
	渗透试验			选做
焊工考试评定	目视检验			
	对接焊弯曲试验			选做
	板角接焊			
	管板角接头			
	定位焊			

【课后习题】

1. 选择题

（1）船中 0.6L 范围内的船体强力甲板和外板，应计算无损检测点，检测点一般应采用（　　）进行检测。

①射线方法；②超声波方法；③磁粉方法；④渗透方法。

（2）无损检测点的布置密度应按结构的（　　）和（　　）从高到低递减。

①重要性；②受力大小；③厚度；④接头形式。

（3）船中 0.6L 以外船体强力甲板和外板，拍片数量为规定区域数量的（　　），且允许采用适量的超声波检测方法进行检测。

①10% ~ 20%；②100%；③25%；④50%。

（4）抽真空试验采用抽气泵将盒内抽成（　　）的真空。

①$0.20 \times 10^5 \sim 0.26 \times 10^5$ Pa；②$0.20 \times 10^4$ Pa；③$0.25 \times 10^4$ Pa；④$0.60 \times 10^4$ Pa。

（5）焊工考证对接焊弯曲试验，试验后试样应在任何方向不出现长度大于（　　）的任何开口缺陷。

①3 mm；②4 mm；③5 mm；④0 mm。

2. 判断题

（1）焊工考证板对接焊，可采用射线检验或破断试验替代弯曲试验。　　　（　　）

（2）船体结构施焊完工后，应对重要焊缝进行外观检查。　　　（　　）

（3）静水压试验是指采用液体充装并达到规定压头的试验。　　　（　　）

（4）所有焊缝应进行表面裂纹检测。　　　（　　）

（5）焊缝考证定位焊不应有夹渣或气孔。　　　　　　　　　　　　（　　）

3. 简答题

（1）船舶焊接检验标准如何选择？

（2）什么是抽真空试验？

（3）什么是冲水试验？

（4）焊工考证对接焊弯曲试验有哪些要求？

（5）什么是静水压试验？

项目2

焊接缺陷识别

学习目标

知识目标：

（1）熟悉常见焊接缺陷分类及特征

（2）掌握常见焊接缺陷的识别方法

能力目标：

（1）能够根据特征识别焊接缺陷

（2）能够分析焊接缺陷产生机理

素质目标：

（1）树立安全生产责任重于泰山的安全意识

（2）养成严格按规范和标准行事的职业习惯

项目 2　部分图
彩色版

项目背景

美国波音公司是世界著名的飞机制造商之一，其推出的 737MAX 飞机是 737 型号的升级版，意在与空客公司竞争，抢占市场份额。然而在 2018 年和 2019 年，737MAX 飞机连续发生坠毁事故，造成 346 名乘客和机组人员死亡。经调查，两起事故的主要原因是翼面襟翼升降副上出现了严重的金属疲劳。这些金属部件长时间承受较大应力，导致结构表面和内部形成裂纹。而这些裂纹往往非常微小，难以察觉。随着裂纹的扩展，金属部件逐渐失去强度和稳定性，导致事故发生。古人云："千里之堤，溃于蚁穴。"事故往往是从细微处开始发生的。因此从业者要锻炼从细微处发现问题的能力，同时要树立安全生产责任重于泰山的安全意识，养成严格按规范和标准行事的职业习惯。

在焊接过程中因焊接产生的金属不连续、不致密或连接不良的现象，称为焊接缺欠，超过规定限值的缺欠称为焊接缺陷。

熔焊焊接缺欠的种类很多，根据《金属熔化焊接头缺欠分类及说明》（GB/T 6417.1—2005）标准规定，可将其按性质、特征分为裂纹、孔穴、固体夹杂、未熔合及未焊透、形状和尺寸不良及其他缺欠 6 类。除上述 6 类焊接缺欠外，对于焊接接头还有金相组织不符合要求（如晶粒粗大），焊接接头理化性能（化学成分、力学性能等）不符合要求等缺欠形式。

思政案例

焊接缺陷形态及分布特征迥异,缺陷对焊接结构危害程度存在差异。

评定焊接接头质量优劣,主要是判定缺陷的性质、大小、数量、形态、分布及危害程度等。

任务1 裂纹识别

【任务描述】

裂纹是焊缝中危害最大的焊接缺陷。裂纹末端的尖锐缺口极容易导致压力集中,使裂纹延伸,大大降低结构强度,因此船舶结构建造相关规范中明确规定,船体焊缝中不允许存在焊接裂纹。

裂纹形式多样,且特征和成因也各不相同。掌握焊接裂纹特点,能够正确识别及表征焊接裂纹,并分析裂纹产生的原因,是焊接检验的基本能力之一。

【相关知识】

裂纹是在焊接应力及其他致脆因素共同作用下,焊接接头中局部地区的金属原子结合力遭到破坏而形成的新界面所产生的缝隙,具有尖锐的缺口及大的长宽比特征。

一、裂纹表征

《金属熔化焊接头缺欠分类及说明》(GB/T 6417.1—2005)中明确规定了裂纹表征方法,参见表2-1。

表2-1 裂纹分类及说明

代号	名称及说明	示意图
100	裂纹 一种在固态下由局部断裂产生的缺欠,它可能源于冷却或应力效果	
1001	微观裂纹 在显微镜下才能观察到的裂纹	

表 2-1(续)

代号	名称及说明	示意图
101	**纵向裂纹** 基本与焊缝轴线相平行的裂纹,可能位于:	(1) 1014 1011 1013 1012 (1)热影响区
1011	焊缝金属	
1012	熔合线	
1013	热影响区	
1014	母材	
102	**横向裂纹** 基本与焊缝轴线相垂直的裂纹,可能位于:	1024 1021 1023
1021	焊缝金属	
1023	热影响区	
1024	母材	
103	**放射状裂纹** 具有某一公共点的放射状裂纹,可能位于:	1034 1031 1033
1031	焊缝金属	
1033	热影响区	
1034	母材 注:此类型的小裂纹称为"星形裂纹"	
104	**弧坑裂纹** 位于焊缝弧坑处的裂纹,可能是:	1045 1046 1047
1045	纵向的	
1046	横向的	
1047	放射状的(星形裂纹)	
105	**间断裂纹群** 一群在任意方向间断分布的裂纹,可能位于:	1051 1054 1053
1051	焊缝金属	
1053	热影响区	
1054	母材	
106	**枝状裂纹** 源于同一裂纹并连在一起的裂纹群,它和间断裂纹群及放射状裂纹明显不同,可能位于:	1061 1064 1063
1061	焊缝金属	
1063	热影响区	
1064	母材	

二、裂纹特征

1. 热裂纹

热裂纹是指焊接过程中,焊缝和热影响区金属冷却到固相线附近的高温区产生的焊接裂纹。

热裂纹产生于固相线附近温度下,有沿晶界开裂的特征,通常多产生于焊缝金属内,但也可能形成在焊接接头熔合线附近的母材内。

根据裂纹形成机理,热裂纹可分为结晶裂纹、液化裂纹及多边化裂纹。

(1)结晶裂纹

①特征

结晶裂纹主要产生于杂质(S、P、Si)含量偏高的碳钢、低合金钢、镍基合金及某些铝合金焊缝中,一般沿焊缝树枝状晶的交界处发生和扩展。该裂纹常见于焊缝中心沿焊缝长度扩展的纵向裂纹,如图2-1所示,有时也分布在两个树枝晶粒间。

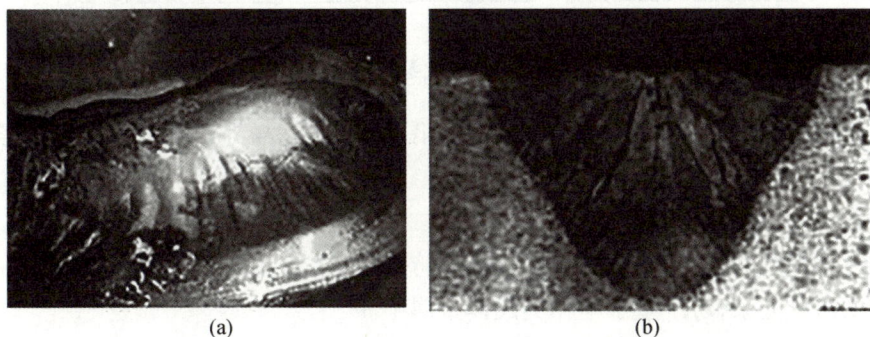

(a)   (b)

图2-1 结晶裂纹形貌

结晶裂纹表面无金属光泽,带有氧化颜色。

②成因

a. 焊缝金属中的合金及 C、S、P、Si、Ni、Cu 元素含量较高;

b. 结构焊缝附近刚性较大(厚度大、拘束度高);

c. 接头形式设计不合适(角焊缝或对接接头熔深大);

d. 接头附件应力集中(焊缝密集、交叉);

e. 焊接线能量大;

f. 熔深与熔宽比过大;

g. 焊接顺序不合理。

(2)液化裂纹

母材近缝区或多层焊层间金属中的低熔点杂质,被焊接高温熔化,在焊接拉应力作用下沿奥氏体晶界产生开裂,形成(高温)液化裂纹。图2-2为液化裂纹示意。

液化裂纹尺寸较小,一般在0.5 mm以下,主要发生在高镍低锰型的低合金钢中。图2-3为液化裂纹形貌。

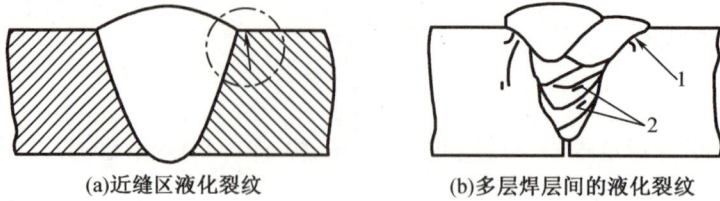

(a)近缝区液化裂纹　　　　　(b)多层焊层间的液化裂纹

1—熔合区凹陷;2—层间过热区。

图 2-2　液化裂纹示意

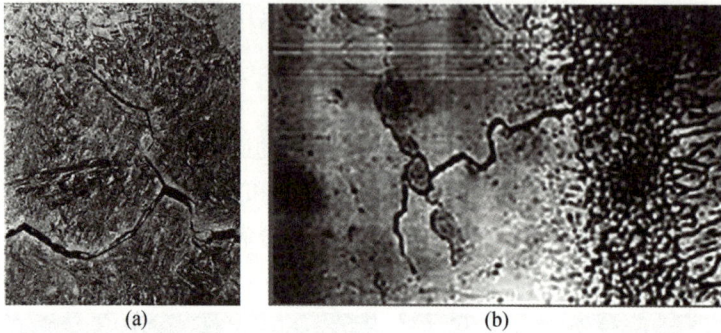

(a)　　　　　　　　　　　(b)

图 2-3　液化裂纹形貌

液化裂纹成因:材料晶粒边界有较多的低熔点物质;晶界出现一些合金元素富集达到共晶成分。

(3)多边化裂纹

多边化裂纹在低于固相线温度下形成,特点是沿"多边形化边界"分布,与一次结晶晶界无明显关系,易产生于单相奥氏体金属中。

多边化裂纹出现在热影响区或多层焊的前层焊缝中,位于比液化裂纹距熔合区稍远的部位。图 2-4 为多边化裂纹形貌。

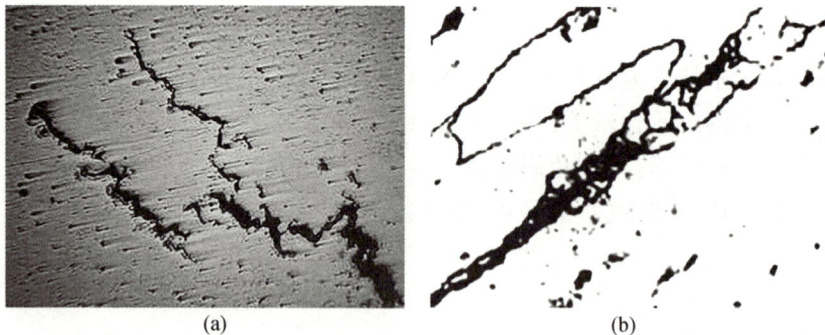

(a)　　　　　　　　　　　(b)

图 2-4　多边化裂纹形貌

多边化裂纹主要是由二次结晶晶界的生成引起的。

2. 冷裂纹

冷裂纹是指焊接接头冷却到较低温度下(对于钢材来说,在形成马氏体的温度以下)时产生的焊接裂纹。

冷裂纹种类较多,生产中出现较多的为延迟裂纹。延迟裂纹是指钢的焊接接头冷却到室温,并在一定时间(几小时、几天甚至十几天)后才出现的焊接冷裂纹。

(1)冷裂纹分类及特征

①焊道下裂纹:在靠近堆焊焊道的热影响区内所形成的焊接冷裂纹,常产生于淬硬倾向大、含氢较高的焊接热影响区,不易露于焊缝表面,其形貌如图2-5(a)所示。

②焊趾裂纹:沿应力集中的焊趾处所形成的焊接冷裂纹,起源于焊缝表面与母材交界处,如图2-5(b)所示。裂纹走向多与焊道平行,一般向热影响粗晶区扩展。

③焊根裂纹:沿应力集中的焊缝根部所形成的焊接冷裂纹,起源于焊缝根部应力集中最严重的区域,如图2-5(c)所示。

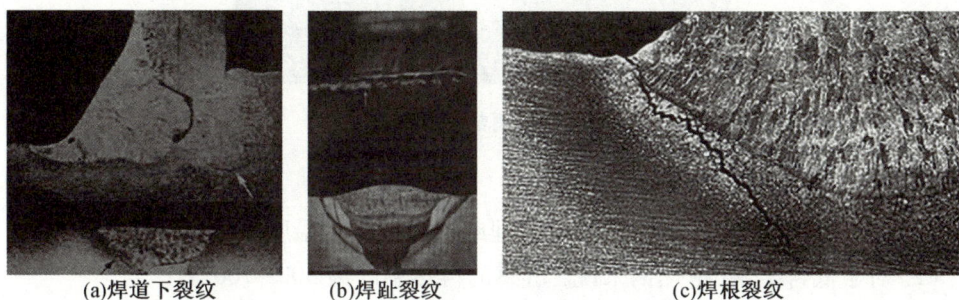

(a)焊道下裂纹　　　(b)焊趾裂纹　　　(c)焊根裂纹

图2-5　冷裂纹形貌

④横向裂纹　起源于熔合区,沿垂直于焊缝轴线方向扩展到焊缝和热影响区,如图2-6所示。

图2-6　横向裂纹形貌

(2)冷裂纹影响因素

①钢种的淬硬倾向:铁素体或珠光体→贝氏体→条状马氏体→马氏体+贝氏体→针状马氏体。

②焊接接头含氢量及其分布。

③焊接接头的拘束应力。

3.再热裂纹

某些含沉淀元素的高强钢和高温合金,在焊后未出现裂纹,而在热处理过程却出现裂纹,即"消除应力裂纹"。但有些结构在焊后消除应力热处理过程中没有出现裂纹,而在 500~600 ℃长期工作时产生裂纹。

再热裂纹大多发生在熔合区附近的过热区粗晶部位,呈晶间开裂,裂纹沿原奥氏体晶界扩展,止于细晶区,如图 2-7 所示。

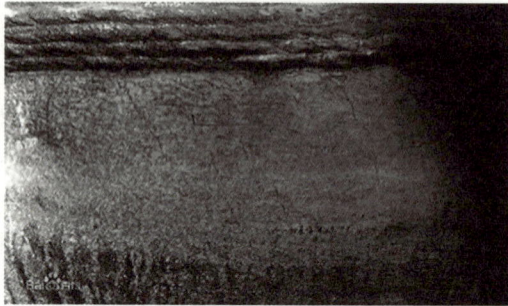

图 2-7　再热裂纹形貌

再热裂纹特点:

(1)焊后再次加热时,例如焊后热处理或长期在一定温度下工作时产生;

(2)对于低合金钢、耐热钢来说,敏感的再热温度为 500~700 ℃;

(3)产生在热影响区的粗晶区,走向一般沿熔合线;

(4)含有一定沉淀强化元素的金属材料具有敏感性;

(5)沿晶开裂;

(6)加热前接头存在较大的残余应力或应力集中。

4. 层状撕裂

层状撕裂是指焊接时焊接构件中沿钢板轧层形成的呈阶梯状的裂纹。开裂沿母材轧制方向平行于钢板表面扩展为裂纹平台,平台间由与板面垂直的剪切壁连接而成阶梯形。

层状撕裂发生在较低温度下,常产生于厚度较大的焊接结构中,一般出现在焊缝热影响区及其邻近的母材上,如图 2-8 所示。

裂纹识别

图 2-8　层状撕裂形貌

金属中非金属夹杂物的层状分布,使钢板沿板厚方向塑性低于轧制方向。焊接时在板厚方向造成的焊接应力是造成层状撕裂的主要原因。

【任务实施】裂纹识别

1. 裂纹识别任务

(1)描述裂纹类型、表征方法、特征及预防措施；

(2)识别裂纹缺陷。

2. 场地

焊接检验实训室。

3. 试件及工具准备

(1)观片灯；

(2)焊接试件(含裂纹缺陷)或(含裂纹缺陷形貌)照片；

(3)含裂纹缺陷射线底片；

(4)5 倍放大镜；

(5)手电筒；

(6)石笔。

4. 按要求实施裂纹识别工作任务,并将结果记入表 2-2、表 2-3 中。

表 2-2   裂纹表征

裂纹类型	裂纹表征	分布特征
微观裂纹		
纵向裂纹		
横向裂纹		
放射状裂纹		
弧坑裂纹		
间断裂纹群		
枝状裂纹		

表 2-3   裂纹识别

裂纹类型		特征	成因分析
热裂纹	结晶裂纹		
	液化裂纹		
	多边化裂纹		
冷裂纹	焊道下裂纹		
	焊趾裂纹		
	焊根裂纹		
	横向裂纹		
再热裂纹			
层状撕裂			

【课后习题】

1. 选择题

(1)裂纹代号为(　　　)。

①100；②200；③201；④300。

(2)按形成原因裂纹包括(　　　)。

①热裂纹；②冷裂纹；③再热裂纹；④层状撕裂；⑤纵向裂纹；⑥横向裂纹。

(3)冷裂纹产生的三要素包括(　　　)、(　　　)、(　　　)。

①拘束应力；②扩散氢；③淬硬组织；④低熔点杂质。

(4)层状撕裂产生的位置为(　　　)。

①热影响区；②焊缝邻近的母材；③焊缝；④远离焊缝母材。

(5)液化裂纹尺寸一般在(　　　)mm以下。

①0.5；②2；③0.6；④1.5。

2. 判断题

(1)焊接热裂纹是指焊接接头冷却到较低温度时产生的焊接裂纹。　　　　　(　　　)

(2)结晶裂纹表面无金属光泽，无氧化颜色。　　　　　　　　　　　　　(　　　)

(3)某些含沉淀元素的高强钢和高温合金，在焊后未出现裂纹，而在热处理过程中却出现裂纹。　　　　　　　　　　　　　　　　　　　　　　　　(　　　)

(4)焊趾位于焊缝内部。　　　　　　　　　　　　　　　　　　　　　(　　　)

(5)焊接接头附近应力较大是产生热裂纹的内因。　　　　　　　　　　　(　　　)

3. 简答题

(1)试述结晶裂纹成因。

(2)什么是层状撕裂？

(3)试述钢种的淬硬倾向。

(4)试述液化裂纹成因。

(5)试述冷裂纹分类及特征。

任务2　孔穴识别

【任务描述】

《金属熔化焊接头缺欠分类及说明》(GB/T 6417.1—2005)中将孔穴作为典型缺陷类型。

标准中将孔穴又具体分为气孔及缩孔，其中气孔是极为有代表性的缺陷形式。气孔影响焊缝的紧密性，降低焊缝有效面积及承载能力，降低焊缝强度和韧性。

根据形态不同,气孔又包括球形气孔、虫形气孔、条形气孔及链状气孔等。船舶结构建造相关规范规定,针对气孔缺陷评定焊接质量,应综合考虑气孔大小、数量、密集程度及深度等诸多因素。

孔穴形式多样,其特征及成因不同。掌握孔穴特征,正确识别及表征孔穴,分析孔穴产生原因,是船舶焊接质检及控制的重要环节。

【相关知识】

一、孔穴表征

《金属熔化焊接头缺欠分类及说明标准》(GB/T 6417.1—2005)中明确规定了孔穴表征方法,参见表2-4。

表2-4　孔穴分类及说明

代号	名称及说明	示意图
200	孔穴	
201	气孔 残留气体形成的孔穴	
2011	球形气孔 近似球形的孔穴	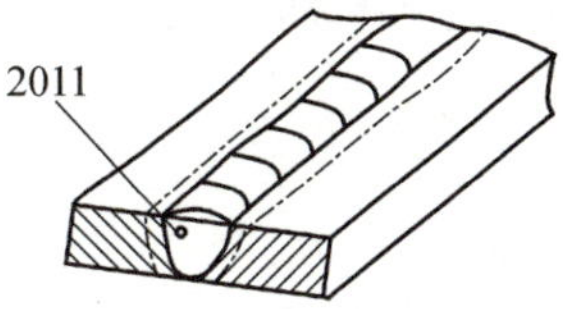
2012	均布气孔 均匀分布在整个焊缝金属中的一些气孔,有别于链状气孔和局部密集气孔	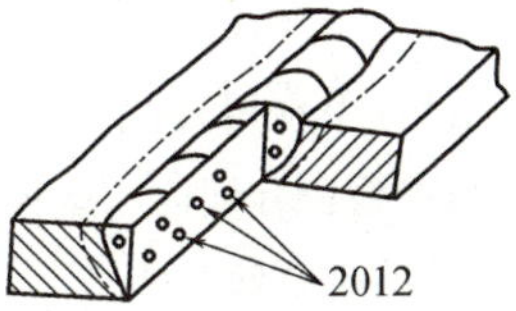
2013	局部密集气孔 呈任意几何分布的一群气孔	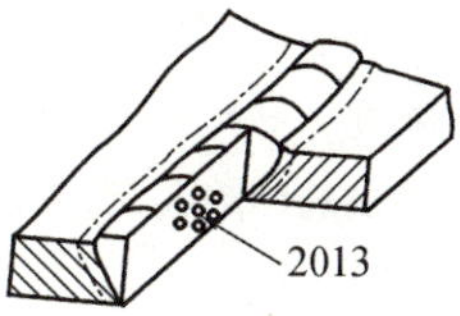
2014	链状气孔 与焊缝轴线平行的一串气孔	

表 2-4(续 1)

代号	名称及说明	示意图
2015	条形气孔 长度与焊缝轴线平行的非球形长气孔	
2016	虫形气孔 因气体逸出而在焊缝金属中产生的一种管状气孔穴,其形状和位置由凝固方式和气体来源所决定。通常这种气孔成串聚集并呈鲱骨形状。有些虫形气孔可能暴露在焊缝表面	
2017	表面气孔 暴露在焊缝表面的气孔	
202	缩孔 因凝固时收缩造成的孔穴	
2021	结晶缩孔 冷却过程中在树枝晶之间形成的长形收缩孔,可能残留有气体。这种缺欠通常可在焊缝表面的垂直处发现	
2024	弧坑缩孔 焊道末端的凹陷孔穴,未被后续焊道消除	
2025	末端弧坑缩孔 减少焊缝横截面积的外露缩孔	

表 2-4(续2)

代号	名称及说明	示意图
203	微型缩孔 仅在显微镜下可观察到的缩孔	
2031	微型结晶缩孔 冷却过程中沿晶界在树枝晶之间形成的长形缩孔	
2032	微型穿晶缩孔 凝固时穿过晶界形成的长形缩孔	

二、孔穴特征

1. 气孔

气孔是指焊接时,熔池中的气泡在凝固时未能逸出而残留下来所形成的空穴,是焊接过程中常见的缺欠之一。

按气孔产生的位置可将气孔分为表面气孔和内部气孔,图 2-9 为表面气孔照片。

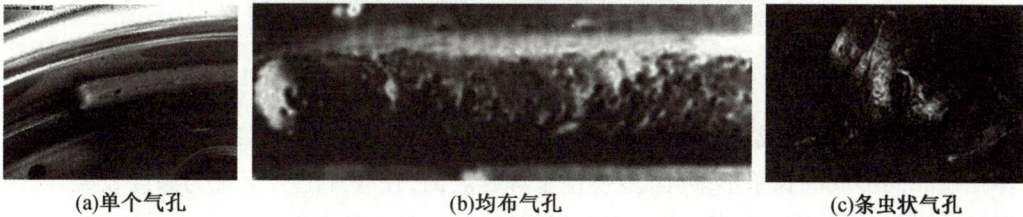

(a)单个气孔   (b)均布气孔   (c)条虫状气孔

图 2-9   表面气孔

按形态可将气孔分为密集型气孔、条虫状气孔、线状气孔和针状气孔等。

图 2-10 为密集型气孔射线影像,图 2-11 为线状气孔射线影像。

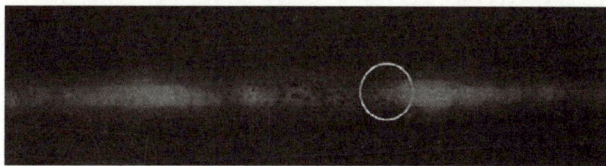

图 2-10   密集型气孔射线影像

图 2-11   线状气孔射线影像

形成气孔的气体不同,气孔的形成条件及分布也不同。

（1）冶金因素

冶金因素包括熔渣的氧化性、药皮或焊剂的冶金反应、保护气体、水分和铁锈等因素。

（2）工艺因素

工艺因素包括焊接参数、电流种类和电源极性等因素。

2. 缩孔

焊接过程中,金属因本身物理特性必然会产生收缩,可能在最后凝固部位出现孔洞。细小而分散的孔洞为缩松,容积大且集中的孔洞则称为缩孔。

图2-12为弧坑缩孔形貌,其分类表征参见表2-4。

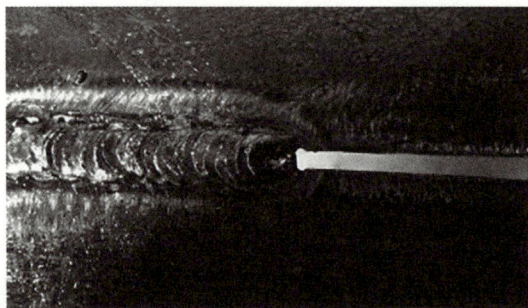

图2-12 弧坑缩孔形貌

晶间缩孔(针孔或柱孔),又称枝晶间缩孔,主要为焊缝金属冷却过程中,残留气体在枝晶间形成的长条形缩孔,多垂直于焊缝表面,在底片上多呈现为黑度较大、轮廓清晰、外形规则的圆形影像,常出现在焊缝轴线上或附近区域。

弧坑缩孔(火口缩孔),主要是因为焊缝末端未填满,后续焊道又未消除而形成。在底片上的凹坑黑度较淡,影像中有一黑度明显大于周围的黑色块状影像,黑度均匀、轮廓欠清晰、外形不规则,存在收缩线纹。

【任务实施】孔穴识别

1. 孔穴识别任务

（1）描述孔穴类型、表征方法、特征及预防措施;

（2）识别孔穴缺陷。

2. 场地

焊接检验实训室。

3. 试件及工具准备

（1）观片灯;

（2）焊接试件(含孔穴缺陷)或照片(含孔穴缺陷);

（3）含孔穴缺陷射线底片;

（4）5倍放大镜;

孔穴识别

（5）手电筒；

（6）石笔。

4. 按要求实施孔穴识别工作任务,并将结果记入表2-5、表2-6中。

表2-5　孔穴表征

孔穴类型		表征	分布特征
气孔	球形气孔		
	均布气孔		
	局部密集气孔		
	链状气孔		
	条形气孔		
	虫形气孔		
	表面气孔		
缩孔	结晶缩孔		
	弧坑缩孔		
	末端弧坑缩孔		
	微型缩孔		
	微型结晶缩孔		
	微型穿晶缩孔		

表2-6　孔穴识别

孔穴类型		特征	成因分析
气孔			
缩孔	晶间缩孔		
	弧坑缩孔		

【课后习题】

1. 选择题

（1）孔穴代号为（　　）。

①100；②200；③301；④300。

（2）按气孔产生的位置可将气孔分为（　　）和（　　）。

①表面气孔；②内部气孔；③密集型气孔；④条虫状气孔；⑤针状气孔。

（3）结晶缩孔通常在焊缝表面的（　　）发现。

①水平处；②垂直处；③无规律。

2. 判断题

（1）晶间缩孔在底片上多呈现为黑度较小、轮廓清晰、外形规则的圆形影像。

（　　）

（2）气孔是指焊接时，熔池中气泡在凝固时未能逸出而残留下来所形成的空穴。

（　　）

（3）影响气孔的工艺因素包括焊接参数、电流种类和电源极性等因素。　（　　）

（4）气孔是指圆形缺陷。　　　　　　　　　　　　　　　　　　　　（　　）

（5）电源极性包括直流正接、直流反接及交流。　　　　　　　　　　（　　）

3. 简答题

（1）试述气孔的影响因素。

（2）什么是气孔？

（3）什么是缩孔？

（4）试述晶间缩孔及弧坑缩孔成因。

任务3　　固体夹杂识别

【任务描述】

固体夹杂是焊接典型缺陷类之一。固体夹杂会降低焊缝金属力学性能，如降低焊缝金属塑性、增加低温脆性、增大韧脆转变温度及降低韧性和疲劳强度；固体夹杂还可能造成应力集中，连续夹杂往往引起裂纹产生。

船舶结构建造相关规范规定，针对固体夹杂评定焊接质量，应综合考虑其大小、间距及位置等诸多因素。正确判定固体夹杂诸多要素，成为评定船体结构焊接质量的重要依据。

固体夹杂形式多样，其特征及成因不同。掌握固体夹杂特征，正确识别及表征固体夹杂，分析固体夹杂产生原因，是船舶焊接检验及控制的重要环节。

【相关知识】

一、固体夹杂表征

《金属熔化焊接头缺欠分类及说明》（GB/T 6417.1—2005）中明确规定了固体夹杂表征方法，参见表2-7。

表2-7   固体夹杂分类及说明

代号	名称及说明	示意图
300	固体夹杂 在焊缝金属中残留的固体杂物	
301 3011 3012 3014	夹渣 残留在焊缝金属中的熔渣,按其形成情况,这些夹渣可能是: 线状的 孤立的 成簇的	
302 3021 3022 3024	焊剂夹渣 残留在焊缝金属中的焊剂渣,按其形成情况,这些夹渣可能是: 线状的 孤立的 成簇的	参见3011~3014
303 3031 3032 3033	氧化物夹杂 凝固时残留在焊缝金属中的金属氧化物。这种夹杂可能是: 线状的 孤立的 成簇的	参见3011~3014
3034	皱褶 在某些情况下,特别是铝合金焊接时,因焊接熔池保护不善和紊流的双重影响而产生的大量氧化膜	
304 3041 3042 3043	金属夹杂 残留在焊缝金属中的外来金属颗粒,其可能是: 钨 铜 其他金属	

二、固体夹杂特征

1.夹渣

在焊缝截面或表面中,残留在焊缝金属中的熔渣或焊剂称为夹渣。

夹渣形状复杂,多呈线状、长条状或颗粒状,常发生在坡口边缘及每层焊道间非圆滑部位,在焊道形状发生突变或存在深沟的部位也容易产生。图2-13为焊缝表面夹渣形貌。

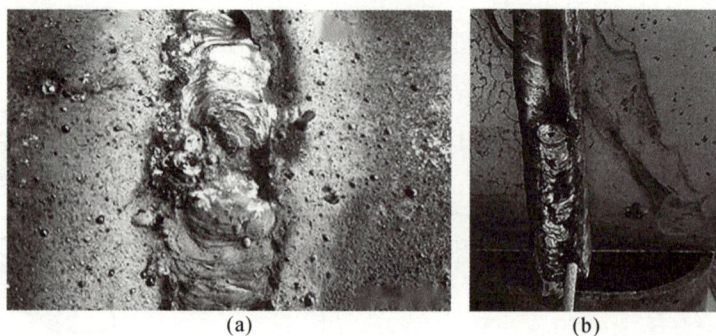

(a)   (b)

图2-13　焊缝表面夹渣形貌

夹渣影响因素:

(1)坡口尺寸不合理;

(2)坡口有污物;

(3)多层焊时,层间清渣不彻底;

(4)焊接线能量小;

(5)焊缝散热太快,液态金属凝固过快;

(6)手工操作时,焊条摆动不良,不利于熔渣上浮。

2. 金属夹杂

生产中,金属夹杂主要以夹钨为主。

钨极氩弧焊操作时,若钨极不慎与熔池接触,可能导致钨颗粒进入焊缝金属而产生夹钨。图2-14为夹钨射线影像。

图2-14　夹钨射线影像

夹钨成因:

(1)填充金属与温度较高的钨极端部接触;

(2)飞溅物污染钨极端部;

(3)钨极伸出过长,导致钨极过热;

(4)钨极夹头没有夹紧;

(5)保护气体流量不足或风速过大,导致钨极端部氧化;

(6)保护气体不合适;

(7)钨极有缺陷,如开裂或裂纹;

(8)钨极电流过大;

(9)钨极打磨不当;

(10)钨极太小。

【任务实施】固体夹杂识别

1. 固体杂质识别任务

(1)描述固体夹杂类型、表征方法、特征及预防措施;

(2)识别固体夹杂缺陷。

2. 场地

焊接检验实训室。

3. 试件及工具准备

(1)观片灯;

(2)焊接试件(含夹渣缺陷)或照片(含夹渣缺陷);

(3)含夹渣、夹钨缺陷射线底片;

(4)5倍放大镜;

(5)手电筒;

(6)石笔。

4. 按要求实施固体夹杂识别工作任务,并将结果记入表2-8、表2-9中。

表 2-8 固体夹杂表征

固体夹杂类型	表征	分布特征
夹渣		
焊剂夹渣		
氧化物夹杂		
皱褶		
金属夹杂		

表 2-9 固体夹杂识别

固体夹杂类型	特征	成因分析
夹渣		
夹钨		

【课后习题】

1. 选择题

(1)固体夹杂代号为( )。

①100;②200;③401;④300。

（2）焊剂夹渣可能是（　　　）、（　　　）、（　　　）。

①线状的；②孤立的；③成簇的；④无规律的。

2. 判断题

（1）夹渣形状复杂，多呈线状、长条状或颗粒状。　　　　　　　（　　　）

（2）生产中，金属夹杂主要以夹钨为主。　　　　　　　　　　　（　　　）

（3）填充金属与温度较高的钨极端部不接触，也可能造成夹钨。　（　　　）

（4）夹钨射线底片呈黑色块状。　　　　　　　　　　　　　　　（　　　）

3. 简答题

（1）什么是夹渣？

（2）试述夹渣的影响因素。

（3）什么是夹钨？

（4）试述夹钨成因。

（5）什么是皱褶？

任务4　　未熔合识别

【任务描述】

未熔合是焊缝典型缺陷类型之一。未熔合为面积型缺陷，会削弱焊缝有效承载截面积，造成严重的应力集中，其危害性仅次于裂纹。

船舶结构建造相关规范规定，未熔合为不允许存在的焊接缺陷，未熔合的识别也是评定船体结构焊接质量的重要依据。

掌握未熔合特征，正确识别及表征未熔合，分析未熔合产生的原因，是船舶焊接检验及控制的重要环节。

【相关知识】

一、未熔合表征

《金属熔化焊接头缺欠分类及说明》（GB/T 6417.1—2005）中明确规定了未熔合表征方法，参见表2-10。

表 2-10　未熔合分类及说明

代号	名称及说明	示意图
401 4011 4012 4013	未熔合 焊缝金属和母材或焊缝金属各焊层间未结合部分,可能是: 侧壁未熔合 焊道间未熔合 根部未熔合	4011 4012 4012 4012 4013 4013

二、未熔合特征

熔焊时,焊道与母材之间或焊道与焊道之间,未完全熔化结合的部分,以及电阻点焊时母材与母材之间未完全熔化结合的部分称为未熔合。

未熔合是一种焊接不连续,是指焊缝金属和熔合面或焊道间没有熔合,形态呈线形且端部很尖锐。

未熔合常出现在坡口侧壁、多层焊的层间及焊缝根部。

图 2-15 为未熔合形貌。

(a)侧壁未熔合　　(b)焊道间未熔合　　(c)根部未熔合

图 2-15　未熔合形貌

未熔合成因:

(1)焊接电流过小;

(2)焊接速度过快;

(3)焊条角度不对;

(4)偏吹;

(5)焊接处于下坡焊位置,母材未熔化时已被铁水覆盖;

(6)母材表面有污物或氧化物,影响熔敷金属与母材间的熔化结合等。

【任务实施】未熔合识别

1.未熔合识别任务

(1)描述未熔合类型、表征方法、特征及预防措施;

(2)识别未熔合缺陷。

2.场地

焊接检验实训室。

3.试件及工具准备

(1)观片灯;

(2)焊接试件(含未熔合)或照片(含未熔合);

(3)含未熔合缺陷射线底片;

(4)5 倍放大镜;

(5)手电筒;

(6)石笔。

4.按要求实施未熔合识别工作任务,并将结果记入表 2−11、表 2−12 中。

表 2−11　未熔合表征

未熔合类型	表征	分布特征
侧壁未熔合		
焊道间未熔合		
根部未熔合		

表 2−12　未熔合识别

缺陷类型	特征	成因分析
未熔合		

【课后习题】

1.选择题

(1)未熔合代号为(　　　)。

①100；②200；③401；④300。

（2）未熔合包括（　　）、（　　）、（　　）。

①侧壁未熔合；②焊道间未熔合；③根部未熔合；④无规律。

（3）未熔合是指焊缝金属和（　　）或（　　）间没有熔合。

①熔合面；②焊道；③热影响区；④焊接接头低温区。

2. 判断题

（1）未熔合是一种焊接不致密。　　　　　　　　　　　　　　（　　）

（2）未熔合形态呈线形且端部很尖锐。　　　　　　　　　　　（　　）

（3）焊道间不发生未熔合。　　　　　　　　　　　　　　　　（　　）

（4）焊速快会造成未熔合。　　　　　　　　　　　　　　　　（　　）

（5）焊条角度不规范不影响未熔合形成。　　　　　　　　　　（　　）

3. 简答题

（1）什么是未熔合？

（2）试述未熔合特征。

（3）未熔合成因有哪些？

任务5　未焊透识别

【任务描述】

未焊透也是焊缝典型缺陷类型之一。未焊透会削弱焊缝的有效截面,致使焊接接头强度下降。未焊透还会造成应力集中,严重降低焊缝疲劳强度。此外,未焊透可能成为裂纹源,造成焊接结构破坏。

船舶结构建造相关规范规定,除不加垫板的船用压力管道小径管单面焊中,允许存在一定长度、深度的根部未焊透外,其余焊接结构中均不应存在这种缺陷形式。准确判定及定量分析未焊透,成为评定船体结构焊接质量的重要依据。

掌握未焊透特征,正确识别及表征未焊透,分析未焊透产生的原因,是船舶焊接检验及控制的重要环节。

【相关知识】

一、未焊透表征

《金属熔化焊接头缺欠分类及说明》(GB/T 6417.1—2005)明确规定了未焊透表征方法,参见表2-13。

表 2-13　未焊透分类及说明

代号	名称及说明	示意图
402	未焊透 实际熔深与公称熔深间的差异	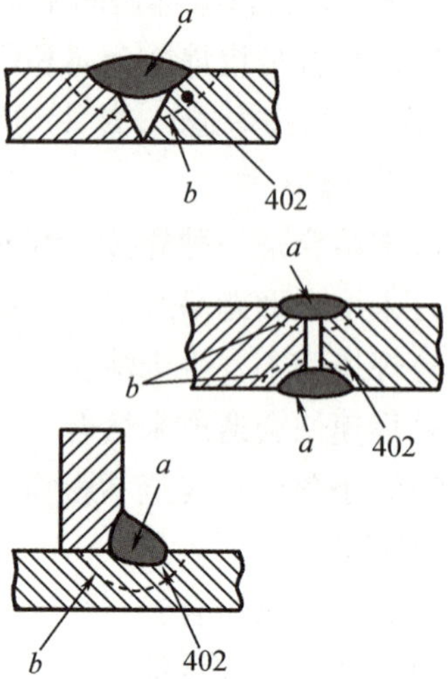 *a*—实际熔深；*b*—公称熔深
4021	根部未焊透 根部一个或两个熔合面未熔化	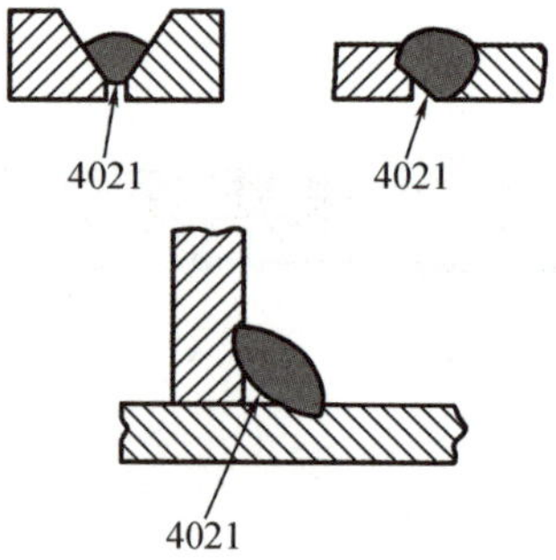
403	钉尖 电子束或激光焊接时产生的极不均匀的熔透，呈锯齿状。这种缺欠可能包括孔穴、裂纹、缩孔等	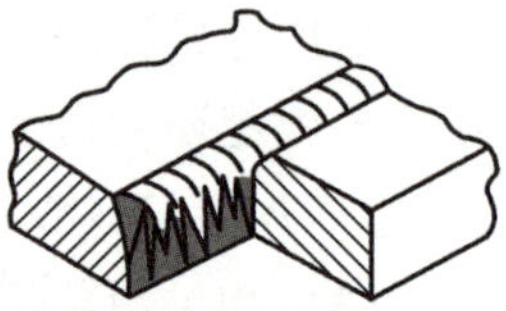

二、未焊透特征

未焊透是指焊接时接头根部未完全熔透的现象，或对接焊缝深度未达到设计要求的现象。图 2-16 为未焊透示意。

未焊透也是一种不连续现象，主要与焊缝坡口形式有关。

未焊透通常出现在单面焊的坡口根部及双面焊的坡口钝边，它通常靠近焊缝根部。图 2-17 为未焊透形貌。

未焊透成因：

(1)焊接电流小，熔深浅；

(2)坡口和间隙尺寸不合理，钝边过大；

（3）偏吹影响；

（4）焊条偏心；

（5）层间及焊根清理不良。

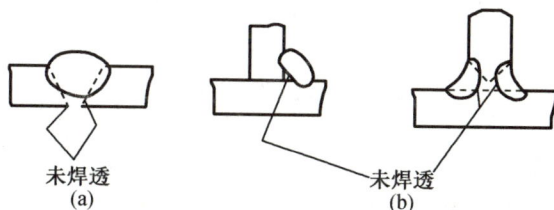

图 2-16 未焊透示意

图 2-17 未焊透形貌

【任务实施】未焊透识别

1. 未焊透识别任务

（1）描述未焊透表征方法、特征及预防措施；

（2）未焊透缺陷识别。

2. 场地

焊接检验实训室。

3. 试件及工具准备

（1）观片灯；

（2）焊接试件（含未焊透缺陷）或照片（含未焊透缺陷）；

（3）含未焊透缺陷射线底片；

（4）5 倍放大镜；

（5）手电筒；

（6）石笔。

4. 按要求实施未焊透识别工作任务，并将结果记入表 2-14、表 2-15 中。

表 2-14 未焊透表征

未焊透类型	表征	分布特征
根部未焊透		
钉尖		

表 2-15　未焊透识别

缺陷类型	特征	成因分析
未焊透		

【课后习题】

1. 选择题

(1)未焊透代号为(　　)。

①100;②200;③402;④300。

(2)尖钉可能包括(　　)、(　　)、(　　)等。

①孔穴;②裂纹;③缩孔。

(3)未焊透通常出现在(　　)。

①坡口根部;②焊道间;③热影响区;④焊接接头低温区。

2. 判断题

(1)未焊透是一种焊接不致密。　　　　　　　　　　　　　(　)

(2)未焊透形态呈线形且端部很尖锐。　　　　　　　　　　(　)

(3)焊道间不发生未焊透。　　　　　　　　　　　　　　　(　)

(4)焊速快会造成未焊透。　　　　　　　　　　　　　　　(　)

(5)焊条角度不规范不影响未焊透形成。　　　　　　　　　(　)

3. 简答题

(1)什么是未焊透?

(2)试述未焊透特征。

(3)未焊透成因有哪些?

任务6　焊缝形状和尺寸不良识别

【任务描述】

　　焊缝形状和尺寸不良也是焊缝典型外观缺陷之一。焊缝形状和尺寸不良对船体结构质量会造成不同程度的影响。如咬边现象将减少母材有效截面积,咬边处引发应力集中;焊缝超高会造成应力集中等。为此,船体结构相关规范中,对焊缝形状和尺寸不良中相应缺陷均提出了验收标准。

　　焊缝形状和尺寸不良形式多样,其特征及成因不同。掌握焊缝形状和尺寸不良特征,正确识别及表征焊缝形状和尺寸不良,分析焊缝形状和尺寸不良产生原因,是船舶焊接检验及控制的重要环节。

【相关知识】

一、焊缝形状和尺寸不良表征

《金属熔化焊接头缺欠分类及说明》(GB/T 6417. 1—2005)明确规定了焊缝形状和尺寸不良表征方法,参见表2-16。

表2-16　焊缝形状和尺寸不良分类及说明

代号	名称及说明	示意图
500	形状不良 焊缝外表面形状或接头的几何形状不良	
501	咬边 母材(或前一道熔敷金属)在焊趾处因焊接而产生的不规则缺口	
5011	连续咬边 具有一定长度且无间断的咬边	
5012	间断咬边 沿焊缝间断、长度较短的咬边	
5013	缩沟 在根部焊道的每侧都可观察到的沟槽	

表 2-16(续 1)

代号	名称及说明	示意图
5014	焊道间咬边 焊道间纵向的咬边	
5015	局部交错咬边 在焊道侧边或表面上,呈不规则间断、长度较短的咬边	
502	焊缝超高 对接焊缝表面焊缝金属过高	 a—公称尺寸
503	凸度过大 角焊缝表面焊缝金属过高	 a—公称尺寸
504 5041 5042 5043	下塌 过多的焊缝金属伸出到了焊缝根部。下塌可能是: 局部下塌 连续下塌 熔穿	
505	焊缝形面不良 母材金属表面与靠近焊趾处焊缝表面的切面之间的夹角 α 过小	 a—公称尺寸

表 2-16(续 2)

代号	名称及说明	示意图
506 5061 5062	焊瘤 覆盖在母材金属表面,但未与其熔合的过多焊缝金属。焊瘤可能是: 焊趾焊瘤 根部焊瘤	
507 5071 5072	错边 两个焊件表面应平行对齐时,未达到规定的平行对齐要求而产生的偏差。错边可能是: 板材的错边 管材的错边	
508	角度偏差 两个焊件未平行(或未按规定角度对齐)而产生的偏差	
509 5091 5092 5093 5094	下垂 因重力而导致焊缝金属塌落。下垂可能是: 水平下垂 在平面位置或过热位置下垂 角焊缝下垂 焊缝边缘熔化下垂	
510	烧穿 焊接熔池塌落导致焊缝内的孔洞	
511	未焊满 因焊接填充金属堆敷不充分,在焊缝表面产生纵向连续或间断的沟槽	

表 2-16(续3)

代号	名称及说明	示意图
512	焊脚不对称	*a*—正常情况;*b*—实际情况
513	焊缝宽度不齐 焊缝宽度变化过大	
514	表面不规则 表面粗糙过度	
515	根部收缩 由于对接焊缝根部收缩产生的浅沟槽	
516	根部气孔 在凝固瞬间焊缝金属析出气体而在焊缝根部形成的多孔状孔穴	
517 5171 5172	焊缝接头不良 焊缝再引弧处局部表面不规则,可能发生在: 盖面焊道 打底焊道	
520	变形过大 焊缝收缩和变形导致尺寸偏差超标	
521	焊缝尺寸不正确 与预先规定的焊缝产生偏差	
5211 5212	焊缝厚度过大 焊缝厚度超过规定尺寸 焊缝宽度过大 焊缝宽度超过规定尺寸	*a*—公称厚度;*b*—公称宽度

表 2-16(续 4)

代号	名称及说明	示意图
5213	焊缝有效厚度不足 角焊缝的实际有效厚度过小	 a—公称厚度;b—实际厚度

二、焊缝形状和尺寸不良特征

1. 咬边

由于焊接参数选择不当,或操作方法不正确,沿焊趾的母材部位产生的沟槽或凹陷称为咬边。图 2-18 为咬边缺陷示意。

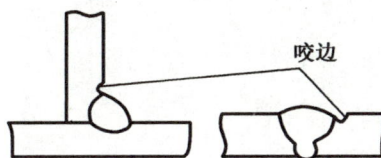

图 2-18 咬边缺陷示意

咬边可能是连续的,也可能是间断的。咬边会减少基本金属的有效截面,从而减弱了焊接接头强度。此外在焊缝咬边处会导致应力集中,成为开裂起点。

图 2-19 为咬边具体形貌。

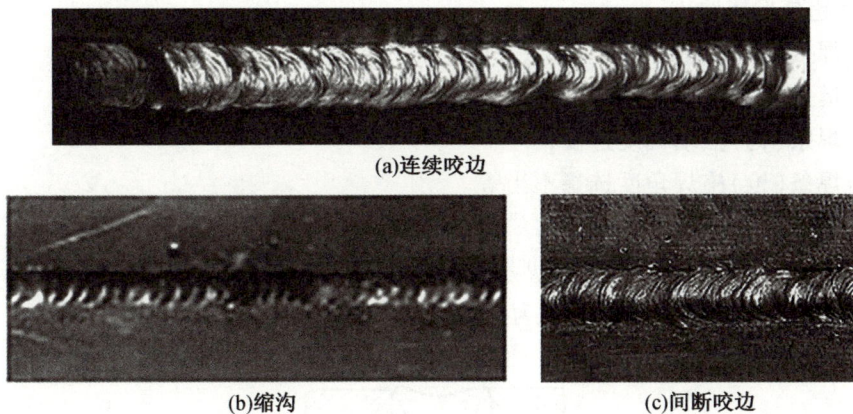

(a)连续咬边

(b)缩沟

(c)间断咬边

图 2-19 咬边具体形貌

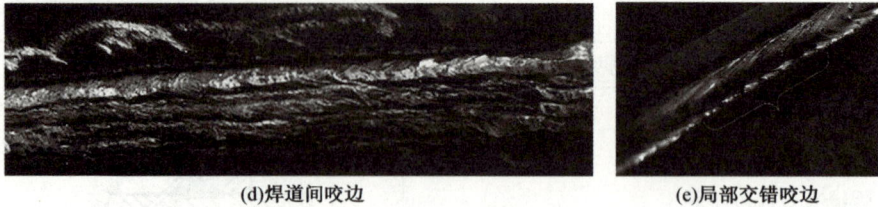

(d)焊道间咬边   (e)局部交错咬边

图 2-19

咬边形成原因：

(1)焊接时电弧热量过高,即焊接电流过大,运条速度过慢;

(2)焊条与工件间角度不正确,摆动不合理,电弧过长;

(3)焊接顺序不合理;

(4)采用直流电源施焊,电弧磁偏吹等。

2. 焊缝超高

焊缝超高是指焊缝余高超过规范要求,如图 2-20 所示。

图 2-20 焊缝超高

焊缝的余高越大,应力集中程度越严重,焊接接头的强度反而会降低。焊后削平余高,只要不低于母材,有时反而可以提高焊接接头的强度。

焊缝超高形成原因：

(1)焊接电流选择不当;

(2)运条速度过慢;

(3)焊条(枪)摆动幅度过慢;

(4)焊条(枪)施焊角度选择不当等。

3. 下塌

下塌是指单面熔化焊时,由于焊接工艺不当,焊缝金属过量透过背面,导致焊缝正面塌陷、背面凸起的现象,图 2-21 为焊缝下塌示意。

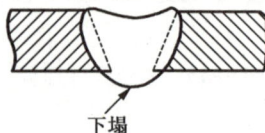

下塌

图 2-21 焊缝下塌示意

下塌会导致焊缝强度下降,因焊缝余高过高使应力集中加剧。

4. 焊瘤

焊瘤是指焊接过程中熔化金属流淌到焊缝之外未熔化的母材上所形成的金属瘤。

图2-22为焊瘤缺陷示意,图2-23为焊瘤形貌。

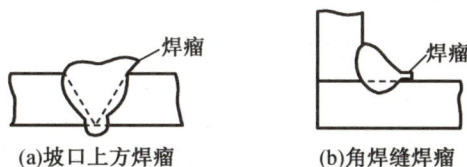

图 2-22　焊瘤缺陷示意

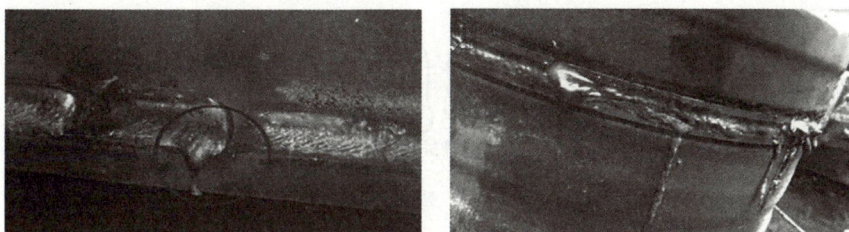

(a)焊趾焊瘤

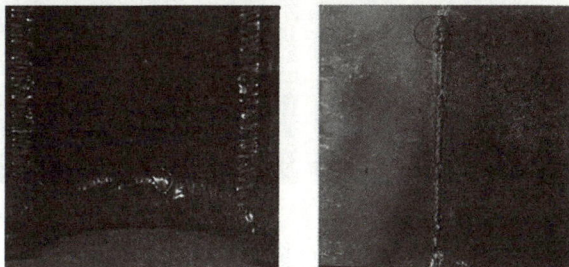

(b)根部焊瘤

图 2-23　焊瘤形貌

焊瘤导致工件表面尖锐缺口,且焊瘤会掩盖应力集中而导致裂纹扩展。

焊瘤形成原因:

(1)根部间隙过大;

(2)焊条角度和运条方法不正确;

(3)焊接电流大、焊接速度过慢。

5. 错边

错边是指两个工件表面应平行对齐时,由于工件装配时没有对正,而造成焊缝两边径向错位的现象。图2-24为错边形貌。

焊缝错边会使结构局部形状发生突变,产生应力集中。

(a)板对接错边　　　　　　　　(b)管对接错边

图2-24　错边形貌

6. 烧穿

烧穿是指焊接过程中,熔化金属自坡口背面流出,形成穿孔缺陷。图2-25为烧穿示意,图2-26为烧穿形貌。

烧穿

图2-25　烧穿示意

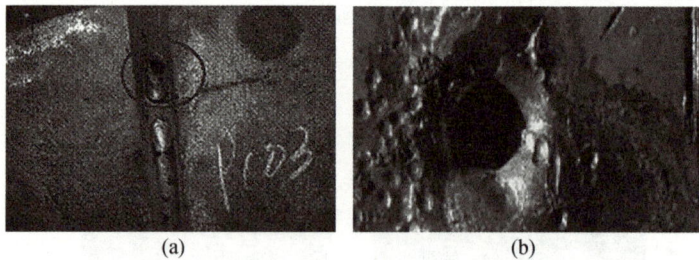

(a)　　　　　　　　　　　(b)

图2-26　烧穿形貌

烧穿易发生在第一道焊道、薄板对接焊缝或管子对接焊缝中。

烧穿周围常伴有气孔、夹渣、焊瘤及未焊透等缺陷,会导致焊缝有效截面积减少以及接头承载能力降低,为不允许存在的焊接缺陷形式。

烧穿产生原因:

(1)焊接电流过大,速度过慢,使电弧在焊缝处停留过久;

(2)工件间隙过大,钝边过小。

7. 未焊满

由于填充金属不足,在焊缝表面形成的连续或断续的沟槽称为未焊满。未焊满是由无足够的填充金属填入焊接接头中造成的,因材料横截面上的损失而形成的表面缺陷。

未焊满在坡口焊缝的焊缝金属中出现,可同时在焊缝的表面和根部出现。图2-27为未焊满形貌。

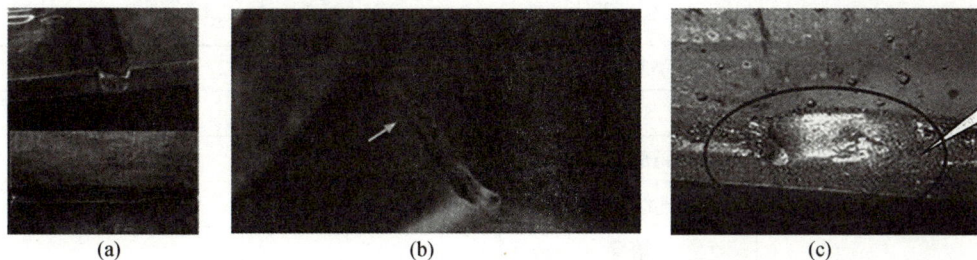

(a)　　　　　　　　(b)　　　　　　　　(c)

图 2-27　未焊满形貌

未焊满减少了焊缝的有效截面积,使焊接接头的强度下降。因未焊满引起的应力集中严重,导致焊缝的疲劳强度降低。另外,未焊满可能成为裂纹源,引发严重事故。

未焊满产生原因:

(1)焊接规范过低;

(2)焊条过细、运条不当等。

【任务实施】焊缝形状和尺寸不良识别

1. 焊缝形状和尺寸不良识别任务

(1)描述焊缝形状和尺寸不良识别类型、表征方法、特征及预防措施;

(2)识别焊缝形状和尺寸不良。

2. 场地

焊接检验实训室。

3. 试件及工具准备

(1)观片灯;

(2)焊接试件(含焊缝形状和尺寸不良识别缺陷)或照片(含焊缝形状和尺寸不良识别缺陷);

(3)含焊缝形状和尺寸不良缺陷射线底片;

(4)5 倍放大镜;

(5)手电筒;

(6)石笔。

4. 按要求实施焊缝形状和尺寸不良识别工作任务,并将结果记入表 2-17、表 2-18 中。

表 2-17　焊缝形状和尺寸不良表征

焊缝形状和尺寸不良类型		表征	分布特征
咬边	连续咬边		
	间断咬边		
	缩沟		
	焊道间咬边		
	局部交错咬边		
焊缝超高			

表 2-17(续)

焊缝形状和尺寸不良类型		表征	分布特征
凸度过大			
下塌	局部下塌		
	连续下塌		
	熔穿		
焊缝形面不良			
焊瘤	焊趾焊瘤		
	根部焊瘤		
错边	板材错边		
	管材错边		
角度偏差			
下垂	水平下垂		
	在平面位置或过热位置下垂		
	角焊缝下垂		
	焊缝边缘熔化下垂		
烧穿			
未焊满			
焊脚不对称			
焊缝宽度不齐			
表面不规则			
根部收缩			
根部气孔			
焊缝接头不良	盖面焊道		
	打底焊道		
变形过大			
焊缝尺寸不正确			
焊缝厚度过大			
焊缝宽度过大			
焊缝有效厚度不足			

表 2-18　焊缝形状和尺寸不良识别

焊缝形状和尺寸不良类型	特征	成因分析
咬边		
焊缝超高		

表 2-18（续）

焊缝形状和尺寸不良类型	特征	成因分析
下塌		
焊瘤		
错边		
烧穿		
未焊满		

【课后习题】

1. 选择题

(1) 焊缝形状不良代号为(　　　)。

①100;②200;③500;④300。

(2) 焊缝下垂包括(　　)、(　　)、(　　)、(　　)。

①水平下垂;②在平面位置或过热位置下垂;③角焊缝下垂;④焊缝边缘熔化下垂;⑤背面余高大。

(3) 烧穿周围常伴有(　　)、(　　)、(　　)及(　　)等缺陷。

①气孔;②夹渣;③焊瘤;④未焊透;⑤裂纹。

(4) 未焊满在坡口焊缝的(　　)中出现,可同时在焊缝的(　　)和(　　)出现。

①焊缝金属;②表面;③根部;④母材。

(5) 焊瘤形成原因包括(　　)、(　　)、(　　)、(　　)等因素。

①根部间隙过大;②焊条角度和运条方法不正确;③焊接电流大;④焊接速度过慢;⑤焊速快。

(6) 烧穿易发生在(　　)、(　　)或(　　)中。

①第一道焊道;②薄板对接焊缝;③管子对接焊接焊缝;④填充层焊缝。

2. 判断题

(1) 焊缝的余高越大,应力集中程度越严重,焊接接头的强度反而会降低。

(　　)

(2) 焊缝错边主要影响美观,导致结构尺寸变形。(　　)

(3) 角焊缝因有底板依托,不会发生焊缝下垂。(　　)

(4) 咬边不会发生在焊缝中。(　　)

(5) 烧穿为不允许存在的焊接缺陷形式。(　　)

3. 简答题

(1) 什么是咬边? 试述其成因。

(2) 焊缝超高产生的原因是什么?

(3) 焊缝下塌有什么危害?

(4) 试述焊瘤成因及危害。

(5)错边的危害有哪些？

(6)试述烧穿成因。

(7)试述未焊满成因及危害。

项目3

船体焊缝目视检测

学习目标

知识目标：
(1)熟悉船体结构对接焊缝与角接焊缝的外形尺寸参数
(2)熟悉对接焊缝与角接焊缝表面质量检测内容与规定
(3)掌握对接焊缝与角接焊缝表面质量检测方法与流程

能力目标：
(1)能够依据标准对对接焊缝和角接焊缝进行外形尺寸测量
(2)能够依据标准对对接焊缝和角接焊缝进行表面质量检测

素质目标：
(1)培养查找问题、发现问题的工作习惯
(2)养成一丝不苟、严谨细致的工作态度

项目3　部分图片
彩色版

项目背景

目视检查是用视觉直接观看物体表面质量的检查方法,有时可借助于灯光、放大镜等工具。目视检查是表面检查最简单、最经济及最常用的一种检查方式。目视检查受光线、检查人员视力和经验等因素影响,因此培养查找问题、发现问题的工作习惯和养成一丝不苟、严谨细致的工作态度,是目视检查人员的基本职业素养。

思政案例

船体结构焊接生产中,存在注重内部质量检测,而忽视焊缝表面质量检查的现象。焊缝表面质量检验是焊接质量控制的重要组成部分,其检验方法简单、成本低廉、检测效率高,为船舶建造中极为可靠的检查手段,广泛应用于船体焊缝表面质量检验。

《船体焊缝表面质量检验要求》(CB/T 3802—2019)中,对船体结构焊缝表面质量检验提出了明确规定,涉及表面质量检验项目和质量要求、检验方法以及焊缝表面缺陷修补规范。标准中针对船体结构形式、焊接方法及构件所属部位,均对其焊缝表面质量要求提出了具体规定。

船体对接焊缝表面质量检验包括焊缝外形尺寸检验及外观质量检验,船体焊缝外形尺寸通过焊缝量规进行检测,焊缝外观质量通过肉眼及放大镜、磁粉检测或渗透检测等方法进行检测。

船体焊缝表面质量检验合格后,方可实施其他项目检验。

标准中根据焊缝类型,将船体焊缝表面质量检验分为对接焊缝及角接焊缝表面质量检验两部分。

任务1　船体对接焊缝目视检测

【任务描述】

《船体焊缝表面质量检验要求》(CB/T 3802—2019)规定,船体对接焊缝表面质量实施检验过程中,根据结构形式不同分为Ⅰ形坡口对接焊缝、非Ⅰ形坡口对接焊缝,又进一步按正面焊缝、反面焊缝进行了划分。

此外,船体结构因采用埋弧焊、焊条电弧焊及气体保护焊、垂直气电立焊等不同焊接方法,以及船体构件所处部位不同,焊缝表面质量检验要求也不同。《船体焊缝表面质量检验要求》(CB/T 3802—2019)均给予了具体规定。

为保证船体对接焊缝表面质量,保障焊接生产合理实施,必须依据生产规范,分析船体对接焊缝表面质量检验项目及要求,掌握对接焊缝表面质量检验目视检测方法,进而合理实施船体对接焊缝目视检测。

【相关知识】

一、对接焊缝形状参数

焊缝的形状是指工件熔化区横截面的形状,可用焊缝熔深(S)、焊缝宽度(熔宽c)和余高(h)三个参数描述。

图3-1为对接接头焊缝形状及外形尺寸参数示意。

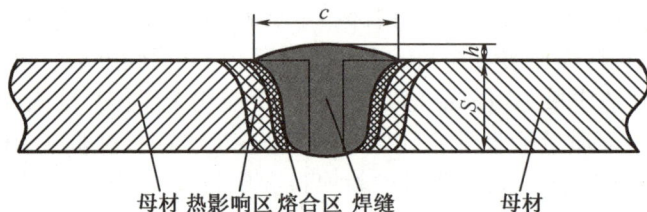

母材　热影响区 熔合区 焊缝　　　　母材

图3-1　对接接头焊缝形状及外形尺寸参数

合理的焊缝形状要求熔深、熔宽及余高之间的比例适当,生产中主要用焊缝成形系数和余高系数来表示焊缝成形特点。

焊缝成形系数:$\varphi = c/S$

余高系数:$\psi = c/h$

进行对接焊缝表面质量检验时,焊缝宽度、余高与焊缝有效厚度应符合规范比例。

二、船体对接焊缝表面质量标准

船体焊缝外形尺寸通过焊缝量规进行检测,焊缝外观质量通过肉眼及放大镜、磁粉检测或渗透检测等方法进行检测。

1. 船体对接焊缝外形尺寸

（1）焊缝侧面角

焊缝侧面角 θ 不小于 $90°$，如图 3-2 所示。

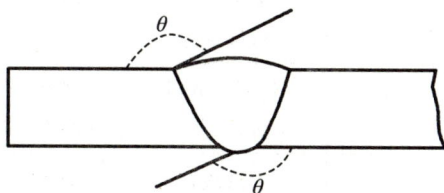

图 3-2　焊缝侧面角示意

（2）焊缝余高及宽度

船体对接焊缝 I 形坡口对接焊缝（包括带垫板对接焊缝）如图 3-3(a) 所示，非 I 形坡口对接焊缝如图 3-3(b) 所示。

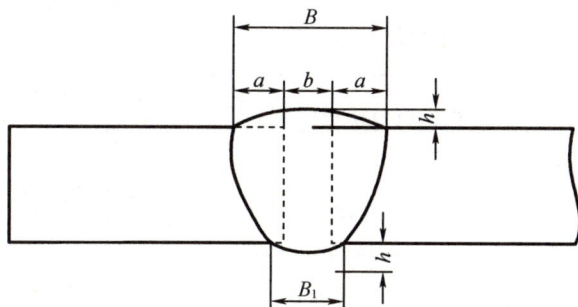

（a）I 形坡口对接焊缝

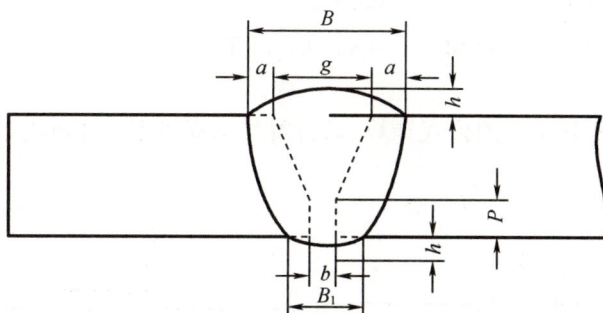

（b）非 I 形坡口对接焊缝

a—坡口端至焊趾宽度；b—坡口间隙尺寸；B—焊缝宽度；B_1—反面焊缝宽度；
P—坡口钝边尺寸；h—焊缝余高；g—坡口宽度。

图 3-3　船体对接焊缝

表 3-1 为船体对接焊缝焊缝余高及宽度检测标准。

表 3-1　焊缝余高及宽度检测标准(CB/T 3802—2019)

焊接方法	焊缝形式		焊缝宽度/mm	焊缝余高/mm
埋弧焊	双面焊	Ⅰ形坡口对接焊缝	正面 B：≥$b+2a$ 反面 B_1：≥$b+a$	$h≤1+0.15B$， 最大 6.0
		非Ⅰ形坡口对接焊缝	正面 B：≥$g+2a$ 反面 B_1：≥$g+a$	
	单面焊双面成形	Ⅰ形坡口对接焊缝	正面 B：≥$b+2a$ 反面 B_1：≥$b+a$	$h≤1+0.15B$， 最大 6.0
		非Ⅰ形坡口对接焊缝	正面 B：≥$g+2a$ 反面 B_1：≥$g+a$	
焊条电弧焊	Ⅰ形坡口对接焊缝		正面 B：≥$b+2a$ 反面 B_1：≥$b+a$	$h≤1+0.15B$， 最大 6.0
	非Ⅰ形坡口对接焊缝		正面 B：≥$g+2a$ 反面 B_1：≥$g+a$	
气体保护焊	Ⅰ形坡口对接焊缝		正面 B：≥$b+2a$ 反面 B_1：≥$b+a$	$h≤1+0.15B$， 最大 6.0
	非Ⅰ形坡口对接焊缝		正面 B：≥$g+2a$ 反面 B_1：≥$g+a$	
垂直气电立焊	非Ⅰ形坡口对接焊缝		正面 B：≥$g+2a$ 反面 B_1：≥$g+a$	$h≤1+0.15B$， 最大 4.0

注：b 值应符合 CB/T 3190—2019 规定的实际装配值。

$2a$ 值：焊条电弧焊和气体保护焊取不小于 4 mm，埋弧焊取不小于 6 mm。

坡口宽度按图 3-4 中的公式计算，若计算结果带小数，可利用数字修约法计算到整数位。

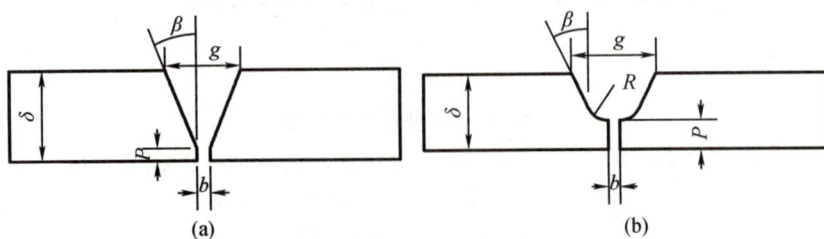

g—坡口宽度；β—坡口倾角；α—坡口倾角；δ—钢板厚度；
P—坡口钝边尺寸；R—坡口根部半径；b—根部间隙。
(a)：$g=2\tan\beta(\delta-P)+b$；(b)：$g=2\tan\beta(\delta-R-P)+2R+b$；(c)：$g=2\tan\beta(\delta-P)+\tan\alpha(\delta-P)+b$。

图 3-4　船体对接焊缝宽度计算

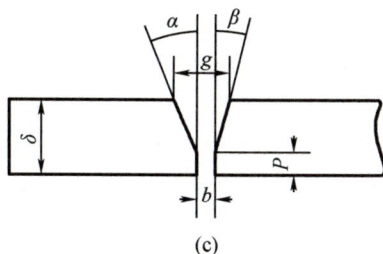

(c)

图 3-4(续)

整个焊缝长度内,焊缝最大宽度与最小宽度之差应不大于 5 mm。

若焊缝表面凹凸,在焊道长度 25 mm 范围内,焊缝的高低差应不大于 2 mm。

间断焊缝的每段焊缝有效长度应为设计长度的 0.9~1.2 倍。

(3)焊缝直线度

焊缝边缘直线度如图 3-5 所示。

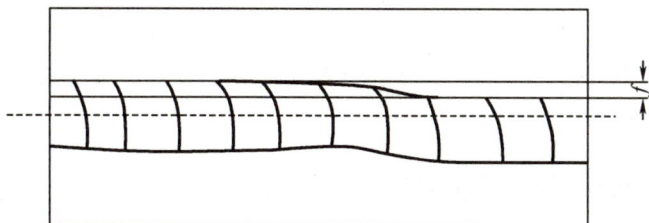

图 3-5　焊缝边缘直线度

任意 300 mm 连续焊缝长度内,焊缝边缘沿焊缝轴向的直线度 f 应符合表 3-2 要求。

表 3-2　焊缝边缘直线度要求(CB/T 3802—2019)

焊接方法	焊缝边缘直线度 f/mm
埋弧焊	≤4
焊条电弧焊	≤3
气体保护焊	≤3
垂直气电立焊	≤3

(4)多道焊表面凹槽深度

焊缝凹槽深度示意如图 3-6 所示。多道焊缝的表面焊道凹槽深度 d 应不大于 1.5 mm。

图 3-6　焊缝凹槽深度示意

2. 船体对接焊缝外观质量

（1）焊缝表面应成形均匀，焊道与焊道及焊道与母材金属之间应平滑过渡。

（2）焊缝不应存在任何表面裂纹、烧穿、未熔合和夹渣等缺陷。

（3）弧坑应填满，不应有缩孔和裂纹存在。

（4）焊缝表面不应存在焊瘤。若熔合金属淌挂在焊缝上，应不高于 2 mm。

（5）船中 0.6L 区域内，主结构（例如船壳板、甲板纵壁等）的对接焊缝咬边深度应不大于 0.5 mm，其他构件应不大于 0.8 mm。

（6）船体外板、强力甲板和舱口围板等重要部位的对接焊缝以及要求水密的焊缝，不应存在表面气孔。

（7）其他部位的焊缝，1 m 长度范围内允许存在 2 个气孔，单个气孔的最大直径允许值为：

①当构件的板厚 $\delta \leqslant 10$ mm 时，为 1 mm；

②当构件的板厚 $\delta > 10$ mm 时，为 1.5 mm。

（8）在船体外板、强力甲板正面、上层建筑外板等区域暴露的焊缝及其周围应无明显飞溅。

（9）其他内部焊缝在 100 mm 长度两侧，明显飞溅数量应不多于 5 个，飞溅颗粒直径不应大于 1.5 mm。

船体对接焊缝
表面质量标准

三、船体对接焊缝外形尺寸检测

焊缝量规（焊接检验尺）可测量焊缝余高、宽度、咬边深度及坡口角度等数值，其结构如图 3-7 所示。

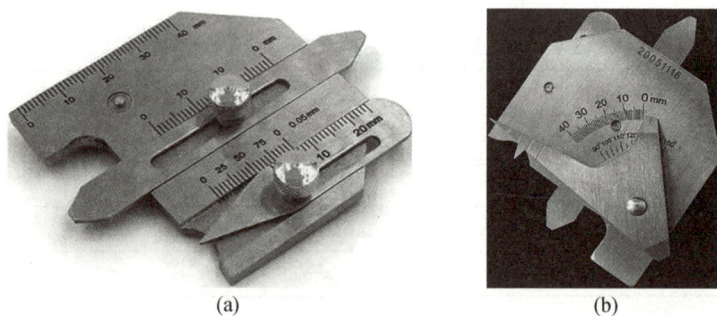

(a)　　　　　　　　　　　　　(b)

图 3-7　焊缝量规

1. 焊缝余高测量

图 3-8 为板对接及管对接焊缝余高测量方法示意。

2. 焊缝宽度测量

图 3-9 为对接焊缝宽度测量方法示意。

3. 咬边及多道焊表面凹槽深度测量

图 3-10 为咬边深度测量方法示意。

4. 坡口倾角测量

图 3-11 为坡口倾角测量方法示意。

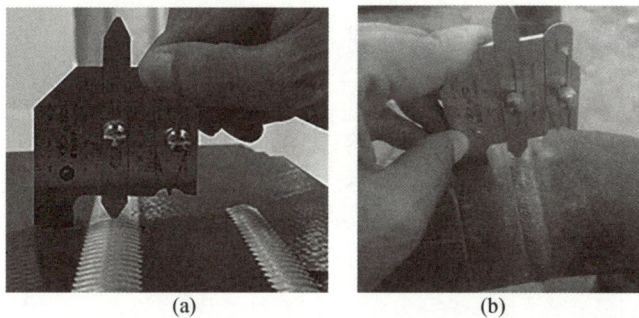

(a)　　　　　　　　　　(b)

图 3-8　对接焊缝余高测量

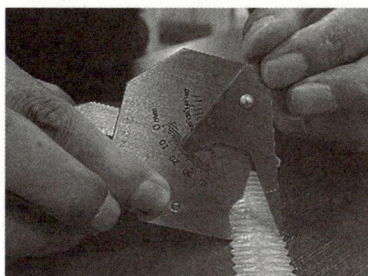

图 3-9　对接焊缝宽度测量

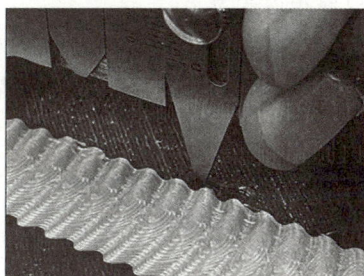

图 3-10　咬边深度测量

5. 焊缝侧面角测量

图 3-12 为焊缝侧面角测量方法示意。

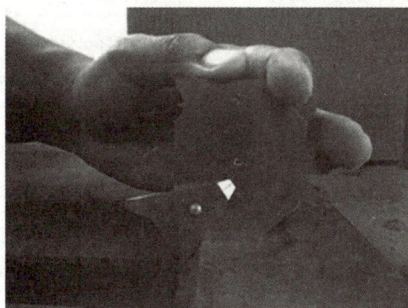

图 3-11　坡口倾角测量

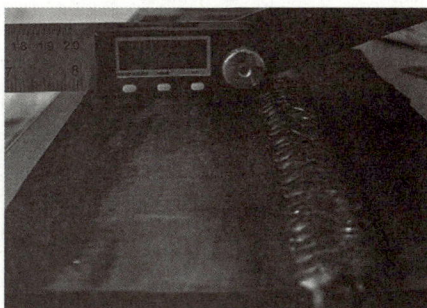

图 3-12　焊缝侧面角测量

6. 焊缝不直度测量

图 3-13 为焊缝不直度测量方法示意。

图 3-13　焊缝不直度测量

【任务实施】对接焊缝目视检测

1.对接焊缝目视检测任务

(1)描述对接焊缝目视检测任务内容、要求及注意事项;

(2)典型构件对接焊缝目视检测。

2.试件及工具准备

(1)焊接检测尺。

(2)5倍放大镜。

(3)直尺。

(4)数显角度尺寸。

(5)人工光源。

(6)板对接试件(或自行查找对接焊缝):

①Ⅰ形坡口对接试件;

②Ⅰ形坡口带垫板对接试件;

③非Ⅰ形坡口试件;

④多道焊对接试件。

3.按船体对接焊缝表面质量检测标准,对接焊缝表面外形尺寸及外观质量检测,将检测结果记入表3-3中。

表3-3 对接焊缝目视检测记录

焊接方法:		坡口形式:		坡口宽度/mm:		工件部位:	
焊缝侧面角/(°)		焊缝余高/mm			焊缝余高差/mm		
		正面:	反面:		正面:		反面:
焊缝宽度/mm				焊缝宽度差/mm			
正面:		反面:		正面:			反面:
多道焊表面凹槽深度/mm:				焊缝直线度/mm:			
焊缝表面成形	裂纹	烧穿		未熔合	夹渣		焊瘤
弧坑				焊缝咬边深度/mm	气孔数量及尺寸		飞溅
饱满度	缩孔		裂纹				

【课后习题】

1.选择题

(1)对接焊缝形状参数可用(   )、(   )、(   )描述。

①焊缝熔深;②焊缝宽度;③余高;④厚度。

(2)CB/T 3802—2019中,焊条电弧焊对接焊缝边缘直线度要求为:任意300 mm连续焊缝长度内不大于(   )mm。

①3;②4;③5;④无要求。

（3）CB/T 3802—2019中,多道焊缝的表面焊道凹槽深度应不大于(　　)mm。

①1;②1.5;③2;④无要求。

（4）船体焊缝外观质量通过(　　)、(　　)、(　　)或(　　)等方法进行检测。

①肉眼;②放大镜;③磁粉检测;④渗透检测;⑤超声检测。

（5）CB/T 3802—2019中,整个焊缝长度内焊缝最大宽度与最小宽度之差应不大于(　　)mm。

①5;②4;③3;④0。

2. 判断题

（1）焊缝表面不允许存在咬边缺陷。　　　　　　　　　　　　　　　　　　(　　)

（2）焊缝余高越高越理想。　　　　　　　　　　　　　　　　　　　　　　(　　)

（3）船体对接焊缝侧面角需要检测。　　　　　　　　　　　　　　　　　　(　　)

（4）不同部位对表面质量要求不同。　　　　　　　　　　　　　　　　　　(　　)

3. 简答题

（1）试述船体对接焊缝余高规范要求。

（2）试述船体对接焊缝宽度规范要求。

（3）试述船体对接焊缝表面质量要求。

（4）试述焊缝量规可实施的对接焊缝检测项目。

任务2　　船体角接焊缝目视检测

【任务描述】

《船体焊缝表面质量检验要求》(CB/T 3802—2019)对角接焊缝表面质量,包括外形尺寸及表面质量,均给出了具体规定。

为保证船体角接焊缝表面质量,保障焊接生产合理实施,必须依据生产规范,了解船体角接焊缝表面质量检验项目及要求,掌握角接焊缝表面质量检验目视检测方法,进而合理实施船体角接焊缝目视检测。

【相关知识】

一、船体角接焊缝表面质量标准

角接焊缝是指沿两直交或近似直交焊件的交线所焊接的焊缝,图3-14为角接焊缝示意。

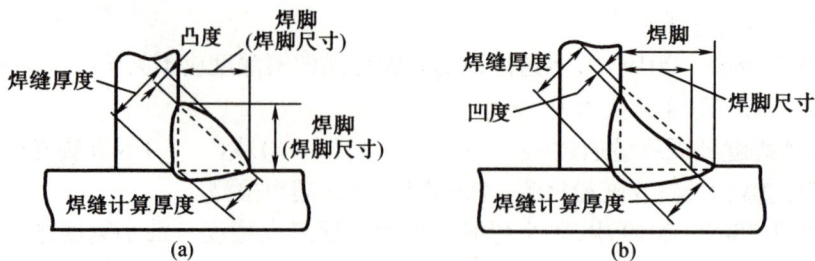

图 3-14　角接焊缝示意

1. 船体角接焊缝外形尺寸

(1) 焊缝侧面角

焊缝侧面角 θ 不小于 90°，如图 3-15 所示。

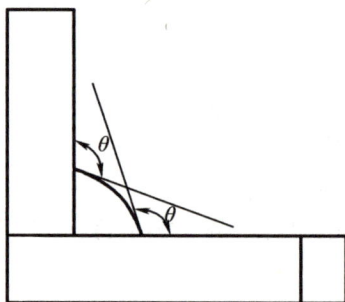

图 3-15　角接焊缝侧面角

(2) 焊缝余高(凸度)

《船体焊缝表面质量检验要求》(CB/T 3802—2019)对角接焊缝尺寸及标注给出了具体规定，如图 3-16 所示。

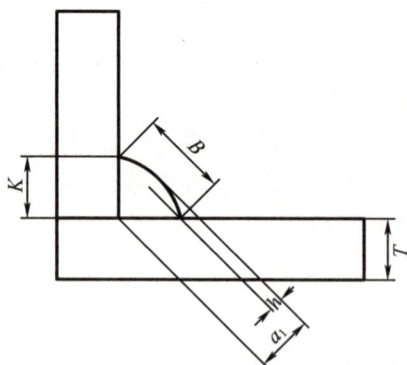

B—焊缝宽度；h—焊缝余高；K—焊脚尺寸；T—板厚度；a_1—焊喉尺寸。

图 3-16　角接焊缝示意

表 3-4 为船体角接焊缝凸度(余高)检测标准。

表3-4　凸度检测标准（CB/T 3802—2019）

焊接方法	焊缝形式	焊缝凸度（余高）/mm	备注
焊条电弧焊	角接焊缝	$h \leq 1+0.15B$，最大 4.0	$K=2^{1/2}a_1$
气体保护焊	角接焊缝	$h \leq 1+0.15B$，最大 4.0	当 $T \geq 6$ mm 时，$0.5T \leq a_1 \leq 0.5T+3$ mm；当 $T<6$ mm 时，$0.5T \leq a_1 \leq T$

若焊缝表面凹凸，在焊道长度 25 mm 范围内，焊缝的高低差应不大于 2 mm。

间断焊缝的每段焊缝有效长度应为设计长度的 0.9~1.2 倍。

内凹时，角接焊缝的实际焊喉尺寸 a_1 应不小于 0.9 S，S 为设计焊喉尺寸。

（3）焊脚

角接焊缝实际焊脚尺寸 K_0 应不小于 0.9 K，K 为设计焊脚尺寸。

（4）多道焊表面凹槽深度

多道焊缝的表面焊道凹槽深度 d 应不大于 1.5 mm。焊缝凹槽深度如图 3-17 所示。

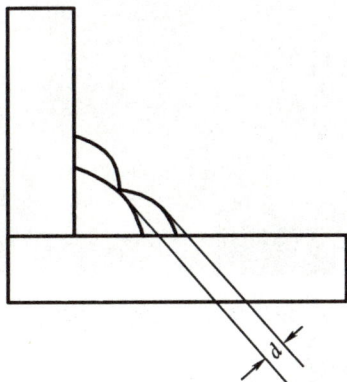

图 3-17　焊缝凹槽深度示意

2. 船体角接焊缝外观质量

（1）焊缝表面应成形均匀，焊道与焊道及焊道与母材金属之间应平滑过渡。

（2）焊缝不应存在任何表面裂纹、烧穿、未熔合和夹渣等缺陷。

（3）弧坑应填满，不应有缩孔和裂纹存在。

（4）焊缝表面不应存在焊瘤。若熔合金属淌挂在焊缝上，应不高于 2 mm。

（5）船体内部构架的角接焊缝允许咬边深度为 0.8~1 mm、连续长度小于 30 mm 的咬边存在。

（6）角接焊缝包头若有尖锐咬边形状，应修整。

船体角接焊缝表面质量标准

二、角接焊缝外形尺寸检测

1. 角接焊缝焊喉（厚度）测量

图 3-18 为角接焊缝焊喉测量方法示意。

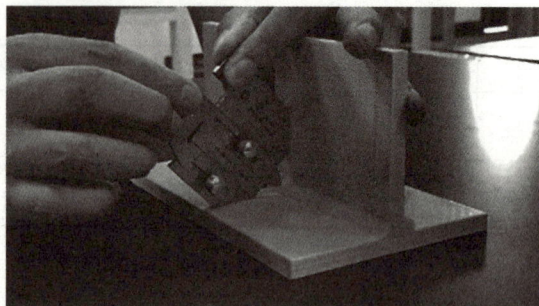

图 3-18　角接焊缝焊喉测量方法示意

焊缝宽度测量

焊角尺寸测定

2. 角接焊缝凸度测量

角接焊缝余高(凸度)为焊喉值减去角接焊缝标准三角形高度,参见图 3-14。角接焊缝凹度为标准三角形高度减去焊喉值。

3. 角接焊缝焊脚尺寸测量

图 3-19 为角接焊缝焊角尺寸测量方法示意。

图 3-19　角接焊缝焊角尺寸测量方法示意

4. 多道焊表面凹槽深度测量

参见对接焊缝多道焊表面凹槽深度测量。

【任务实施】角接焊缝目视检测

1. 角接焊缝目视检测任务

(1)描述角接焊缝目视检测任务内容、要求及注意事项;

(2)典型构件角接焊缝目视检测。

2. 试件及工具准备

(1)焊接检测尺。

(2)5 倍放大镜。

(3)直尺。

(4)数显角度尺寸。

(5)人工光源。

(6)角接焊缝试件:

①单道焊试件;

②多道焊试件。

3. 按船体角接焊缝表面质量检测标准,实施角接焊缝表面外形尺寸及外观质量检测,并将检测结果记入表3-5中。

表3-5　角接焊缝目视检测记录

焊接方法		焊缝凸度（余高)/mm		焊缝余高差/mm	
焊缝侧面角/(°)	焊喉尺寸/mm	凹度/mm	焊脚尺寸/mm	多焊道凹槽深度/mm	
焊缝表面成形	裂纹	烧穿	未熔合	夹渣	
弧坑			焊瘤	焊缝咬边深度/mm	
饱满度	缩孔	裂纹			

【课后习题】

1. 选择题

(1)船体角接焊缝侧面角 θ 不小于(　　　)。

①85°;②80°;③100°;④90°。

(2)CB/T 3802—2019 中,在焊道长度 25 mm 范围内,角接焊缝的高低差应不大于(　　　)mm。

①3;②4;③2;④无要求。

(3)CB/T 3802—2019 中,角接焊缝实际焊脚尺寸应不小于(　　　)倍设计焊脚尺寸。

①1;②0.85;③0.9;④无要求。

2. 判断题

(1)焊缝表面应成形均匀,焊道与焊道及焊道与母材金属之间应平滑过渡。

(　　　)

(2)焊角越大越理想。 (　　　)

(3)焊缝不应存在任何表面裂纹、烧穿、未熔合和夹渣等缺陷。 (　　　)

(4)不同部位对角接焊缝表面质量要求不同。 (　　　)

3. 简答题

(1)试述船体角接焊缝余高规范要求。

(2)试述船体角接焊缝焊脚规范要求。

(3)试述船体角接焊缝表面质量要求。

(4)试述焊缝量规可实施的角接焊缝检测项目。

项目4

船舶钢焊缝射线检测

学习目标

知识目标：

(1)熟悉射线检测机理及特征

(2)了解射线检测设备及仪器

(3)掌握检测参数的选择方法

(4)熟悉射线检测标准与规定

(5)掌握射线检测方法与流程

能力目标：

(1)能安全、规范操作射线检测设备与仪器

(2)能规范实施暗室工艺和正确制定曝光曲线

(3)能正确评定底片质量等级和编制评定报告

素质目标：

(1)树立安全操作与防护意识

(2)养成遵守规范和标准的习惯

(3)培养细心和耐心的工作态度

项目背景

射线是由各种放射性核素，或者原子、电子、中子等粒子在能量交换过程中发射出的具有特定能量的粒子束或光子束流，常见的有 α 射线、β 射线、γ 射线、X 射线等类型。X 射线具有很强的穿透性，它通过物质时被吸收和散射，使其强度衰减。在医学上，X 射线通常可用于人体检查；在工业领域，X 射线照相技术被广泛应用于金属、非金属零件缺陷检测，尤其是铸件、焊缝等内部质量检测。

X 射线具有辐射性，经常暴露在 X 射线下会对人体造成极大伤害。使用 X 射线时，必须按照规范和标准流程，确保安全操作和有效防护，并保持足够的细心和耐心。

射线检测具有检测直观、易于定性分析、底片易于保留等优点，是应用最为广泛的无损检测技术之一。

中国船级社《材料与焊接规范》(2023)标准规定，钢质船体结构焊缝内部质量可采用射线、超声波或其他适当的方法进行无损检测。对于在船中 $0.6L$ 范围内的船体强力甲板和外板，应按要求计算无损检测点数量，检测点一般应采用射线方法进行检测。

《船舶钢焊缝射线检测工艺和质量分级》(CB/T 3558—2011)标准规定了船舶钢焊缝射线照相检测的一般要求、技术等级、工艺文件、检测实施和焊缝质量分级等。

船舶建造主要采用射线照相法实施射线检测。依照工艺实施流程,射线照相法检测包括射线检测透照、暗室处理及射线底片质量评定三个主要工艺环节。

任务1　X射线机操作

【任务描述】

X射线能够穿透人体,可对体表组织及深部组织造成损伤。X线照射机体后引起放射性损害的程度,受照射剂量、照射部位以及受照个体与组织细胞的放射敏感性等多种因素的影响。

为此,《船舶钢焊缝射线检测工艺和质量分级》(CB/T 3558—2011)标准中明确规定,从事射线检测人员应经过射线检测技术的基础理论知识和相关技能培训,了解有关焊接、结构、材料热处理等知识,且应接受辐射安全防护知识的培训,必须持有中国船级社认可的射线检测资格证书。

为保证安全、规范实施X射线机操作,保障射线检测工艺合理实施,X射线机操作人员应熟悉设备基本结构、性能、作用及相关安全知识,了解X射线机操作工艺流程,掌握X射线机操作规范及注意事项,进而合理实施X射线机操作流程。

【相关知识】

射线检测是依据被检工件的成分、密度、厚度等的不同,对射线产生不同的吸收和散射的特性,从而对被检工件的质量、尺寸、特性等进行判断的方法,其实质是利用射线可穿透物质以及在物质中衰减的特性来发现缺陷。

工业上常用的射线检测方法为X射线检测和γ射线检测。

一、射线性质及检测机理

1. 射线性质
(1)不可见,以光速直线传播。
(2)不带电,不受电场和磁场的影响。
(3)具有可穿透物质和在物质中衰减的特性。
(4)可使物质电离,能使胶片感光,亦能使某些物质产生荧光。
(5)可对生物细胞起作用(生物效应)。
2. 射线与物质的相互作用
当射线穿透物质时,由于射线与物质的相互作用,将产生一系列极为复杂的物理

射线检测机理

过程,必然导致射线因吸收和散射而失去一部分能量,其强度相应减弱,称之为射线衰减。

射线强度的衰减呈负指数规律,并且随透过物质厚度的增加,射线强度的衰减增大。随着线衰减系数的增大,射线强度的衰减增大。

线衰减系数 μ 值与射线本身的能量(波长 λ)及物质本身的性质(原子序数 Z、密度 ρ)有关。即对相同的物质,其射线的波长越长,μ 值也越大;对相同波长或能量的射线,物质的原子序数越大,密度越大,则 μ 值也越大。

3. 射线检测机理

射线检测是根据被检工件与其内部缺陷介质对射线能量衰减程度不同,从而形成射线透过工件后的强度差异,使缺陷能在射线底片或 X 光电视屏幕上显示出来,如图 4-1 所示。

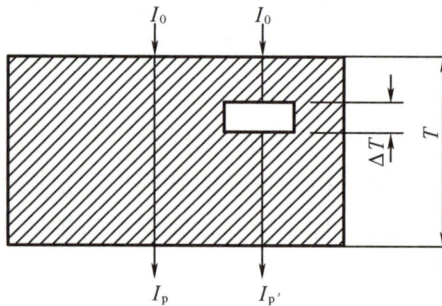

图 4-1 有无缺陷对照示意

射线在工件和缺陷中的线衰减系数分别为 μ 和 μ',透过工件和缺陷部位的射线强度可按下式计算:

$$I_p = I_0 e^{-\mu \cdot T}$$
$$I_p' = I_0 e^{-\mu T} e^{-(\mu'-\mu)\Delta T}, \Delta T = T-a$$

(1)$\mu' < \mu$ 时,$I' > I$,即缺陷部位透过射线强度大于周围完好部位。

例如,钢焊缝中的气孔、夹渣等缺陷属于这种情况,射线底片上缺陷呈黑色影像,X 光电视屏幕上呈灰白色影像。

(2)$\mu' > \mu$ 时,$I' < I$,即缺陷部位透过射线强度小于周围完好部位。

例如,钢焊缝中的夹钨属于这种情况,射线底片上缺陷呈白色块状影像,X 光电视屏幕上呈黑色块状影像。

(3)$\mu' \approx \mu$ 或 Δx 很小且趋近于零时,$I' \approx I$,缺陷部位与周围完好部位透过的射线强度无差异,在射线底片上或 X 光电视屏幕上缺陷将得不到显示。

二、X 射线机

1. X 射线机构造

X 射线机由 X 射线管、高压发生器、控制及保护系统、机械装置以及高压电缆等部件组成。

（1）X射线管

X射线管是产生X射线的部件,是由阴极构件与阳极构件等组成的真空电子器件,图4-1为X射线管实物照片。

(a)定向波纹陶瓷管　　　　(b)定向玻璃管

图4-2　X射线管实物

①阴极构件

X射线管电流的大小是通过改变阴极灯丝加热电流调整的,图4-3为阴极构件结构示意。

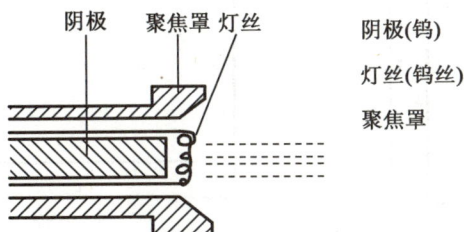

图4-3　阴极构件结构示意

②阳极构件

根据X射线辐射方向,阳极构件分为定向辐射式阳极和周向辐射式阳极。

X射线的辐射场存在一定规律,定向X射线管的阳极靶与管轴线方向呈20°幅角,发射的X射线束呈40°左右的立体锥角。图4-4为辐射式阳极结构示意。

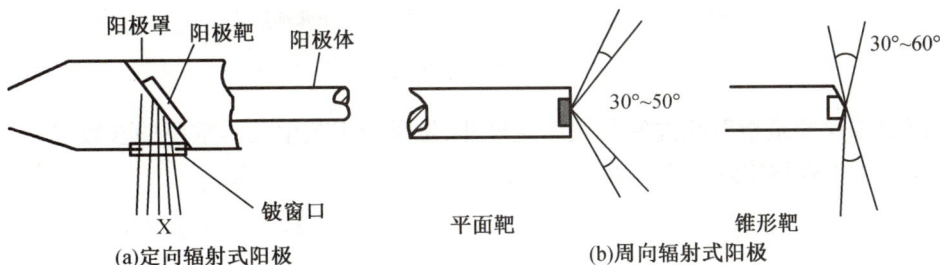

(a)定向辐射式阳极　　　　平面靶　　　　(b)周向辐射式阳极　　　　锥形靶

图4-4　辐射式阳极结构示意

辐射角度不同,X射线强度存在一定差异。图4-5为强度与辐射角度关系示意。

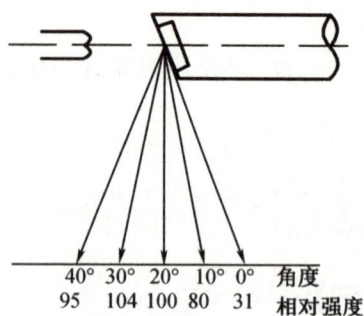

图 4-5　强度与辐射角度关系示意

③焦点

X射线管的焦点大小是其重要技术指标之一，直接影响到探伤灵敏度。焦点尺寸主要取决于灯丝形状和大小，此外管电压和管电流也对焦点尺寸有一定影响。

射线源焦点形状分为正方形、长方形、圆形、椭圆形四类，如图4-6所示。

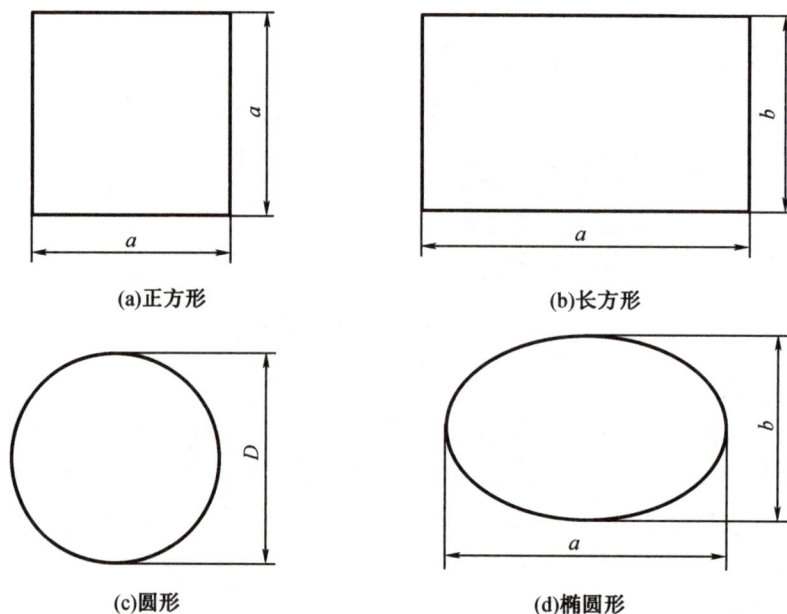

(a)正方形

(b)长方形

(c)圆形

(d)椭圆形

图 4-6　射线源焦点形状示意

射线源尺寸是指射线源的有效焦点尺寸，是曝光工艺中较为重要的参数之一。图4-7为有效焦点与实际焦点的对应关系。

正方形焦点 $d=\sqrt{2}\,a$，长方形焦点 $d=\sqrt{a^2+b^2}$，圆形焦点 $d=D$，椭圆形焦点 $d=\sqrt{2}\,a$。

式中　　a——射线源有效焦点长度方向尺寸的数值，单位为毫米（mm）；

　　　　b——射线源有效焦点宽度方向尺寸的数值，单位为毫米（mm）；

　　　　D——圆形射线源有效焦点直径的数值，单位为毫米（mm）。

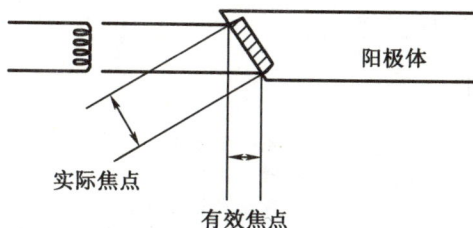

图 4-7 射线源有效焦点状示意

（2）高压发生器

高压发生器由高压变压器、灯丝变压器、高压整流管及高压电容构成。

（3）控制及保护系统

X 射线机的控制和保护系统主要包括基本电路、电压和电流调整部分、冷却和时间等的控制部分、保护装置等。

（4）冷却系统

冷却是保证 X 射线机长期使用的关键，冷却效果的好坏直接影响 X 射线管的使用寿命和连续使用时间。

X 射线机通常采用的冷却方式可分为油循环冷却、水循环冷却和辐射散热冷却三种。

（5）高压电缆

移动式和固定式 X 射线机的高压发生器与射线发生器之间，应采用高压电缆连接。需要注意的是，使用过程中高压电缆最常见的故障是电缆端头处发生击穿。

2. X 射线机分类

（1）按射线束辐射方向

按射线束辐射方向，X 射线机分为定向辐射和周向辐射，图 4-8 为定向辐射、周向辐射及爬行器实物照片，图 4-9 为定向 X 射线机型号标注方法。

(a)定向辐射　　　　(b)周向辐射　　　　(c)爬行器

图 4-8 X 射线机照片

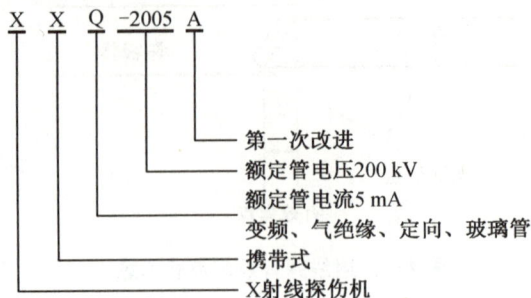

X X Q −2005 A

第一次改进
额定管电压200 kV
额定管电流5 mA
变频、气绝缘、定向、玻璃管
携带式
X射线探伤机

图4-9 定向X射线机型号标注方法

其中，按X光管材料形式，X射线机又分为玻璃管和陶瓷管X射线机，如图4-10及图4-11所示。

(a)XXG(定向波纹陶瓷管)   (b)XXQ(定向玻璃管)

图4-10 定向辐射X射线机

(a)XXGH(周向波纹陶瓷管)   (b)XXH(周向玻璃管)

图4-11 周向辐射X射线机

（2）按结构形式

按结构形式，X射线机分为携带式及固定式（含移动式），图4-12为X射线机实物照片。

三、X射线机操作工艺

X射线机为比较贵重的设备，正确使用和及时维护可以延长其使用寿命。各种型号的X射线机控制部分的电路原理存在很大差别，应按设备说明书要求操作。

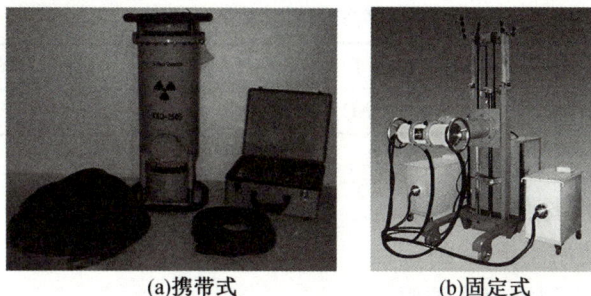

(a)携带式　　　　(b)固定式

图 4-12　X 射线机实物

1. X 射线机安全操作规程

(1)非本岗位人员禁止操作设备以及进入曝光工作室;

(2)控制 X 射线机曝光条件时,必须严格遵守设备操作规程;

(3)经常检查设备接地、接零是否良好,防止电击或触电事故;

(4)X 射线工作人员必须进行就业前身体检查,有不适应症者,不得从事此项工作;

(5)曝光室防护必须确保射线直接穿透或散射线不超过规定的射线安全剂量,X 射线曝光室应有良好的防护设施,必须经有关部门检查鉴定后方可使用;

(6)工作中操作人员应在控制室内,任何人员不得停留在 X 射线曝光区域;

(7)操作人员必须应定期进行身体检查,建立健康档案。

2. X 射线机功能状态

X 射线机根据冷却系统原理不同可分为气绝缘机和油绝缘机,二者存在一定的差别。

(1)接通电源后,控制箱面板上的电源指示灯亮,冷却系统开始工作。

对于油绝缘机油应运转,气绝缘机的机头风扇应转动。

(2)曝光准备:

油绝缘机"kV""mA"调到零位,"时间"调到预定位置。

气绝缘机"kV""时间"预置到规定位置。

(3)曝光:

按下"高压"通开关,红灯亮表示高压已接通。

对油绝缘机,应均匀调节"kV""mA"到规定值。

对气绝缘机,自动调节"kV"到额定值。

曝光过程中,冷却系统必须可靠工作。

(4)曝光结束:

油绝缘机,当蜂鸣器响,则均匀调节"kV""mA"回零,红灯灭,高压切断,过间复位。

气绝缘机,当蜂鸣器响,"kV"自动回零,红灯灭,高压切断,时间复位。

曝光过程中,如发现异常,可按下"kV"断开关,切断高压,查明原因后可考虑是否继续进行曝光。

表 4-1 为 X 射线机功能面板示意。

表 4-1　X 射线机功能面板示意

SA	状态	V	电压	T	曝光计时	D	延时计时	—	准备
HO	准备好	WK	曝光	AC	延时	CL	训机		

3. X 射线机操作要点

（1）X 射线机使用注意事项

①实机操作时必须穿着防护服。

②使用根据设备需求接入相应电源，并确保电源的稳定性，按要求将设备可靠接地。

③检查设备是否完好，并确保设备连接正常：

- X 射线发生器内压力低于 0.35 MPa 时，应禁止使用；
- 设备工作时间与休息时间应按 1:1 进行，最长工作时间不得超过 5 min。

④设备长时间不用时，应按说明书中规定训练 X 射线管。

（2）手动训机

未连续使用的 X 射线机必须按说明书要求进行逐步升高电压的训练，此过程为训机。

①琉璃管 X 射线机训机

一般琉璃管 X 射线机，训机可从额定管电压的 1/3 开始，逐步将电压升高达到额定值。

表 4-2 为琉璃管 X 射线机训机参考规范。

表 4-2　管电压增加速度与停用时间关系对应表（参考）

停用时间	6~8 h	2~3 天	3~21 天	21 天以上
升压速度	10 kV/30 s	10 kV/60 s	10 kV/2.5 min	10 kV/5 min

②金属陶瓷管 X 射线机训机

金属陶瓷管 X 射线机对训机的要求更加严格。

X 射线机控制部分一般装有延时线路、自动训机线路等，如不按要求进行训机，则高压送不上。训机可从额定管电压的 1/3 开始，逐步将电压升高达到额定值，表 4-3 为金属陶瓷管 X 射线机训机规范。

表 4-3　金属陶瓷管 X 射线机训机规范（参考）

停用时间	金属陶瓷管 X 射线机训机方法
1 天	只需自动训机到使用电压值，若使用电压较前一天高，可自动调机到前一天值后手动按 10 kV/min 升至使用值

自动训机
模拟机操作

表 4-3（续）

停用时间	金属陶瓷管 X 射线机训机方法
2~7 天	手动训机,从最低值开始按 10 kV/min 升至最高值(到 210 kV 时需休息 5 min,然后继续训练),训练完毕,放置在使用值
7~30 天	手动训机从最低值开始,每 5 min 升一级至最高值。 每训机 10 min,休息 5 min
30~60 天	手动训机,从最低值开始。 每 5 min 升一级至最高值,每升一级休息 5 min
60 天以上	按上述方法进行,但需增加休息时间和训机次数

（3）曝光操作（气绝缘机）

将 X 射线机出束窗口对准被检工件透照部位中心,调整焦距,贴好胶片、编号板。

打开控制器电源开关,操作面板显示器将点亮。

预置透照时间:调节计时器至所需的曝光时间的位置。

预置透照电压:调节千伏码盘至所需管电压的位置。

开启联锁装置。

按下高压按钮。

达到规定曝光时间后,机器自动切断高压输出,完成一次曝光工作。

机器进入 1:1 休息时间。

透照工作全部完成后,关闭电源开关。

【知识拓展】射线安全防护

1. 放射性损害

X 射线对人体的损害主要是由于 X 射线的特性——生物效应。X 射线照射机体后,会导致组织细胞和体液发生一系列变化,从而引起以造血组织损伤为主的放射性损害。

辐射对机体的损害,分为确定性效应和随机性效应。

（1）确定性效应

确定性效应指当射线照射人体全部或局部组织时,能杀死相当数量的细胞,而这些细胞又不能由活细胞的增殖来补充,细胞丢失可在组织或器官中产生临床上可检查出的严重功能性损伤。

（2）随机性效应

随机性效应分为两类。第一类发生在体细胞内,当电离辐射使细胞发生变异而未被杀死,这些存活的细胞继续繁殖,可能在受照射物体内诱发癌症而形成致癌效应。第二类发生在生殖组织细胞内,若电离辐射使生殖细胞发生变异,可能会遗传给照射者后代,形成遗传效应。

2. 辐射损伤的影响因素

（1）辐射性质

辐射性质包括射线的种类和能量。不同的射线在介质中的传能线密度不同，所产生的电离密度不同，因而相对生物效应有异。同一类型的射线，由于射线能量不同，产生的生物效应也不同。

（2）X 射线剂量

X 射线作用于机体后，所引起的机体损伤程度直接与 X 射线剂量有关。

（3）剂量率

剂量率即单位时间内的吸收剂量。一般说来，总剂量相同时，剂量率越高，生物效应越大。但当剂量率达到一定值时，生物效应与剂量率之间失去比例关系。在极小的剂量率条件下，当机体损伤与其修复相平衡时，机体可长期接受照射而不出现损伤。

小剂量长期照射，累积剂量较大时，可产生慢性放射损伤。

（4）照射方式

总剂量相同，单方向照射和多方向照射产生的效应不同。一次照射和多次照射，以及多次照射之间的时间间隔不同，所产生的效应也有差别。

（5）照射部位和范围

机体各部位对于射线辐射的抵抗能力不同，故受照射部位不同，产生的生物损伤也不同。

同一剂量，生物效应随照射范围的扩大而增加，全身照射比局部照射危害大。

（6）环境因素

在低温、缺氧的情况下，可延缓和减轻辐射效应。此外，受照者的年龄、性别、健康情况、精神状态及营养状况等不同，所产生的效应也不同。

3. 辐射防护的基本方法

（1）时间

剂量＝剂量率×时间。

（2）距离

增大与辐射源间距离可降低受照剂量，原因是当辐射源一定时，照射剂量或剂量率与距辐射源间距离的平方成反比。

（3）屏蔽防护

根据辐射通过物质时强度被减弱的原理，在人与辐射源间加足够厚的屏蔽，使照射剂量减少到容许剂量水平。

①屏蔽方式：固定式的屏蔽物包括防护墙、地板、天花板和防护门等，移动式的屏蔽物包括容器、防护屏和铅房等。

②屏蔽材料：原子序数高或密度大的材料，其防护效果更好。例如铅、镁、砖和混凝土等，是最常用的防护材料。

4. 辐射剂量监测

辐射剂量监测仪分为场所辐射监测仪和个人剂量监测仪两种。

（1）场所辐射监测仪

场所辐射监测仪按体积、质量和结构不同可分为携带式和固定式两类。常用的测量仪有气体电离探测器、闪烁探测器和半导体探测器三种类型。

工业射线检测行业常使用携带式监测仪，该类仪器体积小、质量小，具有合适的量程，便于个人携带使用。有时还采用带有音响或灯光信号的报警装置，一旦场所的辐射剂量超过某一预定值时，仪器能自动给出信号。

在场所辐射监测中，用射线束的照射场内辐射水平很高，而一股散、漏射线的辐射水平较低，必须选用适当量程的仪器进行测量。

（2）个人剂量监测仪

个人剂量监测仪的探测器件通常佩戴在工作人员身上，以监测个人受到的总照射量或组织的吸收剂量。因此，探测元件或仪器必须非常小巧、轻便、牢固，容易使用，佩戴舒适，能量响应优良，不受所测辐射以外的因素干扰。

常用的个人剂量监测仪有个人剂量仪、个人辐射剂量监测报警仪和热释光个人剂量计（TLD）。

5. 辐射警戒标志

射线检测工作时，为防止误入辐射场所，须设立醒目的警示标志或标牌。

（1）辐射警戒标志类型

①电离辐射标志：为预防放射性事故发生，全世界通行三叶形电离辐射标志，如图4-13所示。

图4-13　三叶形电离辐射标志

该标志应粘贴在放射性物质外包装上、射线装置上及存在电离辐射的工作场所。

②电离辐射警示标志：国际原子能机构（IAEA）和国际标准化组织（ISO）联合宣布启用新增加的电离辐射防护与安全的警示标志。

③警示灯：闪烁的警示灯用于警示附近存在危险，请避开远离，常用于夜间射线检测操作。

④安全警示旗、绳带：安全警示旗、绳带用于设置、隔离辐射工作场所控制区和监督区的边界，并起警示作用。

除上述警示标志和安全警示绳带外，还须悬挂必要的警告标牌，如"当心电离辐射""禁止进入射线区"及"无关人员禁止入内"等。

（2）辐射警戒标志设置

①进行射线检测工作时，应将辐射工作场所分为控制区和监督区（管理区），以便

于辐射防护管理和职业照射控制。在控制区的进口、出口、监督区入口处或其他适当位置,须设立醒目的警示标志或标牌。

②为明确划分、界定控制区和监督区的范围,在其边界应使用安全警示绳带。

③在控制区的边界应设"禁止进入射线区"的标牌,以告知作业人员应在控制区边界外操作,否则应采取防护措施。

在监督区(或管理区)的边界应设"无关人员禁止入内"的标牌,监督区(或管理区)边界附近不应有经常停留的公众人员。

【知识拓展】γ射线检测及加速器

一、γ射线检测

1.γ射线检测特点

(1)优点

检测穿透力强,探测厚度大。可连续运行,不受温度、压力和磁场等外界条件限制。设备体积较小、质量小,透照过程中不需水、电,可在野外、带电(高压电气设备)、高空、高温及水下等多种场合工作。由于设备轻巧、简单且操作方便,可在 X 射线机和加速器无法达到的狭小空间工作。

此外,检测装备故障率低,无易损件。

(2)缺点

半衰期短的 γ 源更换频繁,必须实施严格的射线防护。另外,γ 射线探伤发现缺陷的灵敏度略低于 X 射线机。

2.γ射线检测装备

(1)γ射线检测装备分类

按所装放射性同位素,γ 射线检测装备可分为 Co60、Cs137、Ir192、Se75、Tm170 及 Ybl69 射线检测装备;按机体结构可分为直通道和 S 通道形式;按使用方式可分为便携式、移动式、固定式及管道爬行器。

工业 γ 射线检测主要使用便携式 Ir192、Se75 及移动式 Co60 γ 射线检测装备。

Tm170 和 Yb169 γ 射线检测装备主要用于轻金属和薄壁工件检测,管道爬行器专用于管道对接环缝探伤。

(2)γ射线检测装备结构

γ 射线检测装备主要由源组件、检测装备机体、驱动机构、输源管及附件构成。

①源组件

源组件由放射源物质、外壳和辫子组成。图 4-14 为 Ir192 源组件结构示意图。将放射源物质装入外壳内,并利用辫子封口,可防止放射性污染扩散。

源外壳和辫子多采用冲压方式连接。

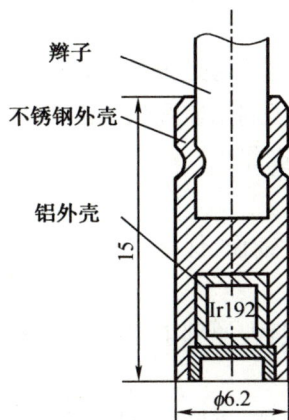

图 4-14　Ir192 源组件结构

②检测装备机体

γ 射线机体最主要的部分为屏蔽容器。内部设计有 S 形弯通道和直通道两种,图 4-15 为 S 形弯通道结构示意图。

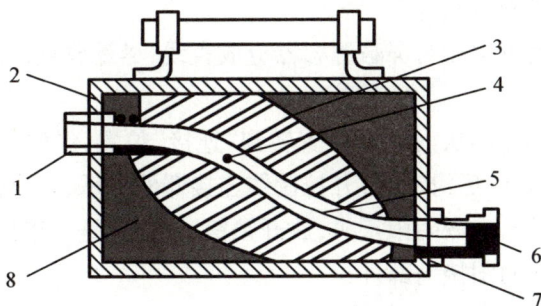

1—快速连接器;2—外壳;3—贫化铀屏蔽层;4—γ 源组;5—源托;
6—安全接插器;7—密封盒;8—聚氨酯填料。

图 4-15　S 形弯通道结构

③驱动机构

驱动机构是一套将放射源从机体的屏蔽储藏位置驱动到曝光焦点位置,并能将放射源收回到机体内的装置。

④输源管

输源管由包塑不锈钢软管制成,一头封闭,长度可根据需要选用。

输源管可保证源始终在管内移动,使用时开口端接到机体源出口,封闭端放在焦点位置。曝光时需要将源输送到输源管的端头,以保证源曝光焦点重合。

⑤附件

为保证 γ 射线设备使用安全、操作方便,需要配备设备附件。附件主要有专用准直器、γ 射线监测仪、定位架、专用曝光计算尺及换源器等。

3. γ 射线检测装备操作

γ 射线检测曝光操作,必须由专职射线检测人员进行。

（1）操作前准备

检查设备有无明显损伤；驱动机构是否灵活，有无卡死现象；输源管有无明显砸扁或损坏现象；个人剂量计及辐射场剂量监测仪表能否正常工作。

确认无误后，方可进行送源操作。

（2）主机安装

主机安装地点应便于输源管铺设，保证平稳安装。

（3）组装输源管

根据实际情况确定输源管根数，原则上不得多于3根。

（4）固定照相头

利用定位架将输源管端头定位、夹紧，并使输源管端头与照相焦点重合。

（5）铺设输源管

应保证输源操作顺利，并尽可能考虑有利于人员屏蔽的情况。

（6）连接输源管

从屏蔽容器上取下源顶辫，将其插入储存源顶辫的管内，将输源管接到主机出口接头上。

（7）选择驱动机构操作位置

手动操作时，驱动机构相对屏蔽源容器应成直线，尽量放直控制缆。

（8）连接控制缆

①将锁打开，将选择环从"锁紧"位置转到"连接"位置，保护盖将自动弹出；

②将控制缆连接套向后滑动，打开控制缆连接器的卡爪，露出控制缆阳接头；

③压下弹簧顶锁销，接嵌阴阳接头，放开锁销，并检验是否连接妥当；

④收拢卡爪，盖住阴阳接头部件；

⑤向前滑动连接套，套住卡爪，将连接套上的缺口销插入选择定位环孔内；

⑥保持控制缆连接套紧贴在屏蔽装置的联锁装置上，将选择环从"连接"位置转到"锁紧"位置。

注意：在送源探伤开始之前，应一直保持连锁处于"锁紧"位置。

（9）计算曝光时间

根据拍片条件，用计算尺或计算器计算出最佳黑度所需曝光时间。

（10）送出射源

将选择环转到工作位置，沿顺时针方向迅速转动手摇柄，使源从屏蔽容器进入输源管内，直到源送到头为止。

（11）收回射源

沿逆时针方向迅速转动手柄，使源回到储存位置，并用剂量仪检查确认。

注意：射源送出或收回时，应快速轻摇，直到无法摇动为止。

（12）锁紧选择环

将选择环由"工作"位置转到"锁紧"位置，用锁锁牢。如选择环不能转到"锁紧"位置，表明源未安全收回。

4.换源操作

换源器有两个"Ⅰ"孔道,一个用于装新源,一个用于回收旧源。

(1)按射线机操作步骤将驱动机构与射线机主机连接;

(2)将不带照相头的输源管分别与主机及换源器相连;

(3)摇动驱动机构手柄,将旧源送入换源器中;

(4)从旧源瓣上取出控制缆上的阳接头,从换源器旧源孔道接头上拆下输源管,将输源管与换源上新源孔道相接;

(5)将控制缆上阳接头与新源瓣的阴接头连接,合上导源管;

(6)摇动驱动机构手柄,将新源拉回检测装备中。

二、加速器

加速器是指带电粒子加速器,其原理是利用电磁场使带电粒子(如电子、质子,氮核及其他重离子)获得能量。用于产生高能 X 射线的加速器主要有电子感应式、电子直线式和电子回旋式三种,目前应用最广泛的是电子直线式加速器。

加速器具有射线束能量,强度与方向均可精确控制,能量可高达 35 MeV,探伤厚度可达 500 mm(钢铁)。利用加速器可使射线焦点尺寸小,探伤灵敏度较高。

【任务实施】X 射线机操作

1.X 射线机操作任务

(1)描述 X 射线机基本操作内容、要求及注意事项;

(2)X 射线机自动及手动训机操作;

(3)X 射线机板对接曝光操作;

操作规范选择:焦距 700 mm,管电压为 180 kV,曝光时间选择 3 min。

2.设备及场地

X 射线机 1 套,或射线仿真装备;

焊接检验实训室。

3.试件及工具准备

(1)板对接试件:

V 形坡口,300 mm×200 mm×12 mm 碳钢焊条电弧焊对接试件 1 付或仿真工件(配合仿真装备);

(2)直尺;

(3)透照辅助胎架 1 台;

(4)胶片、暗盒、增感屏及背部铅板、"B"铅字标记等 1 套。

(5)手电筒 1 支。

4.按要求实施训机及板对接曝光操作任务,并将操作规范记入表4-4及4-5中。

表 4-4　训机规范记录

X 射线机型号	X 光管类型	停用时间	训机规范(手动)	任务评价
		1 天		
		2~7 天		
		7~30 天		
		30~60 天		
		60 天以上		

表 4-5　曝光记录

X 射线机型号	工件材质规格	胶片类型	焦距/mm	延时时间/min	曝光电压/kV	曝光时间/min
操作工艺流程						
辐射防护措施						

【课后习题】

1. 选择题

(1)射线强度的衰减呈( )规律。

①负指数;②正指数;③无规律;④不变。

(2)射线强度随透过物质厚度的增加,射线强度的衰减( );随线衰减系数的增大,射线强度的衰减( )。

①增大;②减小;③无规律;④不变。

(3)相同的物质,其射线的波长越长,线衰减系数 μ 值也( )。

①越大;②越小;③无规律;④不变。

(4)对相同波长或能量的射线,物质的原子序数越大,密度越大,则 μ 值也( )。

①越大;②越小;③无规律;④不变。

(5)射线源焦点形状分为( )、( )、( )、( )四类。

①正方形;②长方形;③圆形;④椭圆形;⑤凹槽。

(6)训机可从额定管电压的( )开始,逐步将电压升高达到额定值。

①1/3;②1/4;③120 kV;④100%。

2. 判断题

(1)钢焊缝中缺陷在射线底片上呈黑色影像。　　　　　　　　　　　( )

(2)X 射线机开机前必须进行训机,避免机器损伤。　　　　　　　　( )

(3)多次照射之间的时间间隔不同,射线所产生的辐射效应也有差别。　( )

(4)受照者的年龄、性别、健康情况、精神状态及营养状况等不同,所产生的射线

辐射效应也不同。　　　　　　　　　　　　　　　　　　　　(　　)

(5)原子序数高或密度小的材料,其防护效果更好。　　　　　(　　)

3.简答题

(1)试述射线特点。

(2)什么是射线检测?

(3)试述 X 射线机构成。

(4)试述定向 X 射线机型号标注方法。

(5)试述 X 射线机安全操作规程。

(6)试述训练规范。

(7)试述气绝缘机曝光操作工艺流程。

(8)如何设置辐射警戒标志?

(9)γ 射线检测有什么特点?

任务2　暗室处理

【任务描述】

暗室处理是运用暗室操作技术,将射线曝光后带有潜影的胶片冲洗为在可见光下可观察可见影像的底片的冲洗过程。

暗室处理是射线照相法检测的重要程序。底片质量的好坏与暗室工作人员的技术水平及操作工艺合理性有关。射线检测人员应熟练掌握暗室操作技术,以保证底片的暗室处理质量。某些情况下,还需要由检测人员配制定影液及显影液,作为胶片冲洗介质,配液质量优劣直接影响底片质量。

为保证底片质量,保障射线检测底片质量等级正确评定,必须严格遵守胶片冲洗工艺,规范配制显影液、定影液,以合理实施暗室处理工艺。

【相关知识】

一、暗室布置

暗室布置应注意:

(1)暗室应有足够的空间,不宜过小、过窄。

(2)暗室应分为干区和湿区两部分,两区域距离不宜过近。

干区用于摆放胶片、暗盒、增感屏等器材,并用来进行切片、装片等工作。

湿区用来进行显影、定影、水洗、干燥等工作。

(3)各种设备器材摆放位置应适当,以利于工作。

（4）暗室要完全遮光，进口处应设置过渡间和双重门，以保证出入不漏光，为减少人员出入次数，应设置传递口，用于传送胶片和底片。

（5）如暗室附近有射线源，要注意屏蔽问题。

（6）暗室应有通风换气设备和排水系统，应有控制温度和湿度的设施。

图4-16为暗室布置设计参考示意。

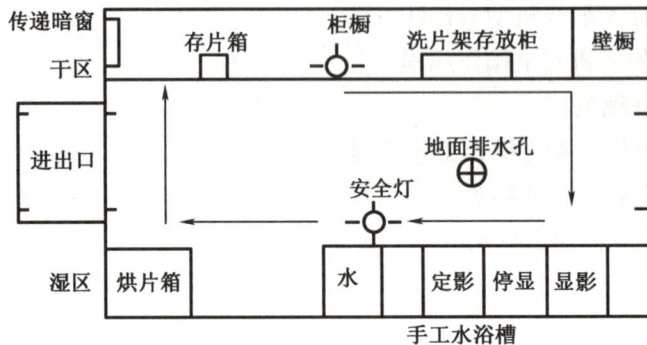

图4-16 暗室布置设计参考示意

二、胶片冲洗设备及器材

暗室常用的设备器材包括洗片机（洗片槽）、安全灯、温度计、天平及烘片箱等。

图4-17为洗片机实物照片。

图4-17 洗片机

1. 安全灯

安全灯用于胶片冲洗过程中的照明。工业射线胶片对可见光的蓝色部分最敏感，而对红色或橙色部分不敏感，因此，用于射线胶片处理的安全灯采用暗红色或暗橙色。

2. 温度计

温度计用于配液和显影操作时测量药液温度。可使用量程大于50 ℃，最小刻度为1 ℃或0.5 ℃的酒精玻璃温度计，也可使用半导体温度计。

3. 天平

天平用于配液时称量药品，可采用称量精度为0.1 g的托盘天平。天平使用后应及时清洁,以防腐蚀造成称量失准。

4.洗片器皿

胶片手工处理器皿可分为盘式和槽式两种方式,鉴于盘式处理易产生伪缺陷,所以目前多采用槽式处理。

洗片槽用不锈钢或塑料制成,其深度应超过底片长度20%以上,使用时应将药液装满槽,并随时用盖将其遮盖,以减少药液氧化。洗片槽应定期清洗,保持清洁。

配有自动洗片机时,洗片机等设备的使用应遵循相应操作规程。

三、胶片冲洗工艺

1.射线胶片

射线胶片不同于普通照相胶卷之处在于,其片基两面均涂有乳剂,以增加对射线敏感的卤化银含量。

(1)射线胶片构成

射线胶片由保护膜、乳剂层、结合层和片基组成。图4-18为射线胶片构成示意。

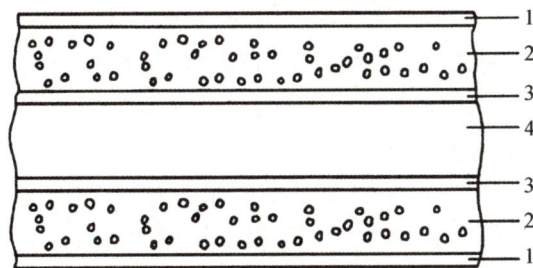

1—保护膜;2—乳剂层;3—结合层;4—片基。

图4-18 射线胶片构成

胶片系统分为T1、T2、T3和T4四类,T1为最高类别,T4为最低类别。

A级和B级射线检测技术应使用T3类或更高类别的胶片,C级射线检测技术应使用T2类或更高类别的胶片。采用γ射线对裂纹敏感性大的材料进行射线检测,应使用T2类或更高类别的胶片。抗拉强度≥540 MPa的高强度材料对接焊缝的射线检测,应使用T2类或更高类别的胶片。

实际射线检测时,胶片应放置于暗盒内。暗盒由对射线吸收不明显且对影像无影响的柔软塑料带制成,使用时可进行大幅弯曲并贴紧工件。

(2)底片黑度(D)

底片黑度 D 为照射光强与穿过底片的透射光强之比的常用对数值,即

$$D=\lg(L_0/L)$$

式中　L——透射光强;

L_0——照射光强。

未经射线曝光的胶片,经正常的显定影处理后,底片所具有的黑度(或光学密度)称为灰雾度。

CB/T 3558—2011 标准规定,灰雾度不应超过 0.3。

2. 胶片冲洗

冲洗胶片宜在曝光后 8 h 之内完成,最长不得超过 24 h。

胶片冲洗可采用自动冲洗或手动冲洗方式处理,推荐采用自动冲洗方式处理,胶片冲洗应按胶片中使用说明书的规定进行。

(1)胶片冲洗注意事项

①胶片暗室处理的人员必须持有射线Ⅰ级及以上证书或在Ⅱ级人员指导下完成。

②装卸胶片、显影、停显、定影等暗室处理过程中,除安全红灯外,其他照明灯不得开启。

③装胶片前应检查胶片是否过期,增感屏是否光洁完好,暗盒是否漏光,工作台面等与暗室用液接触器具是否清洁,暗室用液温度是否正常等。

④应穿戴清洁的薄纱手套细心装卸胶片,防止粘搭、划伤。

(2)全自动洗片机操作规程

①插紧机器的三根放水棒。

②连接并放置好显影、定影溢水管、补液管以及水洗进水管、出水管;打开进水开关加满水,调节水量大小,检测水管口溢水量,使溢水在 3~5 L/min。

③将配制好的显影液、定影液分别注入显影槽、定影槽中。先注入定影液后注入显影液,剩余部分分别注入补液桶。

④按顺序将输片架放到指定位置。

⑤将总电源拨到"ON"位置,磁性泵、风机、电机开始工作。

⑥调节旋钮至所需药液温度、烘干温度及洗片时间。

⑦当机器的显影液温度(面板显示)达到预置温度时,即可冲洗胶片,此时送入数张废片。

冲洗胶片时,将胶片从任意一边送入进片口,切勿斜放,以防止胶片划伤或卡片。

⑧每一张胶片进完后,机器控制部分将延时,待发出蜂鸣声提示胶片已进完,可继续送入下张胶片或进行其他工作。

⑨当工作结束一定时间后,机器将自动转入待命状态,此时风机、电机传动及烘干加热系统将停止工作。

工作结束后,切断机器电源、水源。

(3)手动胶片冲洗

手动胶片冲洗的主要步骤包括显影、停显、定影、水洗及干燥等。

①准备

将胶片装到挂片夹上,开始显影前搅动药液。

②显影

利用显影液中的显影剂,将潜像转变为可见影像的过程为显影。

将胶片浸入显影液中启动计时器,显影液温度控制在 20±2 ℃,保持胶片间隔至少为 0.5 min。

最初 0.5 min,上下、左右抖动洗片架,使胶片显影充分、均匀,之后每分钟抖动

胶片冲洗(仿真)

几次。

显影时间控制在 6~8 min。

③停显或漂洗

从显影液中取出胶片后,显影作用并不能立即停止,胶片乳剂层中残留的显影液还在继续显影,此时将胶片直接放入定影液,容易产生不均匀的条纹和两色性雾翳。

显影结束后将底片从显影槽提出,稍沥 1~2 s 后放入停显液中充分搅动,停显液温度控制在 16~24 ℃,时间控制在 0.5~2 min;或借助清水将胶片强有力地拌动从而进行漂洗。

④定影

定影液中的定影剂将底片上未经显影的溴化银溶解掉,并将可见银像固定在底片上的过程为定影。

控制胶片在定影液中不得互相接触。

胶片刚浸入定影液时,以及在第一分钟末,均应做上下方向搅动,约 10 s。

停影液温度控制在 16~24 ℃,时间控制在 10~15 min。

⑤水洗

定影完毕,将胶片放至冲洗水槽冲洗,水流不宜过急。

冲洗水温控制在 15~30 ℃,冲洗时间控制在 30~40 min。

⑥干燥

干燥的目的是去除膨胀的乳剂层中的水分。可采用自然晾干或烘干机烘干。

自然晾干前,为减少水迹,可把胶片先放到含 0.5%润湿剂的清水中浸润 1~2 min 后晾干。

使用烘干机烘干,烘干机温度不宜超过 55 ℃。

3. 废液处理

暗室处理过程产生的废旧显定影液和废胶片底片,不得随意倾倒排放,应经过地方环保部门确认达到排放标准后方可排放。

【知识拓展】配液

1. 配液器具

配液应使用玻璃、陶瓷、不锈钢容器或塑料制品,搅拌棒也应使用上述材料制作,切忌使用其他金属容器。

2. 显影液配制

显影液是由显影剂及其他化学药品配制成,用以已曝光感光材料显影的溶液,含显影剂、促进剂、保护剂、抑制剂及水等。

(1)显影液配制药品

图 4-19 为显影液配制药品示意。

胶片冲洗（操作）

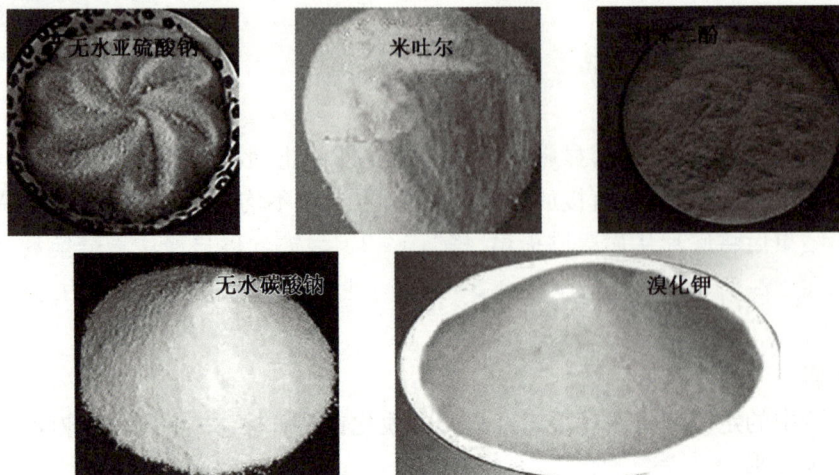

图 4-19 显影液配制药品

（2）显影液配方

以配制 2 000 mL 为例，表 4-6 为显影液配方参考。

表 4-6　显影液配方（配制 2 000 mL）

成分	质量或体积
温水	15 000 mL
无水亚硫酸钠	1 200 g
米吐尔	70 g
对苯二酚	180 g
无水碳酸钠	800 g
溴化钾	70 g
清水	至 20 000 mL

（3）显影液配制工艺

按显影液配方排列顺序和数量逐一加入，待前一种药品完全溶解后，再加入下一种药品。

①加入 15 000 mL 50 ℃温水，宜使用蒸馏水，或用煮沸过滤后的自来水。

水温过高会导致某些药品氧化，温度过低会致使药品溶解效果。

②依次加入米吐尔 70 g、无水亚硫酸钠 1 200 g、对苯二酚 180 g、无水碳酸钠 800 g、溴化钾 70 g。

为防止米吐尔在水溶液中被氧化，可先在水中加入与米吐尔等量的无水亚硫酸钠，待溶解后再加入米吐尔。

③待全部药品溶解后，再加入清水至全量 20 000 mL。

④配液时应不停搅拌，显影液的搅拌不宜过于激烈，且应朝着一个方向进行。

⑤配好的药液静置 24 h 后再使用。

显影液应密封保存,避免高温。

槽中显影应加盖保存,盘中显影时用毕应及时倒入瓶中密封保存,减小与空气接触时间,延长其使用寿命。

3. 定影液配制

定影液是能够除去未感光卤化银使影像固定持久的溶液。

(1)定影液配制药品

图4-20为显影液配制药品示意。

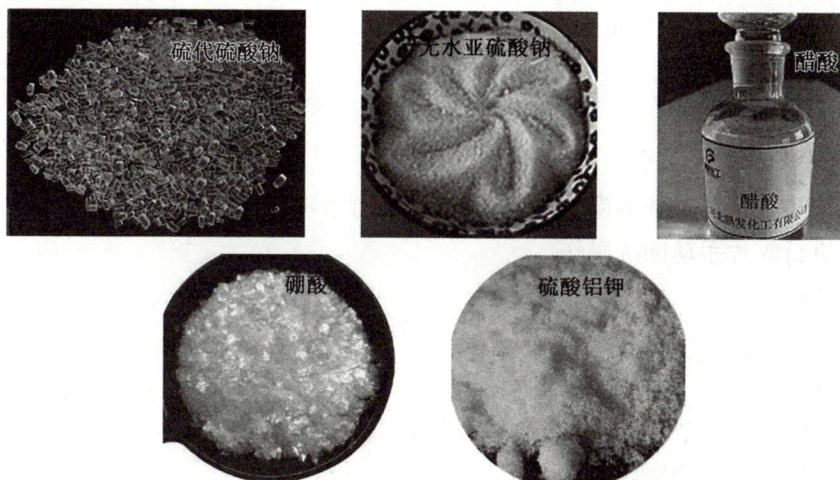

图4-20　定影液配制药品

(2)定影液配方

以配制2 000 mL为例,表4-7为定影液配方参考。

表4-7　定影液配方(配制2 000 mL)

成分	质量或体积
温水	15 000 mL
硫代硫酸钠	4 800 g
无水亚硫酸钠	300 g
醋酸	300 mL
硼酸	150 g
硫酸铝钾	300 g
清水	至20 000 mL

(3)定影液配制工艺

按定影液配方排列顺序和数量逐一加入,待前一种药品完全溶解后,再加入下一种药品。

①硫代硫酸钠溶解时会大量吸热,故加入15 000 mL、60 ℃温水,宜使用蒸馏水,

或用煮沸过滤后的自来水。

水温过高会导致某些药品氧化,温度过低会致使药品溶解效果。

②依次加入硫代硫酸钠 4 800 g、无水亚硫酸钠 300 g、醋酸 300 ml、硼酸 150 g、硫酸铝钾 300 g。

亚硫酸钠必须在加酸之前溶解,以防硫代硫酸钠分解;硫酸铝钾必须在加酸之后溶解,以防水解产生氢氧化铝沉淀。

③待全部药品溶解后,加清水至 20 000 mL。

④配液时应不停搅拌,显影液的搅拌不宜过于激烈,且应朝着一个方向进行。

⑤配好的药液静置 24 h 后再使用。

【任务实施】胶片手动冲洗

1. 胶片手动冲洗任务

(1)描述胶片冲洗基本操作内容、要求及注意事项;

(2)进行胶片手动冲洗操作。

2. 场地

暗室。

3. 设备及器材

洗片机 1 台;或专用胶片冲洗水槽;或仿真软件。

烘干机或自然烘干架。

4. 显影液、定影液

5. 曝光后胶片,若干

6. 实施手动冲洗操作,将操作规范记入表 4-8 中。

表 4-8　胶片冲洗规范

胶片冲洗方式	显影液类型	显影操作规范	停显或漂洗规范	定影液	定影操作规范	水洗规范	干燥规范
工艺流程							

【拓展任务】配液(选做)

1. 配液任务

(1)描述配液操作内容、要求及注意事项;

(2)配制 2 000 mL 显影液;

(3)配制 2 000 mL 定影液。

2. 场地

暗室。

3.配液器具

称重天平、配液筒、搅拌棒、防护手套、取药匙、温度计等;或仿真软件。

4.配液药品

蒸馏水或除去沉淀的沸腾水;

无水亚硫酸钠、米吐尔、对苯二酚、无水碳酸钠、溴化钾等;

硫代硫酸钠、醋酸、硼酸、硫酸铝钾等。

5.实施显影液、定影液配液操作,将操作规范记入表4-9、表4-10中。

表4-9　显影液配制(配制 2 000 mL)

配方	配方	配制工艺	注意事项
配制工艺流程			

表4-10　定影液配制(配制 2 000 mL)

配方	配方	配制工艺	注意事项
配制工艺流程			

【课后习题】

1.选择题

(1)CB/T 3558—2011 标准规定,底片灰雾度不应超过(　　)。

①0.3;②0.5;③1;④无要求。

(2)A 级和 B 级射线检测技术应使用(　　)类或更高类别的胶片。

①T1;②T2;③T3;④T4。

(3)C 级射线检测技术应使用(　　)类或更高类别的胶片。

①T1;②T2;③T3;④T4。

(4)采用 γ 射线对裂纹敏感性大的材料进行射线检测,应使用(　　)类或更高类别的胶片。

①T1;②T2;③T3;④T4。

(5)抗拉强度≥540 MPa 的高强度材料对接焊缝的射线检测,应使用(　　)类或更高类别的胶片。

①T1;②T2;③T3;④T4。

(6)冲洗胶片宜在曝光后(　　)之内完成,最长不得超过(　　)。

①8 h;②24 h;③2 h;④无要求。

(7)配好的药液静置(　　)后再使用。

①8 h;②24 h;③2 h;④无要求。

(8)配液应使用(　　)制品。

①玻璃;②陶瓷;③不锈钢容器;④塑料。

2.判断题

(1)胶片暗室处理人员必须持有射线Ⅱ级及以上证书或在Ⅲ级人员指导下完成。

(　　)

(2)暗室处理过程产生的废旧显定影液和废胶片底片,不得随意倾倒排放。

(　　)

(3)配液水温越高,原料溶解充分,效果越好。(　　)

(4)停影液温度控制在16~24 ℃,时间控制在10~15 min。(　　)

(5)显影时间控制在10 min以上。(　　)

3.简答题

(1)暗室布置有何要求?

(2)胶片冲洗设备器材包括哪些?

(3)试述胶片冲洗注意事项。

(4)试述全自动洗片机操作规程。

(5)试述手动胶片冲洗工艺。

(6)试述显影液配制工艺。

(7)试述定影液配制工艺。

任务3　曝光曲线制作

【任务描述】

进行射线照相法时,经常采用曝光曲线确定透照参数,根据曝光曲线关系可确定某种材料、某个厚度的工件以及满足特定质量要求所需的射线能量、焦距、曝光量等参数。

每台X射线机的曝光曲线各不相同,不能通用,且X射线曝光曲线必须通过试验制作。对使用中的曝光曲线,至少每6个月应校验一次。射线设备更换重要部件或较大修理后应及时对曝光曲线进行修正或重新制作。

曝光曲线是给定X射线机在选定工艺条件下制作的,只有在给定的X射线机和相同的工艺条件下才能使用该曝光曲线。

为合理选择射线检测曝光参数,保障射线检测规范实施曝光,必须严格遵循曝光曲线制作工艺流程,规范制作曝光曲线。

【相关知识】

一、相关术语

1. 曝光量

曝光量为管电流与照射时间的乘积,曝光量是射线检测的重要参数,不仅影响影像黑度,也影响影像对比度及信噪比,从而影响影像可记录的最小细节尺寸。

为保证射线照相质量,曝光量应不低于某一最小值。

2. 管电压

管电压是指X射线管内,为使阴极加热和在阴极与阳极之间产生强电场,由高压发生器产生的高电压,单位为"kV"。

管电压是控制X射线穿透能力的参数,它的大小直接影响X射线的能量。管电压增加,产生的X射线能量随之增加,从而使X射线能够穿透更厚的组织和物质,增加图像的透明度和分辨率。

3. 曝光时间

曝光时间是指曝光控制系统的作用时间,在其他变量不变的情况下,曝光时间越长,射线曝光量越大。

4. 管电流

管电流是指X射线管中的电子流量,单位为"mA"。

管电流对X射线的产生和强度有着重要的影响。管电流增加,产生的X射线强度也越大。

5. 穿透材质的密度

一般来说,X射线穿透材质(检测工件材质)的密度越大,射线在该工件内衰减越多,穿透的光电子数量越少,接收到的射线曝光量越小。

6. 增感方式

增感屏为一种特殊制作膜片,能够吸收射线的能量,转换成更容易被感光材料接收的光线,可提高检测灵敏度,缩短检测时间。

射线检测一般应使用金属增感屏或不用增感屏。表4-11为增感屏材料与厚度。

表4-11　增感屏材料与厚度(CB/T 3558—2011)规定

射线源		前屏		后屏	
		材料	厚度/mm	材料	厚度/mm
X射线	≤100 kV	铅	不用或≤0.03	铅	≤0.03
	>100 kV~150 kV		≤0.10		≤0.15
	>150 kV~250 kV		0.02~0.15		0.02~0.15
	>250 kV~500 kV		0.02~0.20		0.02~0.20

7. 焦距

焦距是指沿射线束中心测定的射线源与胶片之间的距离。

随焦距增大 X 射线衰减,其他变量保持不变的情况下,焦距越大,衰减越多。

二、曝光曲线

曝光曲线是在一定的设备、胶片和底片黑度、焦距、增感方式及暗室处理条件下,管电压、曝光量与射线穿透厚度间的关系曲线。

制作曝光曲线所采用的胶片、增感屏、焦距、射线能量等条件和底片应达到的灵敏度、黑度等均应符合本标准相应条款的规定。

1. KV-T(管电压-厚度)曲线

KV-T 曲线是以曝光量为参数,一定焦距下透照电压与透照厚度之间的关系曲线。

纵坐标是透照电压,单位符号为 kV,采用算术刻度尺;横坐标是透照厚度,单位常用毫米(mm),采用算术刻度尺。

图 4-21 为 KV-T 曝光曲线示意图。

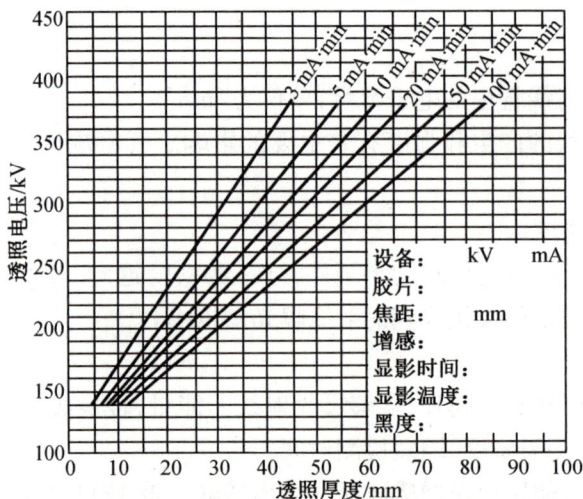

图 4-21　KV-T 曝光曲线

2. E-T(曝光量-厚度)曲线

E-T 曲线是以透照电压为参数,一定焦距下曝光量对数与透照厚度之间的关系曲线。

纵坐标是曝光量,单位是毫安·分(mA·min),采用对数刻度尺,横坐标是透照厚度,常用毫米(mm)为单位,采用算术刻度尺。

图 4-22 为 E-T 曝光曲线示意图。

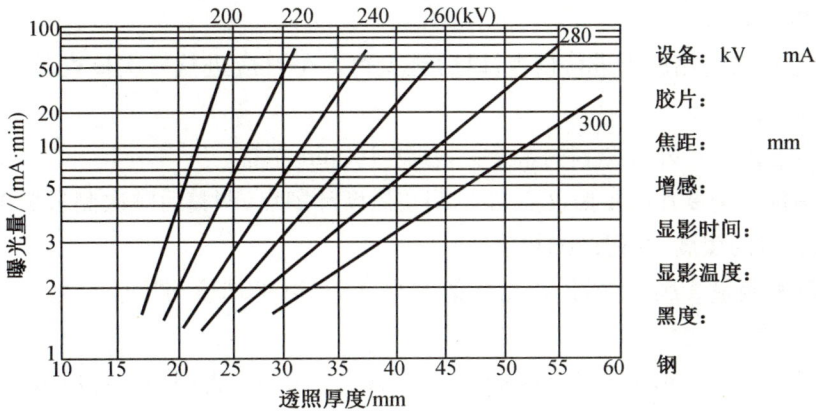

图 4-22 E-T 曝光曲线

三、曝光曲线制作

1. 密度计(黑度计)及密度片

(1)密度计

射线照相法检测底片黑度应采用透照式密度计测量。

密度计可测得最大密度应不小于 4.5,测量值的误差不超过 ±0.05,密度计至少每 6 个月校验一次。用于校正密度计的密度片应符合国家有关计量法规的要求。

图 4-23 为密度计实物照片。

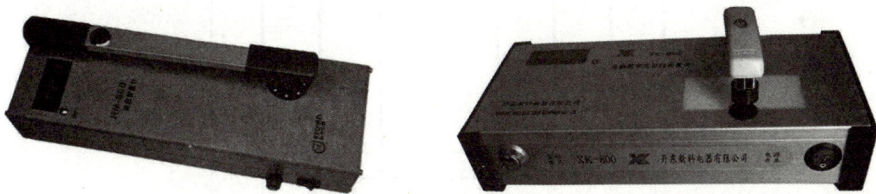

图 4-23 密度计

(2)密度片

密度片是打孔的硬纸板,中间夹着不同黑度的塑料片。

标准密度片至少有 8 个一定间距的黑度基准,且覆盖 0.3~4.5 黑度范围,至少每 2 年校准一次。

图 4-24 为 DV-9A(514273)密度片实物照片。

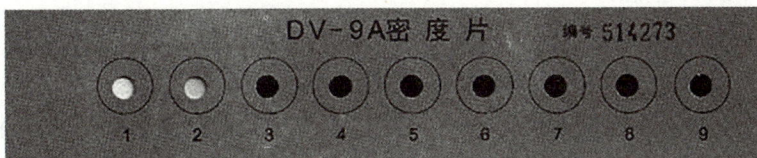

图 4-24 密度片

2. 密度计核查

密度计首次使用前应进行核查,以后至少每 6 个月应进行一次核查,每次核查后应填写核查记录。

(1)接通黑度计外电源和测量开关,预热 10 min 左右。

(2)用标准密度片的零黑度点(区)调整黑度计零点,调整后顺次测量黑度片上不同黑度的各点的黑度,并记录测量值。

(3)反复测量 3 次,计算各点测量值的平均值,以平均值与黑度片之差作为黑度计的测量误差。

(4)黑度不大于 4.5 的各点测量误差不应超过±0.05,否则黑度计应重新调整、修理或报废。

在工作开始时或连续工作超过 8 h 后应在拟测量黑度范围内选择至少两点进行检查。

3. 制作曝光曲线

(1)阶梯试块

阶梯试块选用与被透物体材料相同或相近的材料制作,阶梯厚度差取 2 mm,如图 4-25 所示。

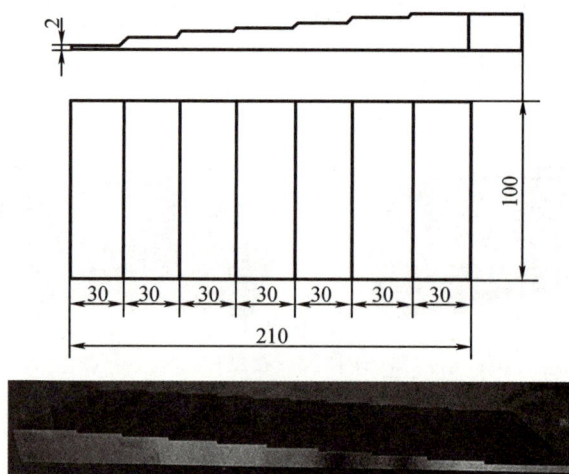

图 4-25 阶梯试块(单位:mm)

另制备厚度为 10 mm 和 20 mm 的平板试块各一块,加在阶梯试块下面,可扩大制作曲线的厚度范围。

(2)阶梯试块透照

借助阶梯试块及平板试件,实现不同厚度工件透照,分别选用系列曝光参数(焦距、曝光电压、曝光时间),获取底片,进行胶片冲洗处理。

制作 KV-T 曲线,在同一焦距和曝光量条件下,采用不同管电压进行多张胶片曝光,经暗室处理获取一组底片。

制作 E-T 曲线,在同一焦距和管电压下选用不同的曝光量进行多张胶片曝光,经暗室处理获取一组底片。

（3）阶梯试块底片黑度测定

胶片冲洗处理后，进行黑度测量，获取不同曝光条件下底片黑度数值。

①查看电源是否与密度计所需电源一致，确认后密度计接通电源。

②按下密度计右下方电源开关，显示屏将显示"---"标记。

③密度计预热 10 min。

④不放任何试样，按下测量臂，显示屏将显示"E.1"字样。

⑤继续按住测量臂，同时掀动密度计右上方自动调零钮，显示屏显示"0.00"字样。

放开测量臂，此时仪器已进入黑度值测量阶段。

⑥将底片的某一黑度区对准光孔，按下测量臂，显示屏显示被测黑度值，如图4-26所示。

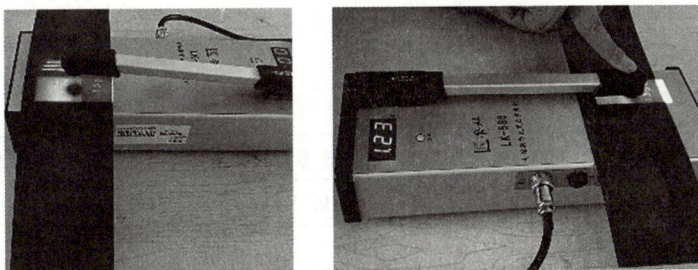

图 4-26　阶梯试块底片黑度测定

（4）曝光曲线绘制

①KV-T（管电压-厚度）曲线绘制：测定阶梯试块底片黑度后，可获得多条黑度与厚度的关系曲线（每张底片即是一条黑度-厚度曲线）。

选取某一黑度值时，不同管电压对应的不同厚度即有一对应点，将选取的各点标注于普通坐标纸上便可得一条曝光曲线，即管电压-厚度曝光曲线。

②E-T（曝光量-厚度）曲线绘制：测定阶梯试块底片黑度后，可获得多条黑度与厚度的关系曲线（每张底片即是一条黑度-厚度曲线）。

选取某一黑度值时不同的曝光量对应不同的厚度即有一对应点。

将各试验点标注于对数坐标纸上便可得一条曝光曲线，即曝光量-厚度曝光曲线。

【任务实施】KV-T 曝光曲线制作

1.曝光曲线制作任务

（1）描述曝光曲线制作内容、要求及注意事项；

（2）选择 700 mm 焦距，不同管电压及时间分别实施低碳钢试块（厚度 2～28 mm）曝光；

（3）按特定暗室条件实施底片冲洗；

（4）实施黑度计校核,并对曝光底片分别进行黑度测定;

（5）绘制低碳钢板对接,700 mm 焦距、黑度 3.0,KV-T 曝光曲线。

2. 设备及场地

XXG-3005 或 XXQ-3005,1 台;

密度计 1 台;

洗片机 1 台,或专用胶片冲洗水槽;

专业曝光室及暗室。

3. 器材

标准密度片 1 支;

烘干机或自然烘干架;

低碳钢阶梯试块 1 套,10 mm、20 mm 低碳钢平板试块各一支;

显影液、定影液;

胶片(放置暗盒中)若干。

4. 将胶片冲洗规范及曝光基本信息记入表 4-12 中。

表 4-12　曝光条件

设备 型号	黑度计 型号	密度计 型号	胶片 类型	焦距 /mm	增感方式		暗室条件	
					前屏	后屏	显影时间/min	显影温度/℃

5. 将曝光黑度测定结果记入表 4-13 至表 4-21 中。

表 4-13　黑度测定结果(120 kV)

曝光时间/min	厚度/mm													
	2	4	6	8	10	12	14	16	18	20	22	24	26	28
0.5														
1														
1.5														
2														
2.5														
3														

表 4-14 黑度测定结果(140 kV)

曝光时间/min	厚度/mm													
	2	4	6	8	10	12	14	16	18	20	22	24	26	28
0.5														
1														
1.5														
2														
2.5														
3														

表 4-15 黑度测定结果(160 kV)

曝光时间/min	厚度/mm													
	2	4	6	8	10	12	14	16	18	20	22	24	26	28
0.5														
1														
1.5														
2														
2.5														
3														

表 4-16 黑度测定结果(180 kV)

曝光时间/min	厚度/mm													
	2	4	6	8	10	12	14	16	18	20	22	24	26	28
0.5														
1														
1.5														
2														
2.5														
3														

表4-17　黑度测定结果(200 kV)

曝光时间/min	厚度/mm													
	2	4	6	8	10	12	14	16	18	20	22	24	26	28
0.5														
1														
1.5														
2														
2.5														
3														

表4-18　黑度测定结果(220 kV)

曝光时间/min	厚度/mm													
	2	4	6	8	10	12	14	16	18	20	22	24	26	28
0.5														
1														
1.5														
2														
2.5														
3														

表4-19　黑度测定结果(240 kV)

曝光时间/min	厚度/mm													
	2	4	6	8	10	12	14	16	18	20	22	24	26	28
0.5														
1														
1.5														
2														
2.5														
3														

表 4-20　黑度测定结果 (260 kV)

曝光时间/min	厚度/mm													
	2	4	6	8	10	12	14	16	18	20	22	24	26	28
0.5														
1														
1.5														
2														
2.5														
3														

表 4-21　黑度测定结果 (280 kV)

曝光时间/min	厚度/mm													
	2	4	6	8	10	12	14	16	18	20	22	24	26	28
0.5														
1														
1.5														
2														
2.5														
3														

6. 绘制 700 mm 焦距、黑度 3.0, 低碳钢 V-T 曝光曲线。

【课后习题】

1. 选择题

(1)制作曝光曲线所采用的(　　)、(　　)、(　　)、(　　)等条件和底片应达到的(　　)、(　　)等均应符合本标准相应条款规定。

①胶片;②增感屏;③焦距;④射线能量;⑤灵敏度;⑥黑度。

(2)E-T 曲线是以(　　)为参数,一定(　　)下曝光量对数与(　　)之间的关系曲线。

①曝光量;②透照电压;③焦距;④透照厚度。

（3）KV-T 曲线以（　　　）为参数,一定（　　　）下透照电压与（　　　）之间的关系曲线。

①曝光量;②透照电压;③焦距;④透照厚度。

（4）标准密度片至少有（　　　）个一定间距的黑度基准。

①8;②9;③7;④6。

（5）标准密度片应覆盖（　　　）黑度范围。

①0.3~4.5;②0.3~4.0;③0.5~4.5;④无要求。

（6）阶梯试块厚度差应取（　　　）mm。

①3;②1;③4;④2。

2.判断题

（1）阶梯试块选用由被透物体材料不同的材料制作。　　　　　　　（　　　）

（2）密度片是打孔的硬纸板,中间夹着不同黑度的塑料片。　　　　（　　　）

（3）密度计测量值的误差不超过±0.1。　　　　　　　　　　　　　（　　　）

（4）符合条件时射线检测可不用增感屏。　　　　　　　　　　　　　（　　　）

（5）增感屏分前屏和后屏。　　　　　　　　　　　　　　　　　　　　（　　　）

3.简答题

（1）试述底片黑度测定工艺要点。

（2）如何核查密度计?

（3）什么是曝光曲线?

（4）试述 E-T 曲线关系。

（5）试述 V-T 曲线关系。

任务4　射线照相法透照

【任务描述】

开展射线照相法检测时,透照工艺及技术直接影响底片成像质量,进而影响底片缺陷识别及质量等级评定。

射线照相法检测透照工艺受诸多因素影响,主要包括工件表面状态、检测时机、射线能量、透照方式、胶片类型、透照厚度比、底片黑度、射线源至工件距离、曝光量、散射线防护、像质计摆放及识别、标记摆放等。

射线检测透照工艺形式多样,参数选择也存在差异。

为保证射线底片符合要求,保障射线检测规范,应正确选择透照方式,合理设置透照参数,严格按照透照工艺实施。

【相关知识】

一、术语

1. 公称厚度(T)

公称厚度即受检工件名义厚度,不考虑材料制造偏差和加工减薄。

2. 透照厚度(W)

透照厚度即射线照射方向上材料的公称厚度。多层透照时,透照厚度为通过的各材料公称厚度之和。

3. 管子直径(D_0)

管子直径即管子的外径。外径 D_0 不大于 100 mm 的管子为小径管。

4. 工件至胶片距离(b)

工件至胶片距离即沿射线束中心测定的工件受检部位射线源侧表面与胶片之间的距离。

5. 射线源至工件距离(f)

射线源至工件距离即沿射线束中心测定的射线源与工件受检部位射线源侧表面之间的距离。

6. 透照厚度比(K)

透照厚度比即一次透照长度范围内射线束穿过母材的最大厚度和最小厚度之比。

如图 4-27 所示,$k = T'/T$,θ 为横向裂纹检出角。

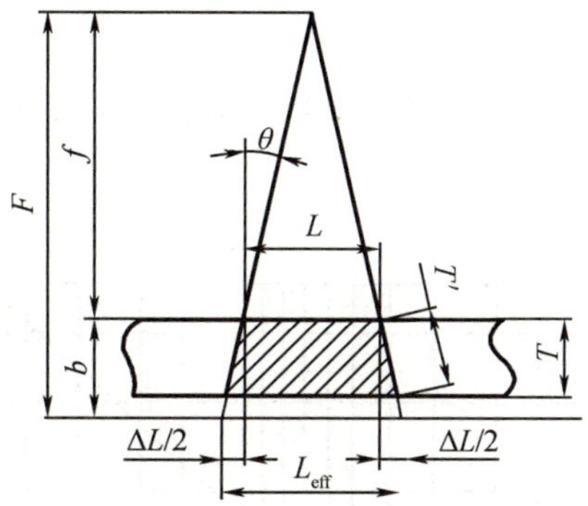

图 4-27　阶梯试块透照厚度比和横向裂纹检出角

7. 一次透照长度

一次透照长度即符合标准规定的单次曝光有效检测长度。

8. 双胶片透照技术

双胶片透照技术即暗盒内装两张胶片和三片增感屏(前、中、后屏)进行曝光,在观片灯上采用双片叠加方法进行底片观察的透照技术。

9. 几何不清晰度(U_g)

$$U_g = (d \times b)/f$$

或

$$U_{g} = (d \times b)/(F-b)$$

式中　d——焦点尺寸；

　　　b——工件至胶片距离；

　　　f——射线源至工件距离；

　　　F——焦距。

二、透照工艺实施

船舶钢焊缝射线检测技术等级分为 A、B、C 三级，检测的完善程度和检测工作的难度按 A、B、C 顺序递增。

检测技术等级应按工件的材质、结构、焊接方法和承受载荷的不同进行选用。无特殊规定时，检测技术等级按 B 级执行。

1. 表面要求

射线检测前焊缝及热影响区的表面应经外观检查，工件表面的不规则状态在底片上的影像不应掩盖或干扰焊缝缺陷影像。

2. 检测时机

射线检测应在焊缝冷却至环境温度后进行。

对有延迟裂纹倾向的材料，射线检测应至少在焊接完成 24 h 后进行。

3. 射线能量选择

在保证穿透力的前提下，X 射线照相应选用较低的管电压。

采用较高管电压时，应保证适当的曝光量。不同透照厚度允许采用的最高 X 射线透照管电压如图 4-28 所示。

对截面厚度变化大的工件，在满足灵敏度条件下，允许采用超过图 4-28 规定的管电压，但不应超过 50 kV。

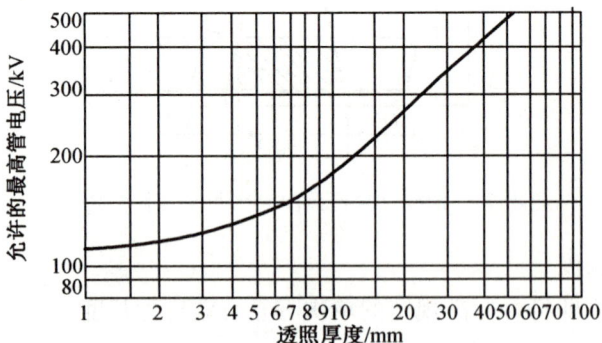

图 4-28　不同透照厚度允许的最高透照管电压

4. 透照方式

按射线源、工件和胶片之间的相互位置关系，基本透照方式分为纵缝透照法、环缝外透法、环缝内透法、双壁单影法和双壁双影法。

选择透照方式时,应综合考虑透照灵敏度、缺陷类型、透照厚度差、横向裂纹检出角、一次透照长度等各方面的因素。

可采用单壁透照时,应采用单壁透照。

(1)纵、环缝源在外单壁透照方式

纵、环缝源在外单壁透照方式如图 4-29 所示。

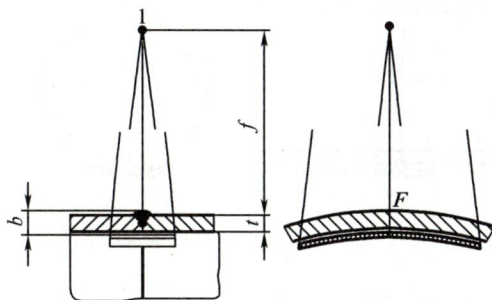

图 4-29　纵、环缝源在外单壁透照

(2)纵、环缝源在内单壁透照方式

纵、环缝源在内单壁透照方式如图 4-30 所示。

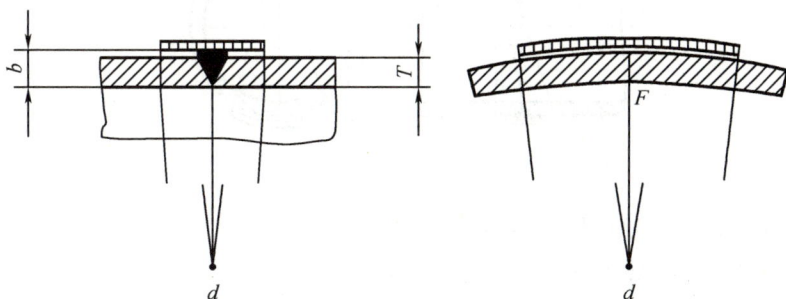

图 4-30　纵、环缝源在内单壁透照

(3)环缝源在中心周向透照方式

环缝源在中心周向透照方式如图 4-31 所示。

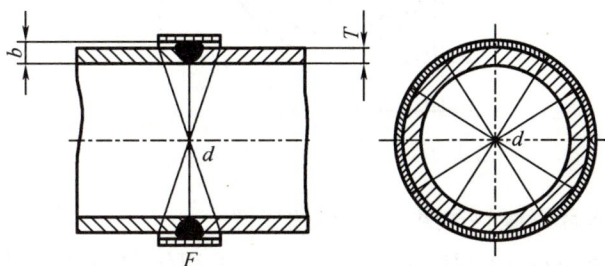

图 4-31　环缝源在中心周向透照

（4）环缝源在外双壁单影透照方式（1）

环缝源在外双壁单影透照方式（1）如图 4-32 所示。

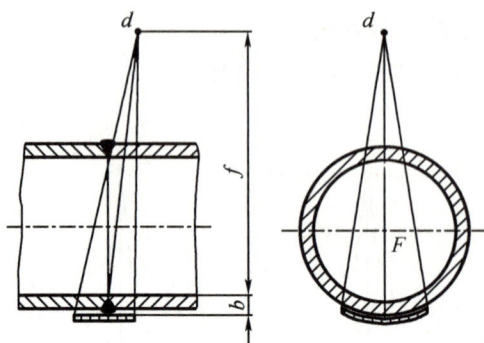

图 4-32　环缝源在外双壁单影透照（1）

（5）环缝源在外双壁单影透照方式（2）

环缝源在外双壁单影透照方式（2）如图 4-33 所示。

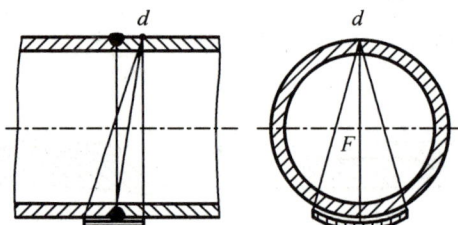

图 4-33　环缝源在外双壁单影透照（2）

（6）纵缝源在外双壁单影透照方式

纵缝源在外双壁单影透照方式如图 4-34 所示。

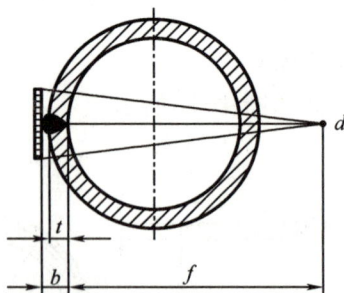

图 4-34　纵缝源在外双壁单影透照

（7）小径管对接环缝倾斜透照方式（椭圆成像）

当 T（壁厚）$\leqslant 8$ mm、g（焊缝宽度）$\leqslant D_0/4$，采用倾斜透照方式椭圆成像，如图 4-35 所示。

控制影像的开口宽度（上下焊缝投影最大间距）在 1 倍焊缝宽度左右。

环缝源在外
双壁单影透
（2）仿真

小径管对接
环缝倾斜透
（仿真

焊接接头 100%检测的透照次数：$T/D_0 \leq 0.12$ 时，相隔 90°透照 2 次；$T/D_0 > 0.12$ 时，相隔 120°或 60°透照 3 次。

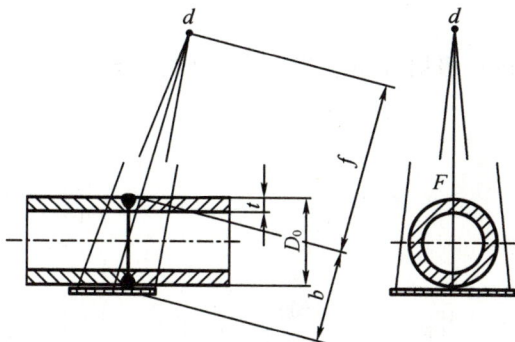

图 4-35　倾斜透照

（8）小径管对接环缝垂直透照方式（重叠成像）

不满足椭圆成像或椭圆成像困难时可采用垂直透照方式重叠成像，如图 4-36 所示。

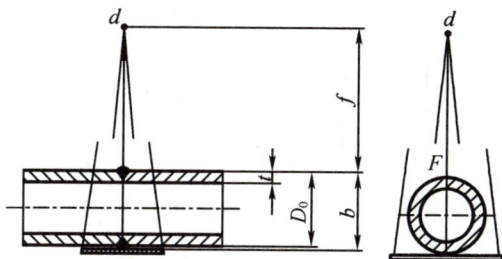

图 4-36　垂直透照

垂直透照应相隔 120°或 60°透照 3 次。

5.一次透照长度

一次透照长度以透照厚度比控制，表 4-22 为透照厚度比要求。

表 4-22　透照厚度比（CB/T 3558—2011）

射线检测技术等级	A 级、B 级	C 级
纵向焊接接头	$K \leq 1.03$	$K \leq 1.01$
环向焊接接头	$K \leq 1.1$注	$K \leq 1.06$

注：100 mm$< D_0 \leq$ 400 mm 环向焊接接头（包括曲率相同的曲面焊接接头），A 级、B 级允许采用 $K \leq$ 1.2。

6.射线源至工件距离（f）

A 级射线检测技术：

$$f \geq 7.5d \cdot b^{2/3}$$

B 级射线检测技术：

$$f \geq 10d \cdot b^{2/3}$$

C 级射线检测技术：

$$f \geq 15d \cdot b^{2/3}$$

图 4-37 是 A 级和 C 级射线检测技术确定 f 的诺模图，图 4-38 是 B 级射线检测技术确定 f 的诺模图。

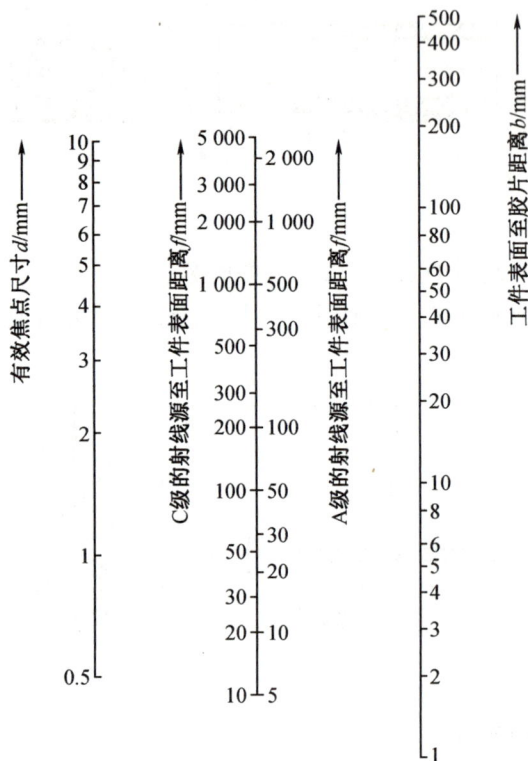

图 4-37 A 级和 C 级射线检测技术确定 f 的诺模图

7. 曝光量

X 射线照相，当焦距为 700 mm 时，曝光量的推荐值为：A 级和 B 级射线检测技术不小于 15 mA·min；C 级射线检测技术不小于 20 mA·min。

焦距改变时按平方反比定律对曝光量的推荐值进行换算。

8. 散射线

射线检测透照时应采取措施屏蔽散射线和无用射线，如利用金属增感屏、铅板、滤波板、准直器等。

初次制定的检测工艺，或检测工艺的条件、环境发生改变时，应进行背散射防护检查。

背散射防护可采用铅字"B"标记检查。按检测工艺规定进行透照和暗室处理，若底片上出现黑度低于周围背景黑度的"B"字影像，表明背散射防护不够，应增大背散射防护铅板的厚度。若底片上不出现"B"字影像或出现黑度高于周围背景黑度的

"B"字影像,则表明背散射防护符合要求。

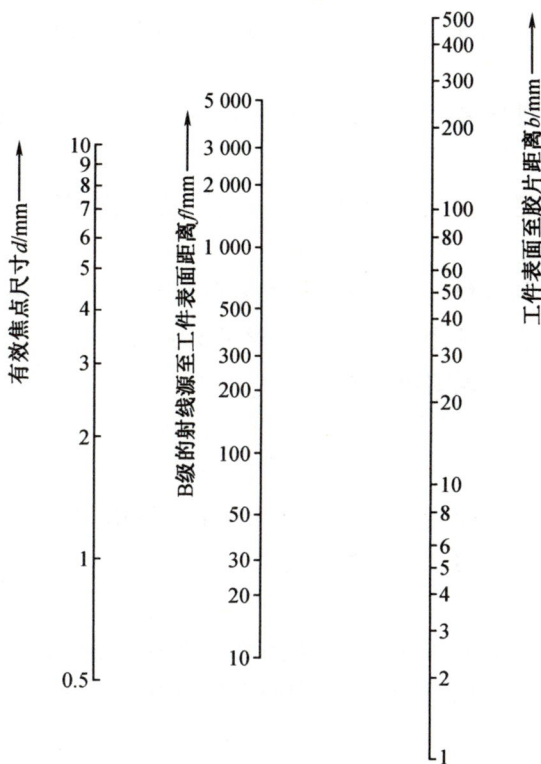

有效焦点尺寸 d/mm →

B级的射线源至工件表面距离 f/mm →

工件表面至胶片距离 b/mm →

图 4-38　B 级射线检测技术确定 f 的诺模图

9.像质计

像质计是评价底片影像质量优劣的工具。

像质计应放置在射线源侧焊缝表面的一端(被检区长度 1/4 左右的位置),金属丝应横跨焊缝,细丝置于外侧。当一张胶片上同时透照多条焊缝时,像质计应放置在透照区最边缘的焊缝处。

(1)像质计放置

①单壁透照规定像质计放置在源侧;双壁单影透照规定像质计放置在胶片侧;双壁双影透照像质计可放置在源侧,也可放置在胶片侧。

②单壁透照时,如像质计无法放置在源侧,允许放置在胶片侧。

像质计放置在胶片侧时,应在像质计上适当位置附加铅字"F"标记,"F"标记的影像应与像质计的标记同时出现在底片上,且应在检测报告中注明。同时还应进行对比试验,对比试验方法是在射线源侧和胶片侧各放一个像质计,用与工件相同的条件透照,测定出像质计放置在源侧和胶片侧的灵敏度差异,确定应识别的像质计丝号,以保证实际透照的底片灵敏度符合要求。

③原则上每张底片上都应有像质计的影像。

当一次曝光完成多张胶片照相时,可按下列规定减少使用的像质计数量:

a. 环形焊缝采用射线源置于中心周向曝光时,至少在圆周上等间隔地放置 3 个像

质计;

b. 球罐类焊缝采用射线源置于球心全景曝光时,至少在北极区、赤道区、南极区附近的焊缝上沿纬度等间隔地各放置 3 个像质计,在南、北极的极板拼缝上各放置 1 个像质计;

c. 一次曝光连续排列多张胶片时,至少在第一张、中间一张和最后一张胶片处各放置一个像质计。

d. 透照小径管焊缝时,可选用通用线型像质计或专用像质计。

(2)像质计的识别

能在底片黑度均匀部位(一般取邻近焊缝的母材金属区)清晰看到长度不小于 10 mm 的连续金属丝影像时,则认为该金属丝可识别;

专用像质计应至少能识别两根金属丝。

10. 标记

(1)标记类别

透照标记由识别标记及定位标记组成。标记一般由适当尺寸的铅(或其他适宜的重金属)制数字、拼音字母和符号等构成。

①识别标记

识别标记包括产品编号、焊接接头编号、部位编号和透照日期等。

返修后透照应有返修标记,扩大检测比例部位应有扩大检测标记。

②定位标记

定位标记包括中心标记和搭接标记。中心标记指示透照部位区段的中心位置和分段编号的方向,用十字箭头"$\leftarrow\!\!\!\!+\!\!\!\!\rightarrow$"表示。搭接标记是连续检测时的透照分段标记,可用符号"↑"或其他能显示搭接情况的方法表示。

(2)标记摆放

标记一般应放在距焊缝边缘至少 5 mm 以外的部位,所有标记摆放不应重叠,且不应干扰有效评定范围内的影像。

搭接标记放置的部位应符合图 4-39~图 4-43 所示规定。

标记布置
(仿真)

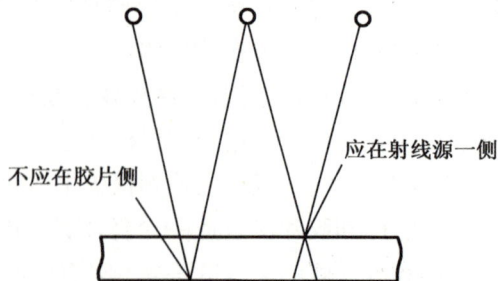

图 4-39　平面工件或纵向焊接接头

不应在胶片侧　　　应在射线源一侧

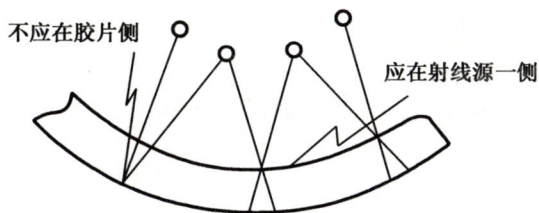

图 4-40　射线源到胶片距离 F 小于曲面工件的曲率半径

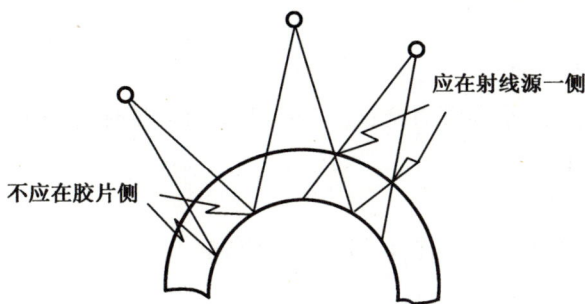

图 4-41　凸面朝向射线源的曲面部件

图 4-42　射线源到胶片距离 F 大于曲面工件的曲率半径

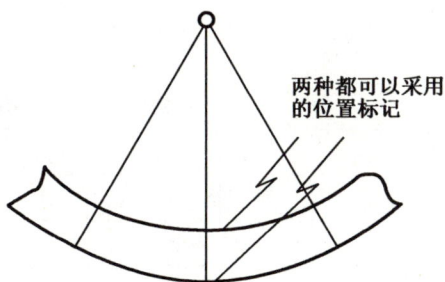

图 4-43　射线源在曲面工件的曲率中心

【任务实施】射线照相法透照

1. 射线检测透照工作任务

(1)描述射线检测透照工艺、要求及注意事项;

(2)开展碳钢板对接试件射线检测透照;

(3)开展小径管对接试件射线检测透照;

（4）开展 Φ219×9 对接试件射线检测透照。

2. 设备及场地

XXG-3005 或 XXQ-3005，1 台；或仿真装备、软件；

密度计 1 台；

洗片机 1 台；或专用胶片冲洗水槽。

专业曝光室及暗室。

3. 器材

标准密度片 1 支；

烘干机或自然烘干架；

低碳钢板对接试件、小径管对接试件、Φ219×9 对接试件各一副；

显影液、定影液；

胶片（放置暗盒中）若干；

"B"标记、线型像质计、识别标记、定位标记等；

手电筒、钢卷尺。

4. 按特定暗室条件实施底片冲洗及黑度测定。

5. 编制射线检测透照工艺卡，将结果记入表 4-23 中。

表 4-23　射线照相法透照工艺卡

编制依据							
检测技术等级		透照技术		透照方式		布片方式	
射线源							
类型		型号		焦点尺寸/mm		焦点至窗口距离/mm	
被检工件							
结构形式		材质		规格		焊缝余高	焊缝宽度
胶片		像质计					
牌号及分类等级：		种类：		型号：		摆放位置及方法：	数量：
增感屏		标记					
前屏厚度/mm		后屏厚度/mm		类型及符号：		摆放位置及方法：	
透照参数			曝光参数		胶片暗室工艺		
焦距	射线源至工件距离	工件表面至胶片距离	曝光电压：	曝光量：	处理方法：		条件：
底片质量要求							
几何不清晰度：		黑度：		像质计灵敏度：		标记：	
透照次数（一次透照长度）：	外径等分长度/mm：	内径等分长/mm：	有效评定长度/mm		偏心距/mm：		搭接尺寸/mm：
任务评价							

【课后习题】

1. 选择题

(1)船舶钢焊缝射线检测技术等级分为(　　)、(　　)、(　　)三级。

①A;②B;③AB;④C。

(2)射线检测透照时应采取措施屏蔽散射线和无用射线,如利用(　　)、(　　)、(　　)、(　　)等。

①金属增感屏;②铅板;③滤波板;④准直器;⑤厚钢板。

(3)识别标记包括(　　)、(　　)、(　　)和(　　)等。

①产品编号;②焊接接头编号;③部位编号;④透照日期;⑤中心标记;⑥搭接标记。

(4)定位标记包括(　　)、(　　)。

①产品编号;②焊接接头编号;③部位编号;④透照日期;⑤中心标记;⑥搭接标记。

(5)环形焊缝采用射线源置于中心周向曝光时,至少在圆周上等间隔地放置(　　)个像质计。

①2;②1;③3;④无要求。

2. 判断题

(1)多层透照时,透照厚度为通过的各材料公称厚度之和。(　　)

(2)外直径不大于108 mm 的管子为小径管。(　　)

(3)标记一般应放在距焊缝边缘至少3 mm 以外的部位,所有标记摆放不应重叠,且不应干扰有效评定范围内的影像。(　　)

(4)船舶钢焊缝射线检测技术等级分为 A、B、C 三级,检测的完善程度和检测工作的难度按 A、B、C 顺序递减。(　　)

(5)能在底片黑度均匀部位清晰看到长度不小于 8 mm 的连续金属丝影像时,则认为该金属丝可识别。(　　)

3. 简答题

(1)试述焦距为 700 mm 时,曝光量的推荐值。

(2)像质计放置有什么要求?

(3)射线源至工件距离如何计算?

(4)透照方式有哪些?

(5)背散射防护采用"B"铅字标记检查时,如何判定?

任务5　射线底片质量评定

【任务描述】

采用射线照相法检测产品内部质量,主要是通过评定射线底片来判定。

射线检测底片的评定涉及仪器、场所、底片黑度、灵敏度、标记以及缺陷性质、大小及密集程度等多个因素,因此,《船舶钢焊缝射线检测工艺和质量分级》(CB/T 3558—2011)标准中规定,射线检测底片评定、审核工作必须由射线Ⅱ级资格人员担任。

为正确评定底片质量及底片质量等级,应正确定性、定量分析焊接缺陷,掌握相应标准质量等级评定要求,合理实施射线底片质量评定。

【相关知识】

一、底片评定基本要求

评片应在专用评片室内进行,评片室应整洁、安静,温度适宜,光线应暗且柔和。

评片人员在评片前应经历一定的暗适应时间。从阳光下进入评片室的暗适应时间为 5~10 min;从一般室内进入评片室的暗适应时间应不少于 30 s。

底片质量应在专用观片灯下进行,观片灯主要性能应符合《无损检测 工业射线照相观片灯 最低要求》(GB/T 19802—2005)的要求。底片评定范围内的亮度应符合下列规定:底片评定范围内的黑度≤2.5,透过底片评定范围内的亮度不应低于 3 ℃d/mm^2;底片评定范围内的黑度 > 2.5 时,透过底片评定范围内的亮度不应低于 1 ℃d/mm^2。

图 4-44 为观片灯实物照片。

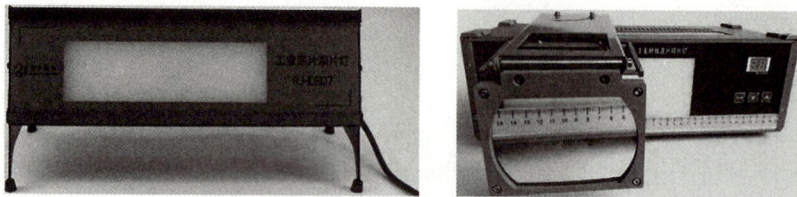

图 4-44　观片灯

二、底片质量要求

底片上标记影像应显示完整、位置正确。

底片评定范围的宽度为焊缝及焊缝两侧各 5 mm 宽的区域。底片评定范围内不应存在干扰缺陷影像识别的水迹、划痕、斑纹等伪缺陷影像。

1.底片黑度

底片评定范围内的黑度 D 应符合下列规定：

A 级：$1.5 \leqslant D \leqslant 4.0$；

B 级：$1.8 \leqslant D \leqslant 4.0$；

C 级：$2.0 \leqslant D \leqslant 4.0$。

用 X 射线透照小径管或其他截面厚度变化大的工件时，B 级最低黑度允许降至 1.5；C 级最低黑度可降至 1.8。

采用多胶片方法时，单片观察的黑度应符合以上要求。双片叠加观察仅限于 A 级，叠加观察时，单片的黑度应不低于 1.3。

2.底片像质计灵敏度

不同透照方式、不同透照厚度范围识别丝号的选择，应符合规范规定，具体规定参见 CB/T 3558—2011。

三、底片缺陷识别

CB/T 3558—2011 标准中规定，底片评定范围内的缺陷按性质分为裂纹、未熔合、未焊透、条形缺陷和圆形缺陷。

1.裂纹

底片上裂纹的影像为轮廓分明的黑线或黑丝，黑线或黑丝上有微小的锯齿，有分叉，粗细和黑度有时有变化。

（1）横向裂纹

与焊缝方向垂直，两端尖细、略有弯曲和分枝，黑度较大，轮廓清晰，如图 4-45 所示。

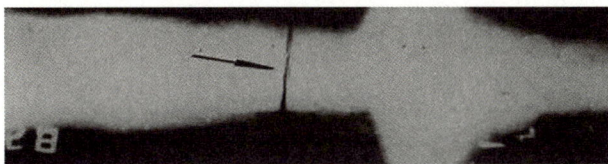

图 4-45　横向裂纹底片特征

（2）纵向裂纹

与焊缝方向一致的黑色条纹，两端尖细，黑度均匀、轮廓清晰，如图 4-46 所示。

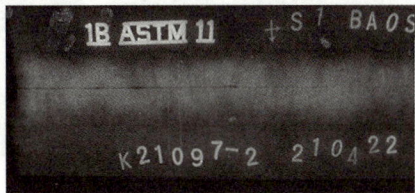

图 4-46　纵向裂纹底片特征

（3）弧坑裂纹

位于弧坑中的纵向、横向及星形黑色条纹，影像黑度较淡、轮廓清晰，如图 4-47 所示。

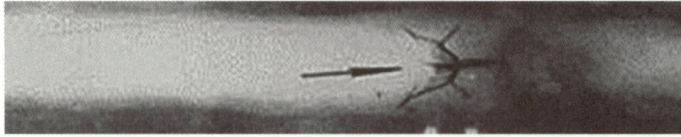

图 4-47　弧坑裂纹底片特征

2. 未熔合

坡口边缘、焊道间或焊缝根部等位置，连续或断续的黑色影像（常伴有气孔或夹渣），如图 4-48 所示。

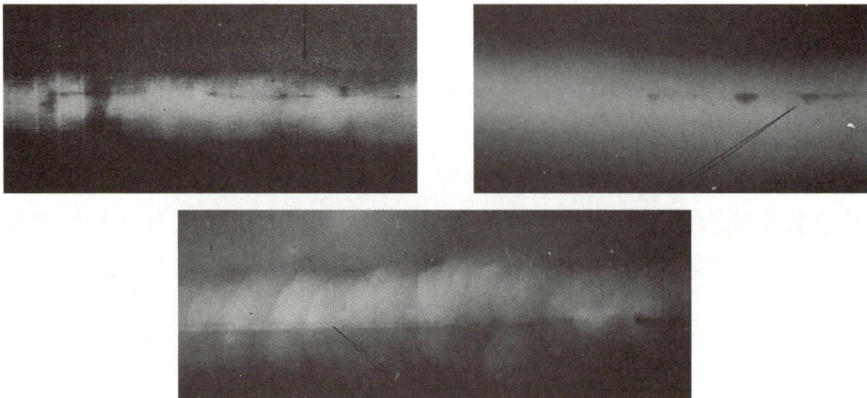

图 4-48　未熔合底片特征

3. 未焊透

焊缝根部钝边区域未熔化的直线黑色影像，其两侧轮廓整齐，如图 4-49 所示。

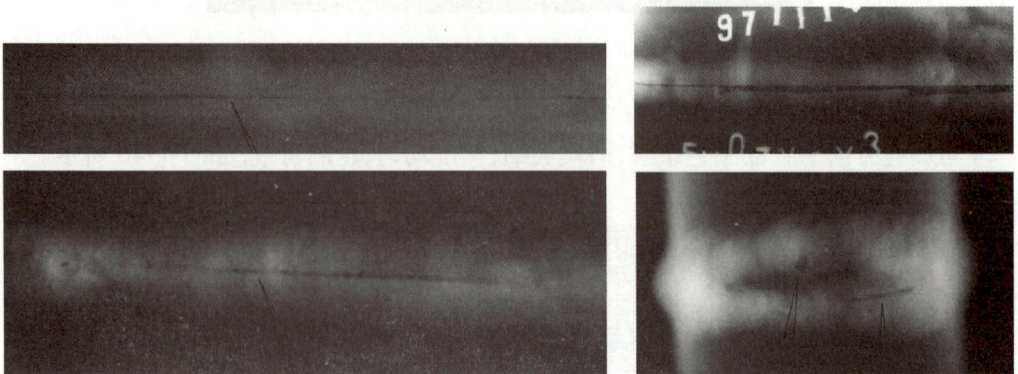

图 4-49　未焊透底片特征

4.条形缺陷

条形缺陷是指长宽比大于3的气孔、夹渣和夹钨等缺陷。

（1）夹渣

黑度不均匀、轮廓清晰，两端呈棱角（或尖角），宽窄不一，轮廓不圆滑，如图4-50所示。

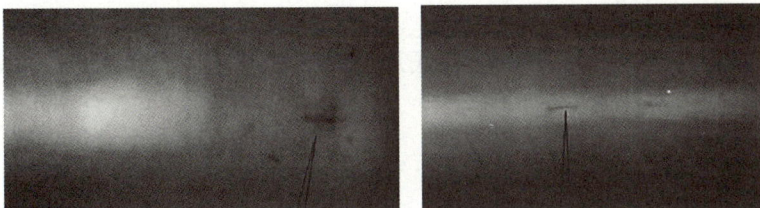

图4-50 夹渣底片特征

（2）夹钨

其底片特征为白色块状，如图4-51所示。

图4-51 夹钨底片特征

5.圆形缺陷

圆形缺陷是指长宽比不大于3的气孔、夹渣和夹钨等缺陷。图4-52为气孔底片特征。

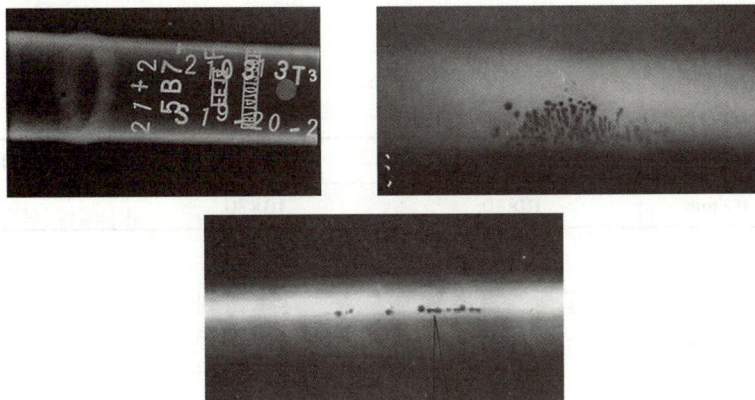

图4-52 气孔底片特征

6. 伪缺陷

伪缺陷是指由于照相材料、工艺或操作不当等原因而在底片上留下的影像,直接影响底片缺陷的识别。

（1）划痕

胶片被尖锐物体划过,并在底片上形成黑线。其痕迹细而光滑,在反光灯下可观察到底片药膜有划伤痕迹。

（2）压痕

胶片局部受压会导致局部感光,在底片上留下痕迹,压痕为黑度极大的黑点。

（3）折痕

胶片受弯折,会发生减感或增感。

（4）静电感应

黑色影像,以树枝状最为常见。

（5）显影液沾染

黑度大于其他部位,可能是点、条或成片区域的黑影。

（6）定影液沾染

黑度小于其他部位,可能是点、条或成片区域的白影。

四、底片质量等级评定

1. 焊缝质量分级

根据底片评定范围内存在缺陷的性质、数量和密集程度,焊缝质量等级划分为Ⅰ、Ⅱ、Ⅲ、Ⅳ、Ⅴ级。

2. 质量分级一般规定

只要出现裂纹、未熔合或未焊透（板对接）,即评定为Ⅴ级。

当各类缺陷评定的质量级别不同时,以质量最差的级别作为焊缝质量等级。

3. 圆形缺陷的分级评定

圆形缺陷用评定区进行评定,评定区大小见表4-24,评定区域应选在缺陷最严重的部位。

底片质量
等级评定
（仿真）

表4-24　缺陷评定区尺寸

母材公称厚度/mm	≤25	>25~100	>100
评定区尺寸/mm	10×10	10×30	10×30

在圆形缺陷评定区内或与圆形缺陷评定区边界线相割的缺陷均应划入评定区内。将评定区内的缺陷按表4-25的规定换算为点数,按表4-26的规定评定焊缝的质量级别。

表 4-25 缺陷点数换算表

缺陷长径/mm	≤1	>1~2	>2~3	>3~4	>4~6	>6~8	>8
缺陷点数	1	2	3	6	10	15	25

表 4-26 各级允许的圆形缺陷点数

评定区/mm		10×10			10×20		10×30
母材公称厚度/mm		≤10	>10~15	>15~25	>25~50	>50~100	>100
评定等级	I	1	2	3	4	5	6
	II	3	6	9	12	15	18
	III	6	12	18	24	30	36
	IV	9	18	27	36	45	54
	V	缺陷点数大于IV级或缺陷长径尺寸大于 $T/2$					

注:当母材公称厚度不等时,取较薄板厚度。

不计点数的缺陷尺寸见表 4-27。

表 4-27 不计点数的缺陷尺寸

母材公称厚度/mm	缺陷长径/mm
$T \leqslant 25$	≤0.5
$T > 25 \sim 100$	≤0.7
$T > 100$	≤1.4%T

当缺陷点数小于表中规定时,分级评定时不计该缺陷的点数。

质量等级为 I 级的焊接接头,及母材公称厚度 $T \leqslant 5$ 的 II 级焊接接头不计点数的缺陷在圆形缺陷评定不应多于 10 个,否则其焊缝质量等级应降低一级。

对致密性要求高的焊缝,将黑度大的圆形缺陷定义为深孔缺陷,当评定区域内存在深孔缺陷时,焊缝质量评为 V 级。

4.条形缺陷的分级评定

单个条形缺陷按表 4-28 的规定进行分级评定。

表 4-28 各级焊缝允许的单个条形缺陷长度

评定等级	单个缺陷的允许长度/mm
I	$T/3$,最小 * 4;最大 * 16
II	$T/2$,最小 6;最大 24
III	$2T/3$,最小 8;最大 32

表 4-28（续）

评定等级	单个缺陷的允许长度/mm
Ⅳ	5T/6,最小 10;最大 40
Ⅴ	大于Ⅳ级

注:T—被检焊缝母材厚度,两侧母材厚度不同时取较薄侧母材厚度;

*最小—指 T 小于某一厚度时的允许值;如Ⅰ级焊缝,当 T≤12 mm 时,允许单个缺陷长度为 4 mm;

*最大—指 T 大于某一厚度时的上限制;如Ⅰ级焊缝,当 T≥48 mm 时,单个缺陷长度不应大于 16 mm。

相邻的条形缺陷的间距(最短的直线距离)不大于其中较长缺陷尺寸时,将各缺陷的长度及间距相加,作为单个缺陷的长度,按表 4-28 评定。

在任意 12T 焊缝长度内,各级焊缝中条形缺陷的累计长度按表 4-29 评定。

表 4-29　12T 焊缝长度内各级焊缝允许的条形缺陷累计长度

评定等级	条形缺陷累计长度/mm
Ⅰ	≤T
Ⅱ	≤2T/3
Ⅲ	≤2T
Ⅳ	≤3T
Ⅴ	大于Ⅳ级

被检焊缝长度小于 12T 时,表 4-29 中的限值可按比例折算。当折算后的允许累计长度小于单个缺陷的允许长度时,以单个缺陷的允许长度作为限值。

在圆形缺陷评定区内同时存在圆形缺陷和条形缺陷时,先对圆形缺陷和条形缺陷分别评定级别,再将两者级别之和减一作为综合评级的质量等级,最差为Ⅴ级。

5. 不加垫板船用压力管道单面焊接接头质量分级

小径管根部未焊透的评定见表 4-30。

表 4-30　小径管根部未焊透的评定

评定等级	未焊透最大深度/mm		未焊透总长度与焊缝总长度之比
	与壁厚之比	最大值	
Ⅰ	不允许		
Ⅱ	≤10%	1.5	≤10%
Ⅲ	≤15%	2.0	≤15%
Ⅳ	≤20%	2.5	≤20%
Ⅴ	大于Ⅳ级		

注:对断续未焊透,以未焊透本身度累加计算总长度。

小径管根部内凹和根部咬边的评定见表4-31所示。

表4-31　小径管根部内凹和根部咬边的评定

评定等级	根部内凹和根部咬边最大深度/mm		根部内凹和根部咬边最大总长度与焊缝总长度之比
	与壁厚之比	最大值	
Ⅰ	≤10%	1.0	≤25%
Ⅱ	≤15%	2.0	≤25%
Ⅲ	≤20%	3.0	≤30%
Ⅳ	≤25%	4.0	≤30%
Ⅴ	大于Ⅳ级		

注:对断续根部内凹和根部咬边,以根部内凹和根部咬边本身的长度累加计算总长度。

6. 报告和记录

检测报告和记录应包括下列内容:

委托单位;

被检工件:材质、板厚、焊接方法、坡口形式、表面状态、热处理状况、焊后时间等;

检测设备和器材:名称、型号、源尺寸等;

透照规范:技术等级、透照布置、胶片、增感屏、射线能量、曝光量、焦距、暗室处理等;

工件透照部位示意图;

检测标准和验收条件;

检测地点和日期;

合同约定的其他内容。

【任务实施】底片质量等级评定

1. 底片质量等级评定任务

(1)板对接、小径管底片质量等级评定方法、要求及注意事项;

(2)板对接底片质量等级评定;

(3)小径管底片质量等级评定。

2. 设备及场地

评片灯或仿真软件;

密度计;

专业评片室。

3. 器材

标准密度片1支;

放大镜;

直尺;

板对接、小径管曝光、暗室处理后底片若干。

4.实施板对接、小径管底片质量等级评定,将结果记入表4-32中。

表4-32 射线检测报告

报告编号: 共2页第1页

工程名称		工程编号	
单位工程名称		施工单位	
检测项目		材质规格	
坡口形式		焊接方法	
检测标准		胶片型号	
像质计型号		铅增感屏	
胶片规格		要求达到像质指数	
像质计位置		胶片处理	
源的种类	□X 射线 □Ir192 □Se75	显影时间	
显影温度		活度	
管电压		曝光时间	
透照方式	□单壁单影法 □双壁单影法 □双壁双影法 □中心透照法		
底片黑度范围		合格级别	
检测数量		返修数量		一次合格率	

检测部位示意图:

评定:	审核:	检测单位(章)	建设(监理)单位专业工程师:
级别:	级别:		
年 月 日	年 月 日	年 月 日	年 月 日

说明:检测项目填写分部工程名称等。

表 4-32   射线检测报告(附页)

报告编号：   共 2 页第 2 页

| 序号 | 焊缝编号及底片编号 | 板厚/mm | 一次透照长度/mm | 像质剂指数 | 缺陷情况 | | 评定结论 | 备注 |
					性质及长度/mm	位置/mm		

单位工程名称：   检测项目：

评定：   审核：   建设(监理)单位专业工程师：

级别：   级别：

年 月 日   年 月 日   年 月 日

【课后习题】

1. 选择题

(1)从阳光下进入评片室的暗适应时间为(   )。

①5~10 min；②3 min；③4 min；④无要求。

(2)从一般室内进入评片室的暗适应时间应不少于(   )。

①30 s；②10 s；③20 s；④无要求。

（3）底片评定范围的宽度为焊缝及焊缝两侧各（　　）mm 宽的区域。

①5；②整个焊接接头；③10；④8。

（4）用 X 射线透照小径管或其他截面厚度变化大的工件时，B 级最低黑度允许降至（　　）；C 级最低黑度可降至（　　）。

①1.5；②1.8；③3.0；④2.5。

（5）根据底片评定范围内存在缺陷的性质、数量和密集程度，焊缝质量等级划分为（　　）级。

①4；②5；③3；④6。

2. 判断题

（1）底片评定范围内不应存在干扰缺陷影像识别的水迹、划痕、斑纹等影像。
（　　）

（2）伪缺陷可作为焊缝质量等级要素。（　　）

（3）只要出现裂纹、未熔合或未焊透，即评定为最差等级。（　　）

（4）Ⅰ级焊缝允许一定尺寸和数量的圆形缺陷。（　　）

（5）长宽比小于3的缺陷为圆形缺陷。（　　）

3. 简答题

（1）裂纹缺陷影像有何特征？

（2）未熔合缺陷影像有何特征？

（3）未焊透缺陷影像有何特征？

（4）夹渣缺陷影像有何特征？

（5）气孔缺陷影像有何特征？

（6）底片黑度有何规定？

（7）圆形缺陷如何分级评定？

（8）条形缺陷如何分级评定？

（9）试述伪缺陷类型及影像特征。

（10）试述检测报告和记录应包括的内容。

项目5

船舶钢焊缝超声波检测

学习目标

知识目标：

（1）熟悉焊缝超声波检测机理及特征

（2）熟悉超声波检测设备及使用方法

（4）熟悉船舶超声波检测标准与规范

（5）掌握超声波检测方法及工艺流程

能力目标：

（1）能规范操作超声波检测设备和仪器

（2）能根据检测要求正确编制检测工艺书

（3）能正确使用检测设备进行超声波检测

（4）能进行检测质量评定并出具检测报告

素质目标：

（1）树立严谨细致与规范操作的习惯

（2）培养实事求是与追求真相的品格

项目5　部分图片
彩色版

项目背景

超声波检测（UT）是利用超声波在物质中的传播、反射和衰减等物理特征来发现缺陷的一种检测方法。与射线检测相比，超声波检测具有灵敏度高、探测速度快、成本低、操作方便、检测厚度大、对人体和环境无害，特别对裂纹、未熔合等危险性缺陷检测灵敏度高等优点。船舶焊接生产中，超声波检测常与射线检测配合使用，以提高检测结果的可靠性。

超声波检测存在缺陷评定不直观，定性、定量分析与操作人员的水平和经验有关等影响因素。因此超声波检测要求富有经验的检验人员才能准确辨别缺陷性质，检测过程必须细致和规范，检验人员应具有实事求是和不断追求真相的职业品格。

中国船级社《材料与焊接规范》（2023）标准规定，钢质船体结构焊缝内部质量可采用射线、超声波或其他适当的方法进行无损检测。对于在船中 $0.6L$ 范围内的船体强力甲板和外板，应按要求计算无损检测点数量，检测点一般应采用射线方法进行检测，经 CCS 同意，也可采用超声检测，超声检测点长度为 500 mm。

思政案例

《船舶钢焊缝超声波检测工艺和质量分级》（CB/T 3559—2011）标准规定了船舶钢焊缝超声波检测的人员、设备、器材要求、方法和焊缝质量分级等。

依照工艺实施流程,超声波检测包括超声检测系统性能测试、距离−幅度(DAC)曲线制作、超声检测工艺实施及焊缝质量评级四个主要工艺环节。

任务1　超声检测系统性能测试

【任务描述】

超声检测系统性能主要包括超声检测仪器性能、检测探头的性能和综合性能,对超声检测结果的可靠性至关重要,为此相关生产标准中均对其提出明确规定。为确保超声检测的可靠性,应对超声检测系统性能进行测量和校验。

《船舶钢焊缝超声波检测工艺和质量分级》(CB/T 3559—2011)标准中规定:直探头分辨力应不小于 26 dB,斜探头分辨力应不小于 6 dB;达到所探工件最大检测声程时,探伤仪与探头组合灵敏度余量应不小于 10 dB,且电噪声电平不大于垂直满刻度的 20%。此外,设备首次使用、维修以及至少每三个月,应检查一次探伤仪水平线性和垂直线性;设备每次检测前应检测前沿距离、折射角,开始使用、维修及每工作一个月应检测灵敏度余量及分辨力。

为保证超声检测合理实施,应分析超声检测系统性能测试具体指标,掌握超声检测系统性能测试方法,进而规范开展超声检测系统性能测试。

【相关知识】

超声波检测是利用超声波在物体中的传播、反射和衰减等物理性质来发现焊接内部缺陷的一种无损检测方法。其检测机理为利用超声波在传播过程中,遇到异质界面(缺陷或底面)时,将产生反射、散射,根据超声波探头(即压电换能器)接收到的回波来判断内部缺陷的分布情况。

一、声波类型及特征参数

波包括电磁波(无线电波、X 射线及可见光等)及机械波(声波、水波等)。

声波的本质为机械振动在弹性介质中传导所形成的机械波,声波的产生、传播和接收均离不开机械振动。人体发声原因为声带振动,声音从声带传播到人耳是声带引起空气振动的结果,而人能听见声音是由于空气中的振动引起了人耳鼓膜的振动的结果,故声波的实质为机械振动。

声波的产生需要振动源及弹性介质。

1.声波类型

(1)按声波频率

根据振动频率不同,可将声波分为次声波(频率低于 20 Hz)、可闻声波(20 Hz～20 kHz)及超声波(频率高于 20 kHz),对人类而言次声波及超声波均不可闻。

（2）按波形

按照质点的振动方向与波的传播方向之间的关系,可将超声波分为多种波形。焊接检验中使用的超声波主要有横波、纵波及表面波等。

①横波

横波是指质点振动方向与声波传播方向相垂直的声波,如图 5-1 所示,用符号"S"表示。

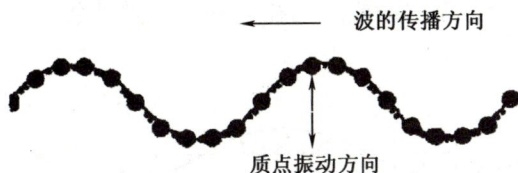

横波

图 5-1　横波传播示意

由于气体和液体中无法传播剪切波,所以横波只能在固体介质中传播。

②纵波

纵波是指质点的振动方向与声波的传播方向相平行的声波,如图 5-2 所示,用符号"L"表示。

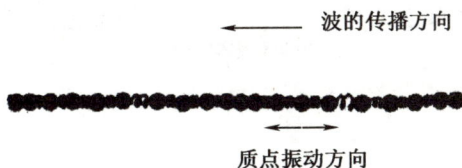

图 5-2　纵波传播示意

纵波在气体、液体及固体中均可传播。

③表面波

纵波

在半无限大固体介质界面及其附近传播的波为表面波,如瑞利波。瑞利波可在半无限大的固体介质与气体或液体介质的界面及其附近传播。如图 5-3 所示,其质点的振动轨迹为椭圆,椭圆的长轴与传播方向垂直,短轴与传播方向一致。椭圆振动可视为纵向和横向振动合成,即纵波和横波合成,故只能在固体介质中传播。

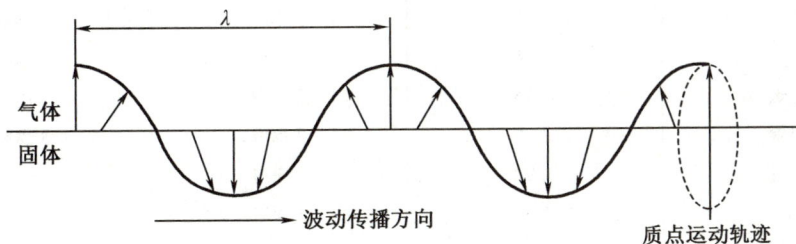

图 5-3　瑞利波传播示意

超声检测所用的表面波主要是瑞利波。瑞利波传播时随着穿透深度的增加,质点能量迅速衰减,其穿透深度约为一个波长。所以,瑞利波被用于检测工件的表面和近表面的不连续性,瑞利波对表面裂纹尤为敏感,所以在在役检测中应用广泛。

④板波

如果固体物质尺寸进一步受到限制成为板状,且其板厚与波长相当,则纯表面波不会存在,其结果是产生各种类型的板波。兰姆波是最主要的板波,在薄板检测中应用较为广泛。

兰姆波传播时,整个板厚内的质点均在振动。兰姆波包括对称型和非对称型,如图 5-4 所示。

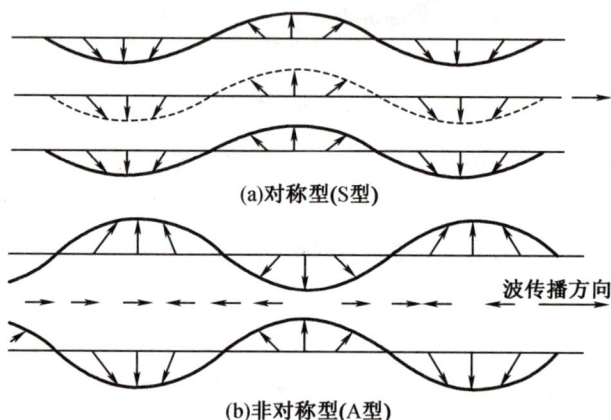

(a)对称型(S型)

波传播方向

(b)非对称型(A型)

图 5-4　兰姆波传播示意

2.声波特征参数

(1)声速

单位时间内超声波传播的距离即超声波的声速,用符号"c"表示。声速和超声波的波形以及传播的介质有关,而与频率无关。常见液、固材料纵波和横波的声速见表 5-1。

表 5-1　常见液、固材料纵波和横波的声速

材料	密度/(g/cm³)	纵波/(m/s)	横波/(m/s)
钢	7.8	5 960	3 230
铸铁	7.3	5 600	3 200
铝	2.7	6 260	3 080
铜	8.9	4 700	2 260
有机玻璃	1.18	2 730	1 460
陶瓷	2.4	5 600	3 500
机油	0.92	1 400	—
水	1.0	1 500	—
空气	0.001 2	340	—

（2）波长

在声波的传播方向上相位相同的相邻两质点间的距离称为超声波的波长，用符号"λ"表示。声速、波长与频率之间的关系可以简单用公式（5-1）来表示。

$$c = f\lambda \tag{5-1}$$

由公式（5-1）可见，在同一频率下的横波的波长比纵波短。例如当 f = 2.5 MHz 时，钢当中的 $\lambda_L \approx 2.36$ mm，$\lambda_S \approx 1.30$ mm。正是由于波长很短，所以超声波才能像光波一样在介质中直线传播，而且具有很强的指向性。

（3）声场

介质中有声波传播的区域称为声场，声场的特性可用声压、声强和声阻抗三个参量描述。

①声压

当声波在介质中传导时，介质中的某点在某时刻的压强与没有声波传导时该点的静压强是有差异的，二者之差称为声压，用 p 表示，单位为帕斯卡（Pa）。

声场中的声压是时间和位置的函数。衡量声波强弱的主要参数是声压幅度，所以通常将声压幅度称为声压。

超声检测仪显示屏上显示的信号高度与信号的声压幅度成正比，故两信号的高度之比等于其声压幅度之比。

②声强

垂直于声波传导方向上单位面积、单位时间内通过的声能，称为声强，也称声的能流密度，用 I 表示，单位为瓦/米^2（W/m^2）。

③声阻抗

在同一声压下，介质的 pc 越大，则质点的振动速度越小。将声强表达式与电功率表达式 $W = U/R$ 做电声类比可知，pc 相当于电学中的电阻 R，所以把 pc 定义为声阻抗，用 Z 表示，即 $Z = pc$。

声阻抗是介质的声学特性之一，在描述超声波的反射特性以及解释不同类型不连续性的检测灵敏度差异时，声阻抗是一个重要的概念。

（4）声波幅度的分贝（dB）表示

通常规定引起听觉的最小声强 $I_1 = 10^{-16}$ W/cm^2 为声强的标准，某声强 I_2 与标准声强 I 之比的常用对数为声强级，单位为贝尔（Bel）。单位贝尔太大，故取其 1/10 作为单位，即分贝（dB）。

在超声检测中，比较两个波的大小时，可用二者的波高之比 H_2/H_1 的常用对数的 20 倍表示，单位为 dB。因为对于垂直线性良好的仪器，波高之比等于声压之比。

二、超声波的产生和接收

1.压电效应

工业探伤检测采用的超声波是利用压电材料（压电换能器）的物理效应来实现超声波的产生和接收，压电换能器具有压电效应，如图 5-5 所示。

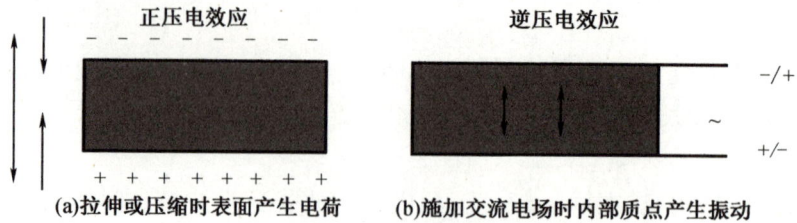

正压电效应　　　　　　　　逆压电效应

(a)拉伸或压缩时表面产生电荷　　　(b)施加交流电场时内部质点产生振动

图5-5　压电换能器的压电效应

压电效应

当压电材料(压电换能器)受到拉伸或压缩时,表面就会产生电荷,称为正压电效应;反之,当对其施加交变电场时,其内部的质点就会产生机械振动,称为逆压电效应。

压电效应是可逆的,既可将电能转换成机械能,又可以将机械能转换成电能,从而完成超声波的发生和接收。

通常在超声波检测中使用一个晶片制成的超声波探头,既用于发射又用于接收。

2. 超声波在介质中的传播

当超声波垂直入射到异质界面时会发生透射、反射和绕射。图5-6所示为超声波垂直入射时反射和透射的情况。

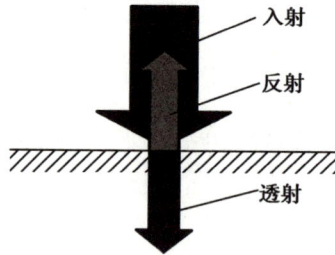

入射
反射
透射

图5-6　超声波垂直入射时的反射和透射

当界面尺寸<λ/2时,声波能绕过缺陷的界面继续向前传播,这种现象称为绕射,如图5-7所示。

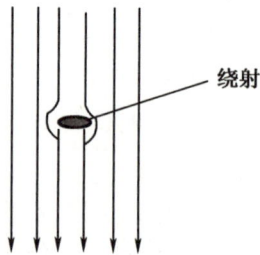

绕射

图5-7　超声波垂直入射时的绕射

当超声波斜入射至异质界面时会发生反射、折射和波形转换,如图5-8所示。

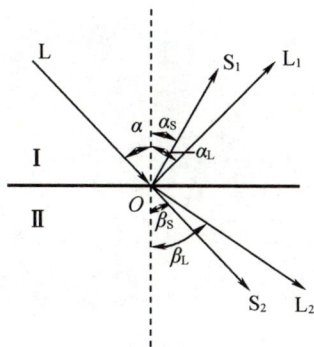

图 5-8　超声波的斜入射

在图 5-8 中,L 为入射纵波,α 为纵波 L 的入射角;L_1 为反射纵波,a_L 为纵波 L_1 的反射角;S_1 为反射横波,a_S 为横波 S_1 的反射角;L_2 为折射纵波,β_L 为纵波 L_2 的折射角;S_2 为折射横波,β_S 为横波 S_2 的折射角。

三、超声波探伤仪

超声波探伤仪的主要作用是产生电脉冲激励信号提供给发射换能器,以便激发超声波;同时,接收、处理、分析并显示来自接收换能器的、包含被检对象的不连续性或物理量信息的信号,以便对不连续性或物理量做出评价。

1. 按超声波特征

(1)脉冲波超声波探伤仪

脉冲波超声波探伤仪是指探头的激励信号及超声波信号为脉冲波的检测仪。

(2)连续波超声波探伤仪

连续波超声波探伤仪是指探头的激励信号及超声波信号为单一频率连续波的探伤仪,一般只用于穿透法检,较少使用。

(3)调频波超声波探伤仪

调频波超声波探伤仪是指探头的激励信号及超声波信号为频率可调的连续波的探伤仪,常用于测厚和复合材料的声振检测。

2. 按显示方法

(1)A 扫描超声波探伤仪

如图 5-9 所示,A 扫描超声波探伤仪是以 A 型显示的方式显示检测结果的超声波检测仪,只显示超声波形,通过波形的位置、幅度、大小和动态特征判断不连续性的位置、大小和性质,是应用最广泛的超声波检测仪。

(2)B 扫描超声波检测仪

如图 5-10 所示,B 扫描超声波检测仪是以 B 型显示的方式显示检测结果的超声波检测仪,可显示不连续性的断面图像。

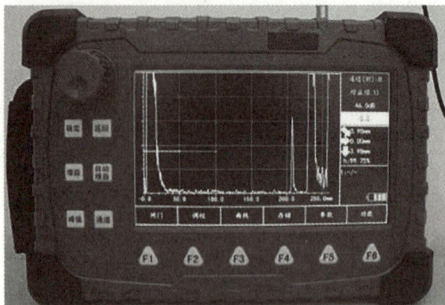

图 5-9　A 型显示波形

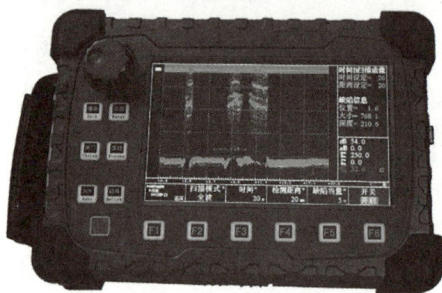

图 5-10　B 形显示波形

（3）C 扫描超声波检测仪

如图 5-11 所示，C 扫描超声波检测仪是以 C 型显示的方式显示检测结果的超声波检测仪，可显示不连续性的层面图像。

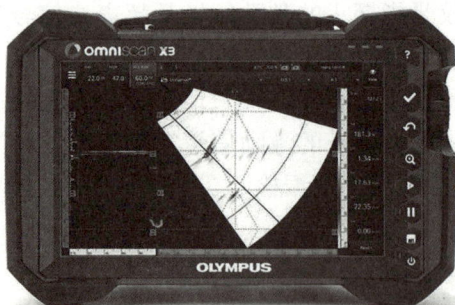

图 5-11　C 形显示波形

3. 按信号处理方法

（1）模拟式超声波检测仪

模拟式超声波检测仪发射、接收、放大和显示的全部是模拟信号，是应用最早的超声波检测。

（2）数字式超声波检测仪

数字式超声波检测仪将接收后经高频放大的模拟信号进行模数转换变成数字信号，然后进行分析、显示，接收信号数字化后进行记录、存储、传输及频谱分析等后处理，以获取更多有关的不连续信息，其应用越来越广泛。

4.按通道数

（1）单通道超声波检测仪

单通道超声波检测仪是以一个通道进行检测，即只用一个（或一对）探头检测。

（2）多通道超声波检测仪

多通道超声波检测仪是以多个通道进行检测，即同时使用多个（或多对）探头进行检测，通常用地自动检测。

四、超声波探头

超声波探头又称压电超声换能器，是实现电能和声能间相互转换的能量转换器件。

1.探头种类

由于工件形状和材质及探伤条件等不尽相同，因而将使用各种不同形式的探头。

（1）直探头

声束垂直于被探工件表面入射的探头称为直探头，可发射和接收纵波，主要用于钢板、铸件及锻件等探伤检测。

图5-12为超声波直探头实物，通常由压电晶片、保护膜、吸收块和金属壳体等组成，如图5-13所示。

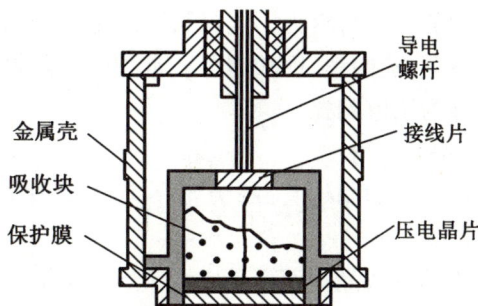

图5-12　超声波直探头　　　　图5-13　接触式单晶直束纵波探头的结构

（2）斜探头

斜探头可发射及接收横波，主要用于焊缝和某些特殊结构的探伤检测，图5-14为超声波斜探头实物。

斜探头主要由压电晶片、阻尼块和斜楔组成，如图5-15所示。

晶片产生纵波，经斜楔倾斜入射到被测工件中，转换为横波。

（3）双晶探头

超声波探伤仪双晶探头又称组合探头，两块压电晶片装在一个探头架内，一个晶片发射，另一个接收。双晶探头发射及接收纵波，晶片下的延迟块使声波延迟一段时间后射入工件，这样可探测近表面的缺陷并可提高分辨力。

图 5-14　超声波斜探头

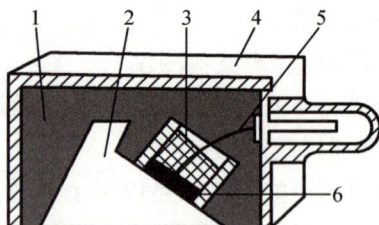

1—吸声材料；2—斜楔；3—阻尼块；
4—外壳；5—电缆线；6—压电晶片。

图 5-15　接触式斜探头结构示意

（4）水浸探头

水浸探头可在水中探伤，其结构与直探头相似，只是探头较长，以便浸在水中，保护膜也可去掉。

2. 探头主要参数

探头型号由五部分组成，用一组数字和字母表示，其排列顺序如下：

（1）基本频率

探头频率单位为 MHz，一般在 2~5 MHz 选择，探头实测频率与标称值误差不大于 ±10%。

（2）晶片材料

常用的晶片材料为压电材料。压电材料分为单晶材料和多晶材料。常用的单晶材料有石英、硫酸锂、铌酸锂等。常用的多晶材料有钛酸钡、锆钛酸铅、钛酸铅等，多晶材料又称为压电陶瓷。

（3）晶片尺寸

圆形晶片为晶片直径；方形晶片为晶片长度×宽度；分割探头晶片为分割前的尺寸。

探头的有效晶片面积不应大于 500 mm^2，且任意边长不应大于 25 mm。

（4）探头种类

用汉语拼音缩写字母表示，直探头也可以不标出。

（5）探头特征

斜探头声束水平轴线偏离角应不大于 2°，主声束垂直方向不应有明显的双峰。

斜探头折射角一般为 70°、60°、45° 等，或者折射角正切值为 2.5、2.0、1.5、1.0 等。使用两种或两种以上角度的探头时，其中的两种探头角度差应不小于 10°。

五、试块

试块是按一定用途设计制作的具有简单几何形状人工反射体的试件。试块可确定合适的检测方法，确定检测灵敏度、评价缺陷的大小，校验仪器、探头的综合性能。

根据使用目的和要求的不同，通常将试块分成以下两大类，即标准试块和对比试块。图 5-16 为 IIW 标准试块示意，图 5-17 为 CSK-IA 标准试块示意。

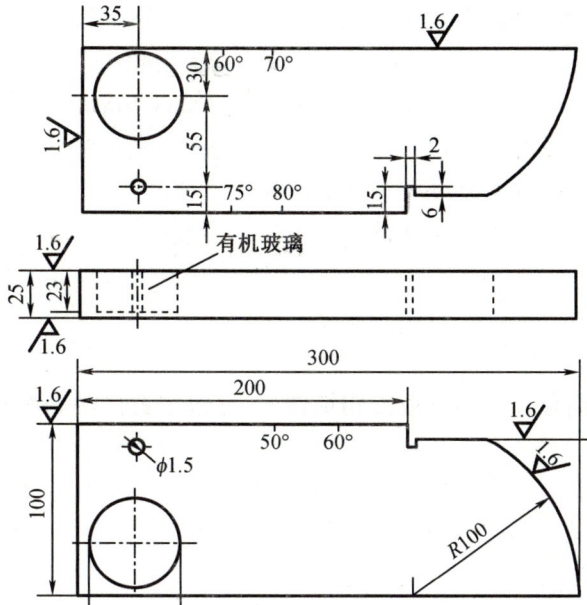

图 5-16　IIW 试块

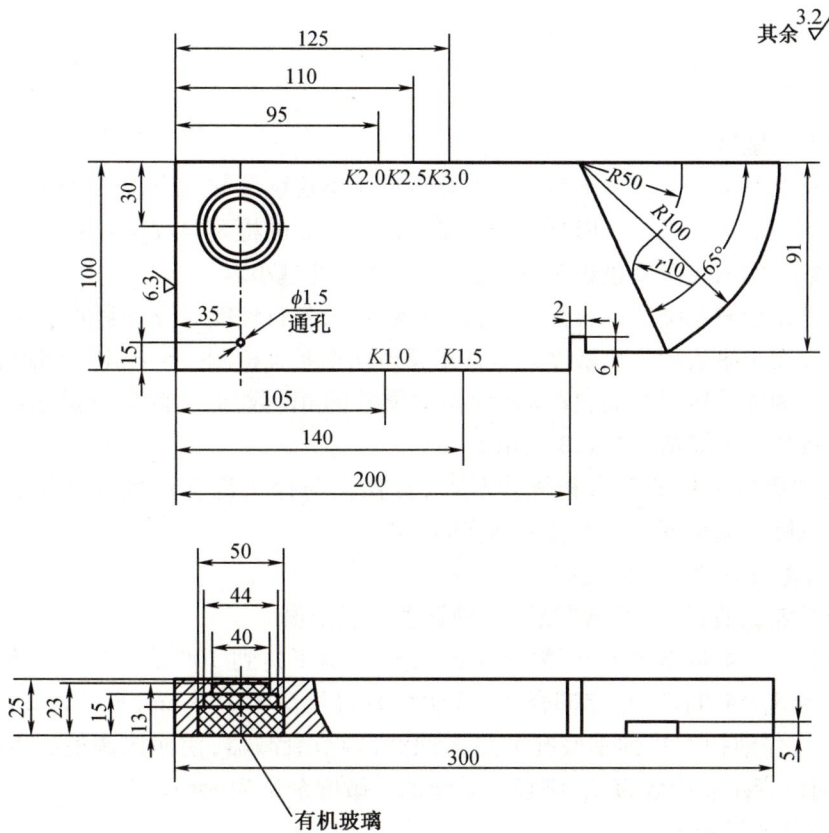

图 5-17　CSK-IA 试块

CSK-IA 试块是由 IIW 试块基础上改进而得,其主要用途包括:

（1）利用 $R100$ mm 曲面测定斜探头的入射点和前沿长度；

（2）利用 50 mm 和 1.5 mm 圆孔测定斜探头的折射角；

（3）利用试块直角棱边测定斜探头声束轴线的偏离情况；

（4）利用 25 mm 厚度测定探伤仪水平线性、垂直线性和动态范围；

（5）利用 25 mm 厚度调整纵波探测范围和扫描速度；

（6）利用 $R50$ mm 和 $R100$ mm 曲面调节横波探测范围和扫描速度；

（7）利用 50 mm、44 mm 和 40 mm 三个台阶孔测定斜探头分辨力。

六、耦合剂

工件和探头表面存在一定程度的粗糙情况，导致二者接触表面间无法完全接触而存在间隙。

为排除间隙中空气的阻碍作用，在工件表面施加一层薄的流体即耦合剂，保证声能顺利进入工件。耦合剂同时还有润滑作用，可减小探头与工件表面的摩擦，减小探头的磨损，使探头移动更方便。

耦合剂应具有良好的透声性能和适当的黏度，并对被检工件和人体无伤害，检测后容易清理。甘油、75%以上甘油溶液、水、机油或相似声阻抗的液体均可作为耦合剂。

七、超声检测系统性能

1.检测灵敏度

超声检测灵敏度是指超声检测所能发现最小不连续性的能力，常以可发现的某规则发射体的最小尺寸表示。影响检测灵敏度的最主要的检测参数是频率，一定频率以下，检测频率越高，灵敏度也越高，可发现的不连续性越小。

灵敏度是检测系统的综合性能，是指仪器、探头各自性能以及二者的组合性能，一般以灵敏度余量来表示。灵敏度余量是指超声探伤系统检测一个规定的测距、孔径和孔型人工反射体获得回波时，仪器还保留的增益的 dB 数，即实际检测灵敏度和仪器最高灵敏度之间的差值，以 ΔdB 表示。

在达到所探工件的最大检测声程时，探伤仪与探头组合灵敏度余量应不小于 10 dB，且电噪声电平不大于垂直满刻度的 20%。

（1）直探头灵敏度余量测试

仪器抑制旋钮置于"0"或"断"，其他调整取适当值。

将仪器的增益调至最大，调整衰减器，使噪声电平达到 10% 满刻度。设此时的衰减器读数为 S_0，将直探头稳定耦合在 DB-PZ20-2（埋深为 200 mm，直径为 2 mm 平底孔）试块上，仔细扫查找到平底孔的最大回波，调节衰减器，使回波调整到 50% 满刻度，设此时的衰减器读数为 S_1，则检测系统的灵敏度余量为 $S=S_1-S_0$。

（2）斜探头灵敏度余量测试

仪器抑制旋钮置于"0"或"断"，其他调整取适当值。

将仪器的增益调至最大，调整衰减器，使噪声电平达到 10% 满刻度，设此时的衰减器读数为 a_0。

图标：涂刷耦合剂、直探头灵敏度余量测试、斜探头灵敏度余量测试

将斜探头稳定耦合在 CSK-IA 试块上,仔细扫查找到 $R100$ mm 圆柱面的最大回波,调节衰减器,使回波调整到 50% 满刻度,设此时的衰减器读数为 a_1,则检测系统的灵敏度余量为 $a=a_1-a_0$。

2.检测分辨力测试

检测分辨力是指区别两相邻不连续性的能力,可分为纵向分辨力和横向分辨力,根据位置不同又可分为上近场分辨力(盲区)和远场分辨力。

(1)直探头远场分辨力测试

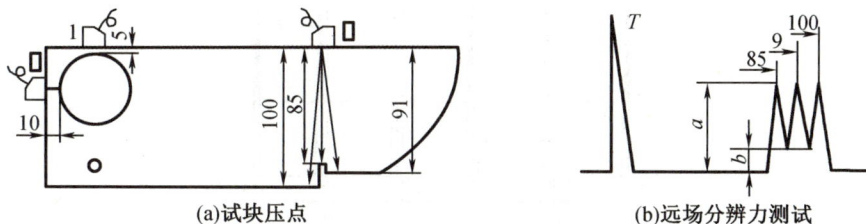

仪器抑制旋钮置于"0"或"断",其他调整取适当值。

直探头检测系统的远场分辨力在 CSK-IA 试块上测试。如图 5-18(a)所示,将探头压在试块上的位置Ⅲ并耦合稳定,移动探头,找到 85 mm 和 91 mm 声程长度处的反射波,并使两回波高度相等(为 20%~30%满刻度),如图 5-18(b)所示,调节衰减器和增益,使两回波波谷达到波峰的高度,二者的分贝数之差即直探头检测系统的远场分辨力。

直探头远场
分辨力测试

图 5-18　直探头分辨力测试

直探头分辨力应不小于 26 dB。

(2)斜探头远场分辨力测试

仪器抑制旋钮置于"0"或"断",其他调整取适当值。

如图 5-19 所示,斜探头检测系统的远场分辨力在 CSK-IA 试块上测试。将探头压在试块上并耦合稳定,移动探头,找到 $\Phi50$ mm 和 $\Phi44$ mm 圆柱孔的反射波,并使两回波高度相等(20%~30%满刻度),调节衰减器和增益,使两回波波谷达到波峰的高度,二者的分贝数之差即斜探头检测系统的远场分辨力。

斜探头远场
分辨力测试

斜探头分辨力应不小于 6 dB。

3.水平线性

仪器的水平线性(又称时基线性)是指仪器显示屏上时基线显示的水平刻度值与探测实际声程之间成正比的程度,或者说是显示屏上多次底波等距离的程度。如图 5-20 所示,水平线性可在任何表面光滑、厚度约为探测厚度的 1/5,并具有两个平行的大平面试块上测试。

水平线性测试

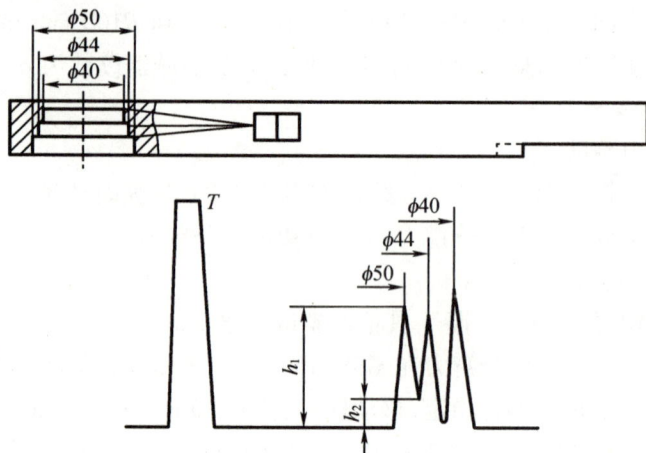

图 5-19　斜探头分辨力测试

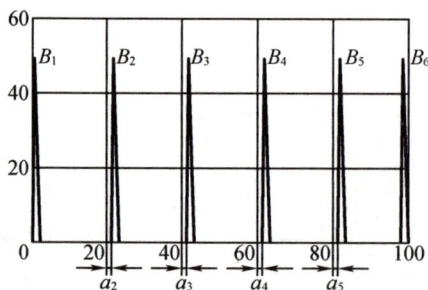

图 5-20　水平线性测试

将仪器抑制旋钮置于"0"或"断",采用直探头在试块上获得多次底面反射回波,调节仪器依次使 B_1 和 B_6 波高为 50% 刻度时,回波前沿分别对准时基刻度的 0 和 100。然后,依次调节 B_2、B_3、B_4 和 B_5 的波高为 50% 刻度,分别读取其前沿与时基刻度 20、40、60 和 80 的偏差 α_1、α_2、α_3、α_4,则水平线性为 $\Delta L = \alpha_{\max}$。

水平线性直接影响着缺陷定位精度,探伤仪的水平线性误差应不大于 1%。

4. 垂直线性

仪器的垂直线性即仪器的放大线性,是指仪器显示屏上的波幅(回波高度)与探头所接收信号电压大小之间成正比的程度。

如图 5-21 所示,垂直线性应在平底孔试块以 $\Phi 2$ mm 或 $\Phi 4$ mm 平底孔的反射回波进行测试。

垂直线性测试

垂直线性直接影响着缺陷定量的准确性,探伤仪的垂直线性误差不大于 5%。

5. 动态范围

动态范围是指放大器最大不失真输出信号幅度范围,也即显示屏容纳信号大小的能力,标准要求动态范围不低于 26 dB。

6. 电噪声

将仪器的灵敏度和扫描范围均调至最大,在无外界干扰的情况下,百分比所得电噪声小于 10%。

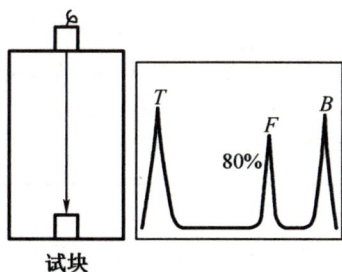

图 5-21　垂直线性测试

【任务实施】超声检测系统性能测试

1. 超声检测系统性能测试任务

(1)描述超声检测系统性能测试内容、要求及注意事项；

(2)垂直线性测试；

(3)水平线性测试；

(4)直探头灵敏度余量测试；

(5)斜探头灵敏度余量测试；

(6)直探头远场分辨力测试；

(7)斜探头远场分辨力测试。

2. 设备及场地

设备：超声波检测仪，直探头、斜探头、探头线；

场地：焊接检验实训室。

3. 标准试块及工具准备

(1)标准试块：CSK-IA 标准试块；DB-PZ20-2 标准试块；

(2)钢尺；

(3)耦合剂：甘油。

4. 按要求实施超声检测系统性能测试任务，并将主要检测及计算结果记入表5-2、表5-3、表5-4、表5-5 及表5-6 中。

表 5-2　垂直线性测试记录

衰减值	2	4	6	8	10	12	14	16	18	20	22	24	26	垂直线性误差	结论
理论值															
实测值															
误差值															

表 5-3　水平线性测试记录

理论值	25	50	75	100	125	水平线性误差	结论
实测值							
误差值							

表 5-4　分辨力测试记录

项目	85 mm 和 9 mm 波峰 50% 增益值 A	85 mm 和 9 mm 波谷 50% 增益值 B	分辨力($B\sim A$)	结论
数值				

表 5-5　动态范围测试记录

项目	200 mmΦ2 mm 孔波高 100% 增益值 A	目测最低波幅时的 增益值 B	动态范围 ($A\sim B$)	结论
数值				

表 5-6　灵敏度余量及电噪声电平测试记录

项目	起始灵敏度 A (200 mm 深 Φ2 mm 孔波 高 50% 的增益值)	增益最高时的 电噪声电平	电噪声电平 10% 时 增益值 B	灵敏度余量 ($B\sim A$)	结论
数值					

【课后习题】

1. 选择题

(1)次声波频率(　　), 可闻声波频率(　　), 超声波频率高于(　　)。

①低于 20 Hz; ②20 Hz~20 kHz; ③20 kHz。

(2)纵波在(　　)、(　　)及(　　)中均可传播。

①气体; ②液体; ③固体; ④真空。

(3)横波只在(　　)中传播。

①气体; ②液体; ③固体。

(4)耦合剂保证声能顺利进入, 有(　　)作用, 可减小探头与工件表面的(　　), 方便探头(　　)。

①工件; ②润滑; ③摩擦; ④移动。

(5)斜探头主要由(　　)组成。

①压电晶片; ②阻尼块; ③斜楔块。

2. 判断题

(1)声速和超声波的波形、传播的介质及频率有关。　　　　　　　　　　(　　)

(2)超声波斜入射至异质界面时会发生反射、折射和波形转换。　　　　　(　　)

(3)垂直线性直接影响着缺陷定量的准确性, 探伤仪的垂直线性误差不大于 5%。

(　　)

(4)探头频率一般在 2~5 MHz 选择, 探头实测频率与标称值误差不大于±10%。

(　　)

（5）动态范围是指放大器最大不失真输出信号幅度范围,也即显示屏容纳信号大小的能力,标准要求动态范围不低于 26 dB。　　　　　　　　　　　（　　）

3. 简答题

（1）什么是超声波检测?

（2）试述声场参数及含义。

（3）什么是压电效应?

（4）试述探头主要参数表征方法。

（5）超声检测系统性能包括哪些指标? 试述各指标含义。

任务2　DAC曲线制作

【任务描述】

DAC 曲线(距离-幅度曲线)是描述某一确定反射体回波高度随距离变化的关系曲线,可以用来判定焊缝缺陷。

《船舶钢焊缝超声波检测工艺和质量分级》(CB/T 3559—2011)标准规定:DAC 曲线应以实际检测用的仪器和探头,根据在对比试块上实测的数据绘制而成。

DAC 曲线制作,是在测量探头前沿、K 值等工艺后制作而成。

为保证超声检测工艺正确实施,应分析 DAC 曲线制作要求,掌握 DAC 曲线制作方法,进而合理开展 DAC 曲线制作。

【相关知识】

一、超声波检测基本方法

按探头与工件接触方式分类,可将超声波检测分为直接接触法和液浸法两种,其中直接接触法应用范围更为广泛。

探头直接接触工件进行检测的方法为直接接触法。使用直接接触法应在探头和被探工件表面涂有一层耦合剂作为传声介质,常用的耦合剂有机油、甘油、化学糨糊、水及水玻璃等,焊缝探伤多采用化学糨糊和甘油。

1. 直射法超声波检测

直射法是采用直探头将声束垂直入射工件探伤面进行探伤的方法。由于采用纵波进行检测,也称纵波法。此方法能够发现与探测面平行或接近平行的面积型缺陷和体积型缺陷,对体积型缺陷的检出率较高。

纵波探伤

（1）工件无缺陷

直探头在探伤面上移动时,由于工件内部无缺陷,只显示始波 T、底波 B,且底波较高,如图 5-22(a)所示。

（2）工件内部缺陷较小

超声波遇到工件中缺陷时，一部分超声能量会从缺陷处反射回晶片，以回波在时基线上的位置、脉冲大小反映缺陷的情况；另一部分未碰到缺陷的超声波会继续向前传播，直至遇到工件底面才反射回来。

示波屏上不仅有始波 T 和底波 B，且存在缺陷波 F。此是，相对于无缺陷的情况，底波变低，如图 5-22（b）所示。

（3）工件内部缺陷较大

缺陷较大时，缺陷反射面比声速大，则示波屏上只出现始波 T 和缺陷波 F，没有底波 B。此时，相对于有小缺陷情况而言，缺陷波变高，如图 5-22（c）所示。

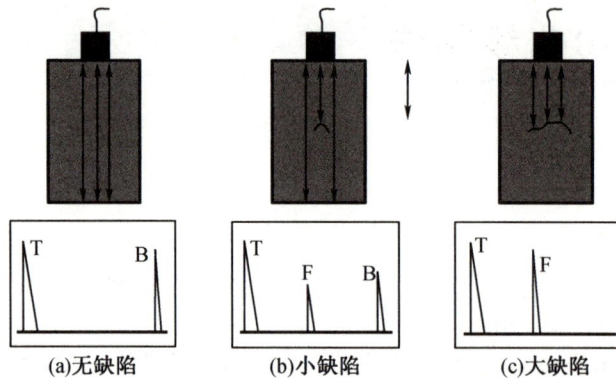

图 5-22　直射法超声波检测示意

直射法超声波检测适用于厚钢板、轮、轴类等几何形状简单的工件，但对复杂构件中与探伤面垂直的缺陷难以发现。

2.斜角检测法

斜角检测法（简称斜射法）是采用斜探头将声束倾斜入射工件探伤面进行检测，该方法能发现与探伤面呈一定角度的缺陷，因该法是利用横波进行检测，所以又称为横波法。

斜射检测与垂直检测的主要区别在于缺陷的定位。

斜射检测法时基扫描线的调节，可分别按水平距离、深度位置和声程进行调节。

当斜探头在探伤面上移动时，无缺陷时示波屏上只有始波 T，如图 5-23（a）所示。这是因为声束倾斜入射至底面产生反射后，在工件内以"W"形路径传播，故没有底波。

工件存在缺陷而缺陷与声束垂直或倾斜角很小时，声束会被反射回来。此时示波屏上将显示出始波 T、缺陷波 F，如图 5-23（b）所示。

当斜探头接近板端时，声束将被端角反射回来，在示波屏上将出现始波 T 和端角波 B'，如图 5-23（c）所示。

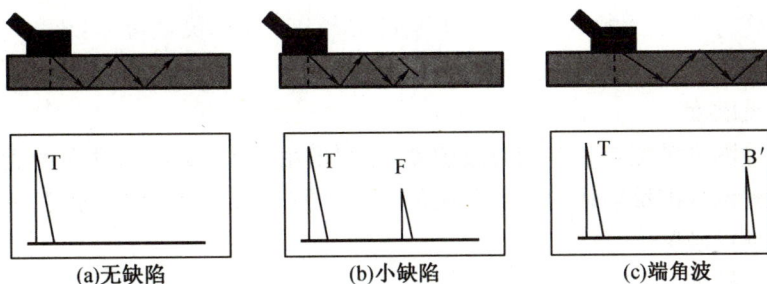

(a)无缺陷　　　　　(b)小缺陷　　　　　(c)端角波

图5-23 斜射超声波检测法

检测时,声波未经反射就可以直接对准缺陷的方法称为直射法(又称一次波法),如图5-24(a)所示;声波只经过一次反射就对准了缺陷的检测方法称为一次反射法(又称二次波法),如图5-24(b)所示。

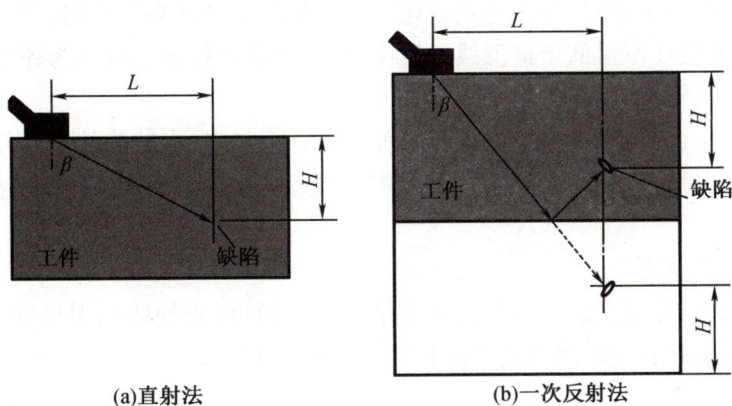

(a)直射法　　　　　　　　　　(b)一次反射法

图5-24 直射法和一次反射法

在焊缝探伤中,必须熟悉斜角探伤法的几何关系,以判断缺陷回波并进行有关缺陷位置参数的计算,相应的几何关系如图5-24所示。

图5-24(a)中,探头 K 值为 $K=\tan \beta=L/H$;缺陷水平距离为 $L=S\cdot\sin\beta$;缺陷深度为 $H=S\cdot\cos\beta$;β 为折射角,s 为声程。

图5-24(b)中,缺陷水平距离为 $L=S\cdot\sin\beta=S\cdot\dfrac{K}{\sqrt{1+K^2}}$;缺陷深度为 $H=2\delta-S\cdot\cos\beta=2\delta-L/K$;$\delta$ 为板厚。

斜角探伤法能发现与探伤面成角度的缺陷,常用于焊缝、环状锻件、管材的检验等。

二、超声检测灵敏度设定

检测灵敏度是指在确定的声程范围内发现规定大小缺陷的能力。检测灵敏度过高或过低,均会影响检测效果。灵敏度过高,显示屏上杂波多,判断分析困难;灵敏度过低,容易造成漏检。

实际检测灵敏度应依据被检工件具体参数,结合检测评定标准等技术要求设定。

根据实际工作过程中目的的不同,分为基准灵敏度(或称灵敏度基准线)、扫查灵敏度、评定线灵敏度、定量线灵敏度及判废线灵敏度等。

1. 基准灵敏度

超声波检测灵敏度是一个相对灵敏度,必须采用一个标准的反射体作为基准。调试仪器系统对该基准反射体的反射回波信号,以便对仪器系统进行标定,标定后的灵敏度称为基准灵敏度。

2. 扫查灵敏度

实际检测中,在粗探时为提高扫查速度而又不致引起漏检,常将灵敏度适当提高。在基准灵敏度的基础上,适当提高的灵敏度称为扫查灵敏度。

3. 评定线灵敏度

焊缝检测中,通常采用初始检测的扫查灵敏度进行粗扫查,其目的是对疑似缺陷显示信号进行分析判断,进而对缺陷进行定性。为保证缺陷不漏检,标准常规定一个较高的灵敏度作为最低限,要求达到或超过此灵敏度基准波高的缺陷信号均进行分析评定,且扫查灵敏度不得低于最低线灵敏度,该灵敏度在标准中常称为评定线灵敏度。

4. 定量线灵敏度

焊缝检测中,在初始检测的扫查灵敏度下进行粗扫查,当缺陷的定性分析评定后,则进入缺陷的定量判定阶段,此阶段所采用的灵敏度低于评定线灵敏度,称为定量线灵敏度。

5. 判废线灵敏度

焊缝检测时,标准设定了一个低于定量线的灵敏度,当缺陷反射达到和超过这个灵敏度时,该缺陷则判废,这个灵敏度称为判废线灵敏度。

三、DAC 曲线制作

采用横坐标表示声程,纵坐标表示回波幅度,将不同声程所对应的不同波幅的最高点连接成一条光滑曲线,即 DAC 曲线母线。以母线为基准,根据相应检测标准输入判废线(RL)、定量线(SL)、评定线(EL)所对应的 dB 值,如图 5-25 所示。

评定线与定量线之间(包括评定线)为 Ⅰ 区;定量线与判废线之间(包括定量线)为 Ⅱ 区;判废线及以上为 Ⅲ 区。

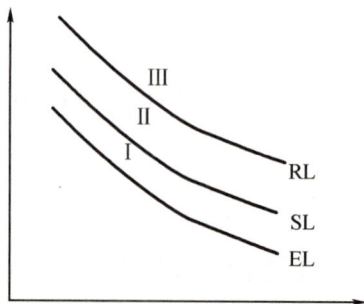

图 5-25　DAC 曲线簇

1. 试块选用

目前国内焊缝检测标准大都规定,采用具有同一孔径、不同距离的横孔试块制作距离-波幅曲线(DAC 曲线)。CB/T 3559—2011 标准中规定,采用 $\Phi3$ mm 横通孔的 CTRB-1、CTRB-2、CTRB-3 对比试块制作距离-波幅曲线。

2. 灵敏度选择

根据被检焊缝母材厚度不同,距离-波幅曲线确定的灵敏度见表5-7。

表 5-7　DAC 曲线的灵敏度

母材厚度/mm	判废线 RL	定量线 SL	评定线 EL
≤50	$\Phi3$	$\Phi3$-10 dB	$\Phi3$-16 dB
>50~100	$\Phi3$+2 dB	$\Phi3$-6 dB	$\Phi3$-12 dB
>100	$\Phi3$+2 dB	$\Phi3$-2 dB	$\Phi3$-8 dB

3. 调校探头参数

(1)准备工作

将探头、探头线与探伤仪器连接,开机。

——以 PXUT-330 系列仪器为例。

准备工作

(2)探头参数设置

探伤仪开机后,按功能选项分别设置参数。

——以 PXUT-330 系列仪器为例。

探头参数设置

(3)入射点调校

将斜探头放置在 CSK-IA 上并耦合平稳,向 $R100$ mm 圆弧面辐射声波,观察 $R100$ mm 圆弧面的反射回波。在保持探头声束轴线与试块侧面平行时移动探头,直至回波达到最高。此时 $R100$ mm 的圆心刻度对应探头侧面的刻度,即斜探头的入射点,测量精度应达到 0.5 mm。

探头零点调校

入射点到探头前端的距离称为前沿长度 l_0。

(4)折射角调校

在 CSK-IA 上测试,根据角度的大小选择反射体。

测试时将探头放置到相应的位置,耦合稳定,在保持探头声束轴线与试块侧面平行时移动探头,直至相应的反射回波达到最高,斜探头入射点在试块上对应的便是 K 值。

探头 K 值调校

设定仪器参数,调整检测范围,调节时基线。

4. 曲线制作

相同大小的缺陷,因声程不同,回波幅度也不相同。绘制 DAC 曲线时不应少于三点,且最大深度应满足检测要求。检测范围内的 DAC 曲线不应低于示波屏满刻度的 20%。

(1)以波幅高度为纵坐标,以声程、深度或水平距离为横坐标,建立坐标系;

(2)采用直射法,探头对准第一个深度(10 mm 或 20 mm 深度位置)的横通孔,将

最大回波高度调节到示波屏某一刻度(如90%),记录此时衰减器或增益器读数(此读数作为基准灵敏度)和波峰位置;

(3)保持基准灵敏度不变,将探头对准第二个深度的横通孔,找到最大回波,记录此时波峰位置;

(4)根据检测范围要求,保持基准灵敏度不变,依次找到余下深度横通孔的最大回波,记录各个回波波峰位置;

(5)将各回波波峰位置连接得到基准DAC曲线,第一点之前可用平行于横坐标的直线段;

(6)根据被检焊缝母材厚度不同,选择相应灵敏度,分别作出判废线、定量线和评定线。

距离-波幅
曲线制作

DAC曲线制作
(PXUT-330N)

【任务实施】DAC 曲线制作

1. DAC 曲线制作任务

(1)描述 DAC 曲线制作内容、要求及注意事项;

(2)调校探头入射点、折射角;

(3)设定仪器参数,调整检测范围,调节时基线;

(4)制作 DAC 曲线。

2. 设备及场地

设备:超声波检测仪,直探头、斜探头、探头线;

场地:焊接检验实训室。

3. 标准试块及工具准备

(1)标准试块:CSK-IA 标准试块;

(2)对比试块:CTRB-1 对比试块。

(3)钢尺;

(4)耦合剂:甘油。

4. 按要求实施 DAC 曲线制作任务,并将主要检测及计算结果记入表 5-8 中。

表 5-8　DAC 曲线制作记录

仪器型号		探头型号		探头线	
标准试块		对比试块		耦合剂	
实测前沿		实测 K 值			
人工反射体/mm	10	20	30	40	50
反射波幅/dB					
水平距离/mm					
人工反射体/mm	60	70	80		
反射波幅/dB					
水平距离/mm					

表 5-8（续）

仪器型号		探头型号		探头线	

DAC 曲线照片：

【课后习题】

1. 选择题

(1)直探头检测内部无缺陷工件,显示(　　　)。

①始波;②底波;③缺陷波。

(2)直探头检测内部缺陷较小工件,显示(　　　)。

①始波;②底波;③缺陷波。

(3)直探头检测内部缺陷较大工件,显示(　　　)。

①始波;②底波;③缺陷波。

(4)斜探头在探伤面上移动时,无缺陷时示波屏上显示(　　　)。

①始波;②底波;③缺陷波;④端角波。

(5)斜探头接近板端时,示波屏上显示(　　　)。

①始波;②底波;③缺陷波;④端角波。

(6)检测灵敏度包括(　　　)。

①基准灵敏度;②扫查灵敏度;③评定线灵敏度;④定量线灵敏度;⑤判废线灵敏度。

2. 判断题

(1)评定线与定量线之间(不包括评定线)为Ⅰ区。　　　　　　　　　　　（　　　）

(2)定量线与判废线之间(不包括定量线)为Ⅱ区。　　　　　　　　　　　（　　　）

(3)判废线及以上为Ⅲ区。　　　　　　　　　　　　　　　　　　　　　（　　　）

(4)缺陷大小相同时,声程不同,回波幅度也相同。　　　　　　　　　　　（　　　）

(5)绘制 DAC 曲线时不应少于三点。　　　　　　　　　　　　　　　　　（　　　）

3. 简答题

(1)什么是 DAC 曲线?

(2)试述超声检测灵敏度类型及相应含义。

(3)如何确定 DAC 曲线的灵敏度?

任务3　焊缝超声波检测工艺实施

【任务描述】

开展船舶钢焊缝超声波检测,应先确定超声检测技术等级,按不同检测技术等级和板厚范围选择检测面、检测方法和斜探头折射角 K 值,测试检测仪及检测仪与探头的组合性能,确定检验区域的宽度及探头移动区,进而选用适当的耦合剂,调节仪器检测范围等。

《船舶钢焊缝超声波检测工艺和质量分级》(CB/T 3559—2011)标准规定:检测技术等级分为 A、B、C 三级。检测的完善程度和检测工作的难度按 A、B、C 顺序递增。检测技术等级应按工件的材质、结构、焊接方法和承受载荷的不同进行选用。无特殊规定时,检测技术等级按 B 级执行。

为保证超声检测结果准确、可靠,应结合焊缝超声检测工艺流程,分析焊缝超声检测工艺要点,掌握超声检测实施步骤及方法,合理开展焊缝超声检测工艺。

【相关知识】

一、焊缝超声波检测的工艺流程

焊缝超声波检测可分为检测准备和现场检测两部分,具体工艺流程如图 5-26 所示。

1. 委托检验

委托检验单内容应有工件编号、材料、尺寸、规格、焊接方法种类、坡口形式等,同时也应注明探伤部位、探伤百分比、验收标准、级别或质量等级,并附有工件简图。

2. 指定检验人员

超声波检测一般安排二人同时工作,并因超声检验通常要当即给出检验结果,故至少应有一名Ⅱ级人员担任负责人。

3. 分析被检工件情况

检测人员了解工件和焊接工艺,以便根据材质和工艺特征,预计可能出现的缺陷及分布规律。同时,向焊工了解在焊接过程中偶然出现的一些问题及修补等详细情况,有助于对可疑信号的分析和判断。

4. 粗探

粗探主要目的是发现缺陷,其主要内容是探测各种方向的缺陷,并做好标记,以及鉴别结构的假信号等。

5. 精探

针对粗探中出现的缺陷,进一步确切测定缺陷的大小及位置。

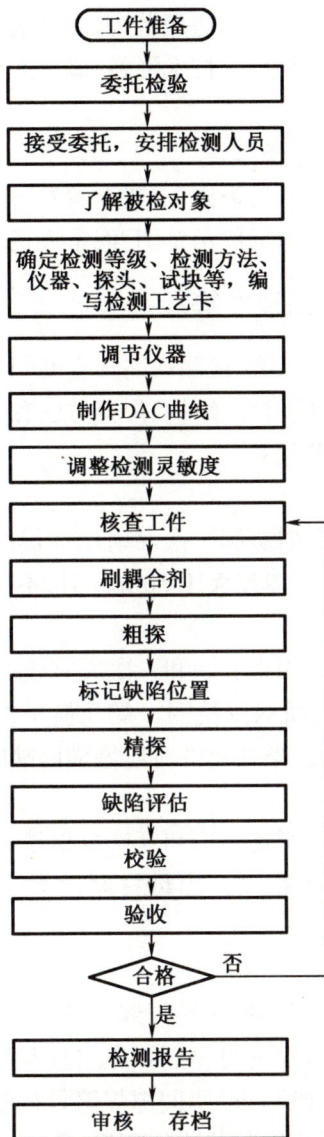

图 5-26　超声波检测一般程序

6. 评定缺陷

评定缺陷系指对缺陷反射波幅的评定、指示长度的评定、密集程度的评定及缺陷性质的估判。根据评定结果给出受检焊缝的质量等级。但是,焊缝超声检测有其特殊性。有些评定项目并不规定等级概念,而往往与验收标准联系在一起,直接给出合格与否的结论。

二、检测工艺文件

检查工艺文件应包括通用工艺规程和工艺卡。

1. 通用工艺规程

通用工艺规程应根据相关法规、验收标准和设计要求,并针对检测机构特点和检测能力进行编制。

通用工艺规程的主要内容应包括:适用范围、引用标准和法规、人员资格、设备器材、工艺和方法、检测结果和质量分级、技术资料、编审人员和编制日期等。

2. 工艺卡

检测人员应按照工艺卡执行操作。

工艺卡的主要内容应包括:人员资格、工艺卡编号、产品特征标识、设备和器材、工艺参数、技术要求、检测程序、检测部位示意图、编审人员和编制日期等。

三、船舶钢焊缝超声检测技术等级

检测技术等级分为 A、B、C 三级,检测的完善程度和检测工作难度按 A、B、C 顺序递增。检测技术等级应按工件的材质、结构、焊接方法和承受载荷的不同进行选用,无特殊规定时,检测技术等级按 B 级执行。

1. A 级检测

以一种角度的探头,采用直射法和一次反射法在焊缝的单面单侧进行,一般不要求进行横向缺陷的检测。当母材厚度大于 50 mm 时,不应采用 A 级检测。

2. B 级检测

原则上以一种角度探头,采用直射法和一次反射法在焊缝的单面双侧进行。当母材厚度大于 100 mm 时,采用双面双侧检测。受几何条件限制时,可在焊缝的双面单侧采用两种角度探头进行检测。条件允许时应做横向缺陷的检测。

3. C 级检测

至少应以两种角度探头,采用直射法和一次反射法在焊缝的单面双侧进行,同时要做两个扫查方向的横向缺陷检测。当母材厚度大于 100 mm 时,采用双面双侧检测。

其他要求如下:

(1)对接焊缝余高应磨平,以便探头在焊缝上做平行扫查;

(2)焊缝两侧斜探头扫查经过的母材区域应用直探头检查;

(3)焊缝母材厚度不小于 100 mm、窄间隙焊缝母材厚度不小于 40 mm 时,应增加其他检测方法(如串列式扫查、衍射时差法(TOFD)等)。

四、检测前准备

1. 检测时机

(1)一般材料焊缝冷却至室温后,可进行超声波检测。

(2)有产生延迟裂纹倾向的材料,应在焊接完成至少24 h 后进行检测。

(3)有热处理要求的工件,应在热处理完成之后进行检测。

2. 检测面

(1)超声检测前,焊缝的表面及热影响区应经外观检验合格。

(2)检测区的宽度包括焊缝本身和焊缝两侧各相当于母材厚度30%的区域,区域最小为 5 mm,最大为 10 mm。

(3)检测面应光洁平滑,所有油污、锈蚀、飞溅、氧化皮、马脚等应清除干净。

(4)检测面粗糙度不应大于 6.3 μm。

（5）采用直射法检测时,探头移动区域宽度 $A \geqslant 0.75P$, $P = 2T \cdot K$(或 $P = 2T \cdot \tan \beta$),如图 5-27 所示。

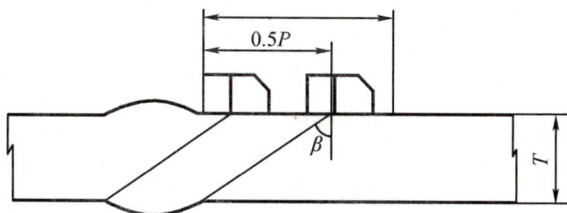

图 5-27　直射法检测面宽度

（6）采用一次反射法检测时,探头移动区域宽度 $A \geqslant 1.25P$, $P = 2T \cdot K$(或 $P = 2T \cdot \tan \beta$),如图 5-28 所示。

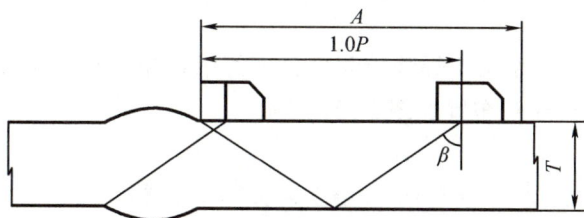

图 5-28　一次反射法检测面宽度

3. 探测频率与斜探头折射角的选择

（1）探测频率按表 5-9 选择。

表 5-9　探测频率选择

母材厚度/mm	探测频率/MHz
≤20	2.5~5
>20~75	2~5
>75	2~4

（2）探头折射角的选择应能使主声覆盖整个焊缝检测区,具体按表 5-10 所示选择。

工件厚度测试

表 5-10　平板对接焊缝探头折射角选择

母材厚度/mm	检测面			检测方法	折射角（或 K 值）		
	A	B	C		A	B	C
≤20	单面单侧	单面双侧		直射法或一次反射法	70°、60°（$K2.5$、$K2.0$）		70°和60°（$K2.5$和$K2.0$）
>20~50				单面双侧	70°、60°、45°（$K2.5$、$K2.0$、$K1.5$、$K1.0$）		70°和60°、70°和45°、60°和45°（$K2.5$和$K2.0$、$K2.5$和$K1.0$、$K2.0$和$K1.0$）
>50~100				直射法	45°、60°（$K1.5$、$K2.0$、$K1.0$）		70°和45°、60°和45°（$K2.5$和$K1.0$、$K2.0$和$K1.0$）
>100		双面双侧					60°和45°（$K2.0$和$K1.0$、$K1.5$和$K1.0$）

（3）条件允许时，T型接头焊缝检测应分别使用直探头和斜探头扫查，斜探头选择按表 5-11 所示进行，探头布置如图 5-29 所示。

表 5-11　T 型接头焊缝斜探头选择

腹板厚度/mm	探测面	探测方法	折射角（或 K 值）
≤20	腹板单面单侧	直射法和一次反射法	70°（$K2.0$、$K2.5$）
>20~50	腹板单面单侧	直射法和一次反射法	70°、60°（$K2.5$、$K2.0$、$K1.5$）
	面板外单面双侧	直射法	60°、45°（$K2.0$、$K1.5$、$K1.0$）
>50~100	腹板单面单侧	直射法和一次反射法	60°、45°（$K2.0$、$K1.5$、$K1.0$）
	面板外单面双侧	直射法	70°、60°（$K2.5$、$K2.0$、$K1.5$）
>100	腹板双面单侧	直射法和一次反射法	60°、45°（$K2.0$、$K1.5$、$K1.0$）
	面板外单面双侧	直射法	70°、60°（$K2.5$、$K2.0$、$K1.5$）

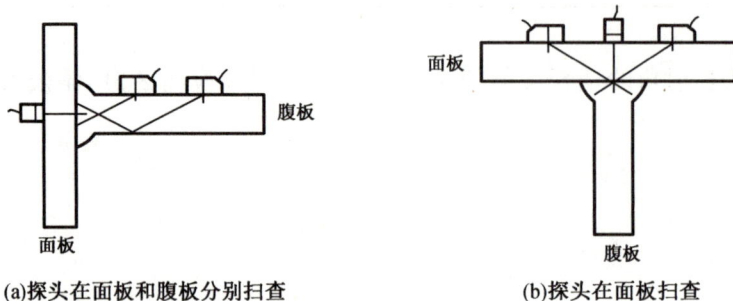

(a)探头在面板和腹板分别扫查　　　(b)探头在面板扫查

图 5-29　T 型接头焊缝探头布置

（4）选择检测面和探头时应考虑焊缝中产生各类缺陷的可能性，并尽可能使主声束垂直于该焊缝中的危害性缺陷。

五、扫查

1.纵向缺陷粗检测扫查

（1）扫查方式

采用全面锯齿形扫查方式进行扫查，如图5-30所示。

锯齿形扫查

探头在前后移动的范围内应保证扫查到全部焊接接头截面，在保证探头垂直焊缝做前后移动的同时，还应做10°～15°的摆动。探头沿焊缝方向每次移动覆盖率应大于晶片尺寸的10%。

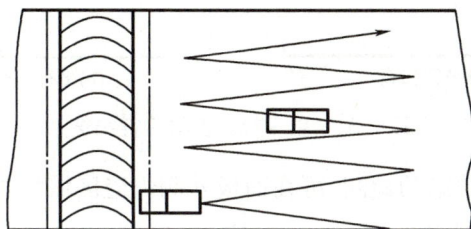

图 5-30　锯齿形扫查

（2）扫查速度

探头移动速度一般不大于150 mm/s。

（3）扫查灵敏度

不得低于评定线灵敏度。

在全面扫查过程中，发现缺陷要随时在焊缝上进行标记，以便对其进行精确测量。

2.纵向缺陷精细检测扫查

采用定量灵敏度针对全面扫查发现的缺陷或异常部位，做前后、左右、转角、环绕四种方式的扫查，如图5-31所示。

（1）垂直于焊接接头方向前后移动，用以判定缺陷的真伪或缺陷的平面和深度位置。

（2）沿焊接接头方向左右移动扫查，测量缺陷的指示长度。

（3）根据需要做定点转角扫查，用以判定缺陷的形状和类型。

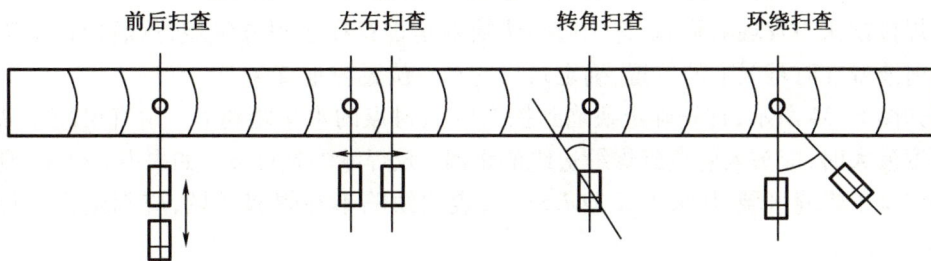

前后扫查　　左右扫查　　转角扫查　　环绕扫查

图 5-31　基本扫查方式

3. 横向缺陷扫查

横向缺陷宜采用斜平行扫查和平行扫查,如图 5-32 所示。斜平行扫查时,探头在焊缝两侧边缘与焊缝中心线呈 10°~ 20°夹角;或将焊缝余高磨平后,探头置于焊缝上,沿焊缝做两个方向的平行扫查。

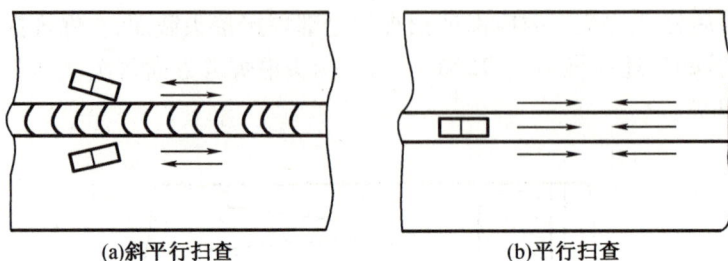

(a)斜平行扫查　　　　　　　　　(b)平行扫查

图 5-32　斜平行扫查与平行扫查

T 型接头焊缝横向缺陷的检测,可在面板外侧焊缝区域增加斜探头沿焊缝做两个方向的扫查,如图 5-33 所示。

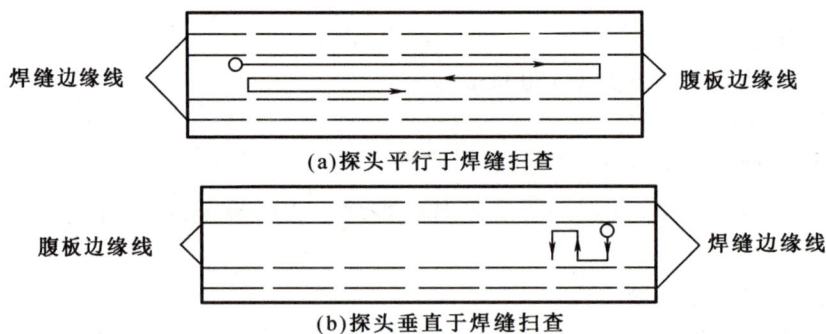

(a)探头平行于焊缝扫查

(b)探头垂直于焊缝扫查

图 5-33　T 型接头焊缝直探头扫查方式

六、缺陷位置判定

一般情况下,平板对接焊缝检测时探头不在焊缝区域。声束经过的路径中大部分通过母材,有时显示屏上出现的缺陷回波并非存于焊缝区域。如果将此缺陷回波误认为焊缝区域缺陷,会造成焊缝质量评定误判,错误指引焊缝返修。

焊接接头中发现缺陷后,首先应确认缺陷是否存在于焊缝区域,然后根据缺陷最大反射波幅在时基线上的位置,确定缺陷的水平位置与垂直深度。

如图 5-34 所示,首先确定缺陷到探头的入射点的水平距离 l_f。用直尺测出缺陷波幅度最大时,探头入射点到焊缝边缘的距离 l 及焊缝的宽度 a。如果 $l < l_f < l+a$,则表明缺陷位于焊缝区域;如果 $l_f < l$ 或 $l_f > l+a$,表明缺陷不在焊缝区域,应判定为非焊接缺陷。

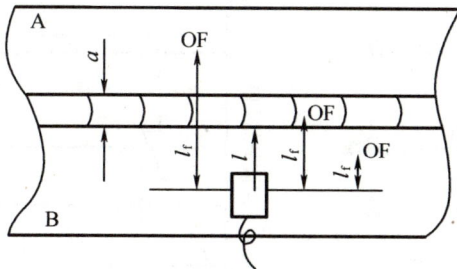

图 5-34 焊缝检测缺陷位置确定

实际检测时,可在缺陷波幅度最大时的探头实际位置用尺子测量 l_f 所对应的缺陷位置,从而直接判断缺陷是否存在于焊缝中。

采用数字式超声波探伤仪时,缺陷的位置可通过示波屏上的读数确定。

七、缺陷大小估判

缺陷的大小包括缺陷的面积和长度。测定工件或焊接接头中缺陷的大小和数量称为缺陷定量,常用的定量方法有两种:探头移动法(又称测长法)和当量法。

1. 探头移动法

对于尺寸或面积大于声束直径或断面的缺陷,一般用探头移动法来测定其指示长度或范围。

《船舶钢焊缝超声波检测工艺和质量分级》(CB/T 3559—2011)标准规定,缺陷指示长度 ΔL 的测定推荐采用以下两种方法。

(1)缺陷回波位于 Ⅰ 区,且只有一个峰幅时,以峰幅降至 EL 线的绝对灵敏度法测其指示长度;当有多个峰幅时,以端点峰幅降至 EL 线的绝对灵敏度法测其指示长度。

(2)缺陷回波高于 Ⅰ 区,且只有一个峰幅时,以峰幅降低 6 dB 的相对灵敏度法测其指示长度;当有多个峰幅时,以端点峰幅降低 6 dB 的相对灵敏度法测其指示长度。

缺陷指示长度的测试采用 6 dB 法进行测定,如图 5-35 所示。找到缺陷最高回波后,将回波高度调为基准波高的 80%,向左移动探头,当缺陷的回波高度降为基准波高的 40% 时,标注出探头中心的位置 S_1。再将探头移动到最高回波位置,向右移动探头,当缺陷的回波高度降为基准波高的 40% 时,标注出探头中心的位置 S_2。则 S_1 与 S_2 之间的距离为缺陷的指示长度。

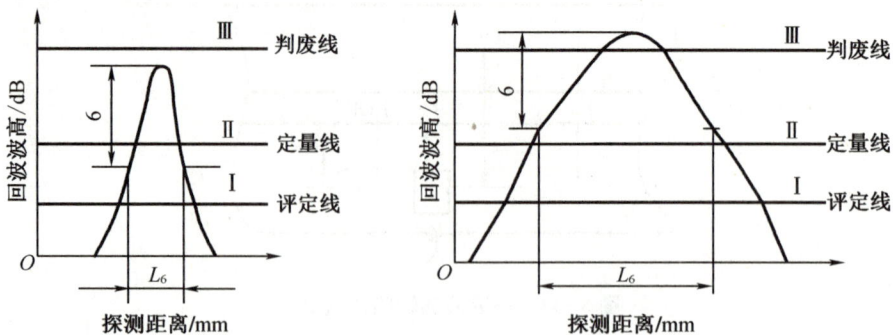

图 5-35　6 dB 法缺陷指示长度

2. 当量法

当缺陷尺寸小于声束截面时,一般采用当量法来确定缺陷的大小。

【任务实施】对接焊缝超声波检测工艺实施

焊缝探伤

1. 超声波检测工艺实施任务

(1)描述 DAC 曲线制作内容、要求及注意事项;

(2)调校探头入射点、折射角;

(3)设定仪器参数,调整检测范围,调节时基线;

(4)制作 DAC 曲线,调节检测仪灵敏度不低于评定线,再增加 3 dB 做表面补偿。

(5)清理工件表面,涂上耦合剂进行检测。

(6)对被测对象进行粗扫查,找最高反射回波,对其进行评估。

(7)运用前后、左右、转角、环绕四种扫查方式对缺陷进行细扫查。

(8)记录缺陷数据。

2. 设备及场地

设备:超声波检测仪,直探头、斜探头、探头线;

场地:焊接检验实训室。

3. 标准试块及工具准备

(1)标准试块:CSK-IA 标准试块;

(2)对比试块:CTRB-1 对比试块。

(3)钢尺;

(4)耦合剂:甘油。

4. 按要求对被检工件实施超声检测,并将主要检测及计算结果记入表 5-11 中。

操作要点:

(1)斜探头校准及曲线制作完成后,进入焊缝探伤工作;按不同工件厚度输入曲线的标准。

以 15 mm<T<46 mm 为例,即判废:+5、定量:-3、评定-9、表面补偿按 +3 dB 为准。

(2)输入标准后,将探头放在待测工件上按图 5-36 所示进行扫查,箭头表示扫查方向。

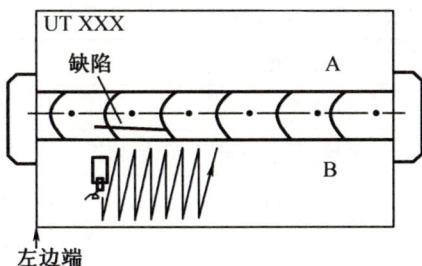

图 5-36　扫查方式

（3）当发现缺陷后观察回波高度。

如果回波高度超过定量线，仔细移动探头寻找最高回波，找到最高回波后按住探头不动，观察屏幕上数据显示区缺陷深度的读数 ↓ ×× 即 H，以及波高所在区域；

用钢尺量出探头到钢板左端边的距离即 S_3（从探头中心位置测量，或从探头左边测量再加上探头宽度的二分之一）；

再观察屏幕上数据显示区缺陷水平的读数 ➡ ××，用钢尺从探头前端量出缺陷所在位置，并用钢尺量出缺陷位置与焊缝中心线的距离，如图 5-37 所示；

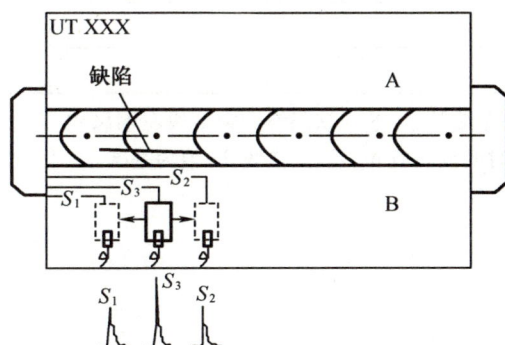

图 5-37　缺陷位置测定

探头前端到焊缝中心线的距离为 30 mm，而仪器测量出的水平位置为 27 mm，则距焊缝中心距离为 3 mm，缺陷偏向焊缝中心线 B（-）侧，则记录为 B3 或-3（即在 B 栏中填写 3），此时缺陷最大波幅时的数据记录完毕。

（4）测量缺陷长度。

按 键将缺陷最高回波调整到满刻度的 80%，此时向左平行移动探头观察屏幕上的回波，当回波降低到 40%（即最高波的一半）的时候，量出探头到钢板左端边距离，记作 S_1；

再向右平行移动探头，回到最高回波位置，然后继续向右平行移动，直到回波降低到 40% 的时候，此时量出探头到钢板左端边的距离，记作 S_2，然后用 S_2 减去 S_1 所得到的数值即为缺陷长度（L）。

将上面测量出的数据填入表格（表 5-12）相应的栏目中。

依照上述方法将缺陷逐一找出并测量。

表5-12 对接焊缝超声检测报告表

试样编号		试件厚度		焊接方式	
坡口形式		仪器型号		探头型号	
入射点测定	1： 2： 3： 平均： mm		K值测定	1： 2： 3： 平均：	
扫描线调节		检测标准		表面耦合补偿	
扫查灵敏度		（仪器读数： ）		定量灵敏度	

缺陷部位示意图

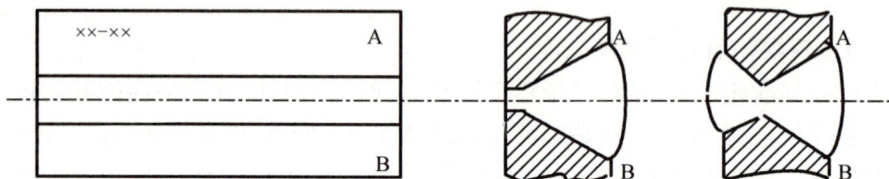

缺陷记录

序号	S_1	S_2	长度/L	缺陷距焊缝中心距离/mm A(+)	B(−)	缺陷距焊缝表面深度 H/mm	S_3	高于定量线 dB(A_{max})	波高区域
1									
2									
3									

注：S_1—缺陷起始点距试块左端尺寸。S_2—缺陷终点距试块左端尺寸。S_3—缺陷最大反射波距试块左端尺寸。缺陷波幅最大时的波高值 A_{max} 以定量线 dB 值为基准。

【课后习题】

1. 选择题

（1）CB/T 3559—2011 标准规定,检测技术等级分为（   ）三级,无特殊规定时,检测技术等级按（   ）级执行。

①A；②B；③C；④AB。

（2）纵向缺陷采用定量灵敏度针对全面扫查发现的缺陷或异常部位,做（   ）扫查。

①前后；②左右；③转角；④环绕；⑤斜平行扫查；⑥平行扫查。

（3）横向缺陷采用定量灵敏度针对全面扫查发现的缺陷或异常部位,做（   ）扫查。

①前后；②左右；③转角；④环绕；⑤斜平行扫查；⑥平行扫查。

（4）纵向缺陷粗检测扫查,探头移动速度一般不大于（   ）mm/s。

①150；②160；③165。

（5）纵向缺陷精细检测扫查,垂直于焊接接头方向前后移动,用以判定缺陷（   ）和（   ）。

①平面位置；②深度位置；③指示长度；④形状；⑤类型。

2. 判断题

(1)缺陷的大小包括缺陷的面积和长度。　　　　　　　　　　　　　　（　　）

(2)缺陷定量是指测定工件或焊接接头中缺陷的大小和数量。　　　　（　　）

(3)B级检测是指以一种角度的探头,采用直射法和一次反射法在焊缝的单面单侧进行,一般不要求进行横向缺陷的检测。　　　　　　　　　　　　　（　　）

(4)C级检测原则上以一种角度探头,采用直射法和一次反射法在焊缝的单面双侧进行。　　　　　　　　　　　　　　　　　　　　　　　　　　　　　　（　　）

(5)A级检测至少应以两种角度探头,采用直射法和一次反射法在焊缝的单面双侧进行,同时要做两个扫查方向的横向缺陷检测。　　　　　　　　　　　（　　）

3. 简答题

(1)焊缝超声波检测的工艺流程。

(2)检测面有何要求?

(3)试述纵向缺陷精细检测扫查方式的具体功能。

(4)试述缺陷大小估判方法。

(5)如何判定缺陷位置?

任务4　焊缝质量评定

【任务描述】

缺陷定位定量之后,应根据缺陷的当量和指示长度结合有关标准的规定来评定焊缝的质量级别。

《船舶钢焊缝超声波检测工艺和质量分级》(CB/T 3559—2011)标准中规定,应根据缺陷的性质、波高、指示长度和分布状态,对焊缝质量进行分级。

为保证焊缝质量符合要求,开展超声检测焊缝质量时,应正确定性、定量分析焊接缺陷,根据船舶焊缝超声检测质量标准,合理进行质量等级评级评定并正确撰写检测报告。

【相关知识】

一、焊缝质量评级

检测人员应尽可能根据静态波形、动态波形并结合结构形式和焊接工艺等要素估判缺陷性质。

CB/T 3559—2011 标准中根据缺陷的性质、波高、指示长度和分布状态,把焊缝质量分为Ⅰ、Ⅱ、Ⅲ、Ⅳ、Ⅴ级。

(1)被检焊缝判定为存在危害性缺陷时,评为Ⅴ级。

Ⅰ区焊缝
波形特征1

Ⅰ区焊缝
波形特征2

（2）波峰位于Ⅰ区的非危害性缺陷评为Ⅰ级。

（3）波峰位于Ⅲ区的缺陷均评为Ⅴ级。

（4）波峰位于Ⅱ区的缺陷，根据所测定单个缺陷的指示长度评级，评定方法见表5-13。

表5-13　单个缺陷的评级　　　　　　　　　　　　　单位为 mm

评定等级	单个缺陷的允许指示长度
Ⅰ	$T^a/3$，最小[b]8；最大[c]24
Ⅱ	$T/2$，最小 12；最大 36
Ⅲ	$3T/4$，最小 16；最大 48
Ⅳ	T，最小 20；最大 60
Ⅴ	大于Ⅳ级

注：a：T——被检焊缝母材厚度，两侧母材厚度不同时取较薄侧母材厚度。

b：最小——指 T 小于某一厚度时的允许值；如Ⅰ级焊缝，当 $T \leqslant 24$ mm 时，允许单个缺陷指示长度为 8 mm。

c：最大——指 T 大于某一厚度时的上限值；如Ⅰ级焊缝，当 $T \geqslant 72$ mm 时，单个缺陷指示长度不得大于 24 mm。

（5）当缺陷指示长度小于 8 mm 时按 4 mm 计。

（6）相邻两缺陷在一条直线上，其间距小于其中较小的缺陷长度时，则以各缺陷长度之和作为单个缺陷的指示长度。

（7）在任意 $6T$ 或 150 mm（二者取较小）焊缝长度内多个缺陷的累计长度不应超过表5-14限值。

表5-14　多个缺陷的评级　　　　　　　　　　　　　单位为 mm

评定等级	Ⅰ	Ⅱ	Ⅲ	Ⅳ	Ⅴ
累计长度	$2T$	$2.5T$	$3T$	$4T$	大于Ⅳ级

根据评定结果，对照产品验收标准，对产品做出合格与否的结论。

低于验收标准的焊缝，应予以修补，并按原检测工艺进行检测。经二次修补的焊缝，若复检后仍不合格，制造单位应按有关规定处理。抽检部位的一端或两端出现超标缺陷时，应在其延伸方向追加检测，并不应少于原抽检量。若追加的检测部位仍发现超标缺陷时，则应对整条焊缝进行检测。

二、检测记录及报告

焊缝超声波检测后，应将检测数据、工件及工艺概况归纳在检测的原始记录中，并签发检测报告。检测报告是焊缝超声波检验的存档文件，经质量管理人员审核后，正本发送委托部门，其副本由检测部门归档，一般应保存 7 年以上。

检测报告和记录应包括下列内容：

（1）委托单位；

（2）被检工件：材质、板厚、焊接方法、坡口形式、表面状态、处理状况、部位示意图、焊后时间等；

（3）检测机构名称、检测人员、审核人员及其资格等级；

（4）设备和器材；

（5）检测标准和验收要求；

（6）检测工艺和技术参数；

（7）检测地点和日期；

（8）合同约定的其他内容。

【知识拓展】缺陷性质估判

判定工件或焊接接头中缺陷的性质为缺陷定性。缺陷的性质与其产生的大小、部位和分布情况有关。因此，可根据缺陷波的大小、位置、探头运动时波幅的变化特点（即所谓静态波形特征和动态波形包络线特征），并结合焊接工艺情况对缺陷性质进行综合判断。但这在很大程度上要依靠检验人员的实际经验和操作技能，因而较难掌握。

1. 气孔

单个点状气孔回波高度低，波形为单峰，较稳定，其波形特征扫描"气孔波形特征"二维码观看视频。从各个方向探测，反射波高大致相同，但稍一移动探头就消失，密集气孔会出现一簇反射波，其波高随气孔大小而不同，当探头做定点转动时，会出现此起彼伏的现象。

气孔波形特征

2. 夹渣

点状夹渣回波信号与点状气孔相似。条状夹渣回波信号多呈锯齿状，因为其反射率低，波幅不高且形状多是树枝状，主峰边上有小峰，具体波形特征扫描"夹渣波形特征"二维码观看视频。探头平移时，波幅有变动，从各个方向探测时，反射波幅不相同。

夹渣波形特征

3. 裂纹

该缺陷回波高度较大，波幅宽，会出现多峰，其波形特征扫描"裂纹波形特征"二维码观看视频。探头平移时，反射波连续出现，波幅有变动；探头转动时，波峰有上、下错动现象。

裂纹波形特征

4. 未焊透

由于反射率高（厚板焊缝中核缺陷表面类似镜面反射），波幅均较高，具体波形特征扫描"未焊透波形特征"二维码观看视频。探头平移时，波形较稳定。在焊缝两侧探伤时，均能得到大致相同的反射波幅。

未焊透波形特征

5. 未熔合

当声波垂直入射该缺陷表面时，回波高度大。探头平移时，波形稳定，其波特征扫描"未熔合波形特征"二维码观看视频。两侧探伤时，反射波幅不同，有时只能从一侧探到。

此外，在焊缝检测中，示波屏上常会出现一些非缺陷引起的反射信号，称之为假信

未熔合波形特征

号。产生假信号的原因是多方面的,对假信号的识别主要靠探伤人员的实际经验和操作技能。

【任务实施】焊缝超声检测质量评定

1. 焊缝超声检测质量评定任务实施

(1)描述焊缝超声检测质量评定内容、要求及注意事项;

(2)记录缺陷数据;

(3)对焊缝进行质量评定;

(4)编写检测报告。

2. 设备及场地

设备:超声波检测仪,直探头、斜探头、探头线;

场地:焊接检验实训室。

3. 标准试块及工具准备

(1)板对接缺陷试块;

(2)钢尺。

4. 按要求对被检工件实施超声检测,根据检测数据对焊缝进行评级,并按表5-15要求完成检测报告。

表5-15 超声检测报告

项目名称:				报告编号:	
委托单位:				委托编号:	
部件名称:				部件编号:	
规格			材质		
检测时机			检测部位		
坡口形式			焊接方法		
表面状态			热处理状态		
检测技术要求					
检测标准及合格级别			检测技术等级		
验收标准					
抽样控制			检测比例		
检测器材和工艺					
仪器名称、型号			检测技术		
仪器编号			评定线		
探头型号			定量线		
试块型号			判废线		
耦合剂			扫查面(侧)		
探头折射角/K值			表面补偿		

表 5-15（续）

检测结果统计				
探头前沿/mm		扫查方式		
纵向扫查灵敏度		横向扫查灵敏度		
检测记录编号				

检测结果

序号	S_1	S_2	长度 L	缺陷距焊缝中心距离/mm A(+)	B(−)	缺陷距焊缝表面深度 H/mm	S_3	高于定量线 dB(A_{max})	波高区域	评定级别	备注
1											
2											
3											

检测数量/（口/mm）		返修数量/（口/mm）	

缺陷及返修说明	检测结论
1. 所检产品返修部位共计_____处,最高返修次数_____次	1. 参考按_____标准做横波检测（辅助检测）,最终检测结果符合_____级要求,检测结果_____
2. 经返修再检测,返修部位合格	2. 各部位检测结果详见超声检测报告（附页）
	3. 具体检测部位见检测位置示意图
编制/资格:	审核/资格:　　　检测专用章:

【课后习题】

1. 选择题

（1）CB/T 3559—2011 标准中根据缺陷的（　　），把焊缝质量分为Ⅰ、Ⅱ、Ⅲ、Ⅳ、Ⅴ级。

①性质;②波高;③指示长度;④分布状态。

（2）在任意 6T 或 150 mm（二者取较小）焊缝长度内多个缺陷的累计长度不超过 2.5T 时,评定为（　　）级。

①Ⅰ;②Ⅱ;③Ⅲ;④Ⅳ;⑤Ⅴ。

2. 判断题

（1）当缺陷指示长度小于 8 mm 时按 4 mm 计。　　　　　　（　　）

（2）相邻两缺陷在一直线上,其间距小于其中较小的缺陷长度时,则以各缺陷长度之和作为单个缺陷的指示长度。　　　　　　（　　）

（3）波峰位于Ⅰ区的非危害性缺陷评为Ⅰ级。　　　　　　（　　）

（4）被检焊缝判定为存在危害性缺陷及波峰位于Ⅲ区的缺陷,评为Ⅴ级。（　　）

（5）Ⅰ级焊缝质量最差,Ⅴ级焊缝质量最优。　　　　　　（　　）

3. 简答题

(1)说明焊缝质量评定具体规定。

(2)试述未熔合波形特征

(3)试述未焊透波形特征。

(4)试述裂纹波形特征。

(5)试述夹渣波形特征

(6)试述气孔波形特征。

(7)试述检测报告和记录内容。

项目6

船舶钢焊缝磁粉检测

学习目标

知识目标：

(1) 熟悉磁粉检测机理及影响因素

(2) 熟悉船体结构磁粉检测的标准

(3) 掌握磁粉检测仪器操作的方法

(4) 掌握磁粉检测要素及工艺流程

能力目标：

(1) 能够规范测试磁粉检测仪器

(2) 能够正确编制磁粉检测工艺卡

(3) 能够熟练使用磁粉检测仪器

(4) 能够正确评定检测质量等级

素质目标：

(1) 树立严谨细致的工作态度

(2) 养成规范操作的工作习惯

项目6 部分图片
彩色版

项目背景

磁是物质间相互吸引或排斥的物理现象。中国古代先民早在春秋战国时期就发现了磁现象，是世界上最早发现磁现象的国家，并在此基础上发明了指南针，同时我国也是最早将指南针用于航海的国家，指南针对于促进人类发展起到了重要的作用，彰显了中国古代先民善于观察和勇于创新的精神。

现如今，磁在我们生活中已广泛使用。经磁粉探伤机磁化后的铁磁性工件会产生磁场，在工件表面或近表面缺陷处形成漏磁场，会吸附磁粉或磁悬浮液形成磁痕，从而显示工件的表面缺陷及近表面缺陷。磁粉检测可检测铁磁性材料焊接接头表面和近表面的裂纹及其他缺陷，成本低，效率高，广泛应用于船体结构表面及近表面质量检测。

磁粉检测对被检工件表面质量要求较高，要求检测人员具有较强的专业技术和经验。因此实施磁粉检测，应养成细致观察和规范操作的工作习惯。

《船体焊缝表面质量检验要求》（CB/T 3802—2019）标准中指出，船体结构焊缝外观质量应通过磁粉检测等方法进行检测。船体结构制造生产中，对于铸钢件和锻钢件焊缝，应力下或低温下焊接的焊缝；板厚 30 mm 及以上的重要部位焊缝；位于高应力

思政案例

区域的焊缝;其他坡口深度 30 mm 及以上的焊缝,为准确检测表面裂纹,应优先选择磁粉检测。

《船舶钢焊缝磁粉检测、渗透检测工艺和质量分级》(CB/T 3958—2004)标准针对磁粉检测人员、检测设备、工艺方法、检测报告的要求和质量分级等明确了具体规定。

依照磁粉检测工艺流程,磁粉检测包括磁粉检测工艺制定、检测工艺实施及质量等级评定三个主要工艺环节。

任务1 磁粉检测工艺制定

【任务描述】

磁粉检测工艺包括焊接结构预处理、磁化及布设磁悬液(磁粉)等工艺环节,其中磁化涉及不同方式、规范及参数等诸多要素。正确设置各环节参数,是合理实施磁粉检测及保证结构缺陷准确识别、判定的先决条件。

磁粉检测工艺卡是指导磁粉检测人员实施检测工艺的技术文件。为确保磁粉检测工艺合理实施,应结合磁粉检测工艺内容及制定要求,合理、规范制定渗透检测工艺。

【相关知识】

磁粉检测是通过对铁磁性材料进行磁化所产生的漏磁场,发现其表面或近表面缺陷的无损检测法。经磁粉探伤机磁化后的铁磁性工件内部存在磁场,而在工件表面或近表面缺陷处形成漏磁场,将会吸附磁粉探伤机中磁悬浮液的磁粉形成磁痕,从而显示出工件的表面缺陷及近表面缺陷。

一、磁粉检测物理基础

磁性(动画)

1. 磁性
磁铁能够吸引铁磁性材料的性质称为磁性。

2. 磁体
能够吸引其他铁磁性材料的物体称为磁体。

磁体(动画)

3. 磁极
靠近磁铁两端磁性特别强、吸附磁粉特别多的区域称为磁极,每一小块磁体总有两个磁极。

磁极(动画)

4. 磁化
使原来没有磁性的物体得到磁性的过程称为磁化。

5.磁场

磁场是磁体或通电导体周围具有磁力作用的空间。

磁场的大小、方向和分布情况,可以利用磁感线表示。在磁场中画一些曲线(虚线或实线),使曲线上任何一点的切线方向都和这一点的磁场方向相同(磁感线互不交叉),这些曲线称为磁感线,如图6-1所示。

磁感线(动画)

(a)条形磁铁　　　　　　　(b)蹄形磁铁

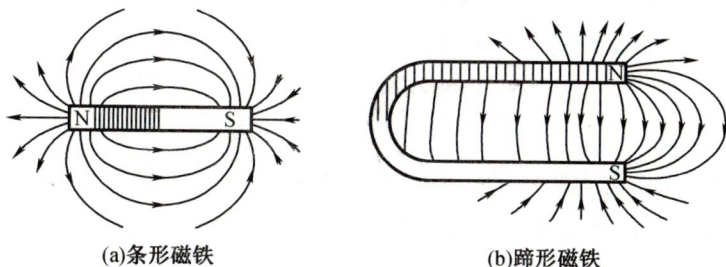

图6-1　磁体磁场的磁感线分布示意

磁感线的疏密程度反映磁场的大小,磁感线具有以下特点:

(1)磁感线是具有方向性的闭合曲线,磁感线互不相交。

(2)磁体内磁感线是由 S 极到 N 极;磁体外磁感线是由 N 极出发,穿过介质(通常是空气)进入 S 极的闭合曲线。

(3)磁感线可描述磁场的大小和方向。

(4)磁感线沿磁阻最小路径通过。

二、磁粉探伤机

1.磁粉探伤机分类

《无损检测仪器 磁物探伤机》(JB/T 8290—2011)标准中,根据探伤机结构不同,将磁粉探伤机分为一体型和分立型两大类。

一体型磁粉探伤机由磁化电源、夹持装置、磁粉施加装置、观察装置及退磁装置等部分组成。分立型磁粉探伤机中的各组成部分,按功能制成单独分立的装置,检测时组成系统使用,分立装置一般包括磁化电源、夹持装置、退磁装置及断电相位控制器等。

按设备的使用和安装环境,将探伤机分为固定式、移动式、便携式以及专用设备等几大类。其中移动式和便携式探伤机为分立型,便于移动和在现场组合使用。

(1)固定式磁粉探伤机

固定式磁粉探伤机一般包括磁化电源、螺管线圈、工件夹持装置、指示装置、磁悬液喷洒装置、照明装置及退磁装置等,磁化电流一般为 1 000 ~ 9 000 A,最高可达 20 000 A。

图6-2为典型固定式磁粉探伤机结构示意。

1—电气柜;2—控制面板;3—电极固定头座;4—电动移动线圈;

5—电动电极尾座;6—不锈钢磁悬液桶;7—磁化推杆。

图6-2 固定式磁粉探伤机

固定式磁粉探伤机主要用于中小型工件检测。此外,固定式探伤机常备有触头和电缆,便于检测难以搬上工作台的大型工件。

(2)移动式磁粉探伤机

移动式磁粉探伤机一般由磁化电源、电缆及小车等部分组成,小车上配有滚轮可以自由移动,便于探测不易搬动的大型工件。

图6-3为CED-5000型交直流移动式磁粉探伤机实物。

图6-3 移动式磁粉探伤机

移动式磁粉探伤机可提供交流和单相半波整流电的磁化电流,磁化电流一般为500~8 000 A。

配合移动式磁粉探伤机使用的附件,包括触头、夹钳、开合和闭合式磁化线圈及软电缆等,能实施触头法、夹钳通电法和线圈法磁化。

(3)携带式磁粉探伤机

按磁化方式,携带式磁粉探伤机分为电磁轭探伤仪、旋转磁场探伤仪;按电流方式分为交流、直流、交直流两用型等磁粉探伤机。

图6-4为典型携带式磁粉探伤机实物。

常用的携带式磁粉探伤机配有带电极触头的小型磁粉探伤机、电磁轭、交叉磁轭或永久磁铁等,仪器手柄上配有微型电流开关,可控制通电、断电和自动衰减退磁。

携带式磁粉探伤机磁化电流一般为500~2 000 A。

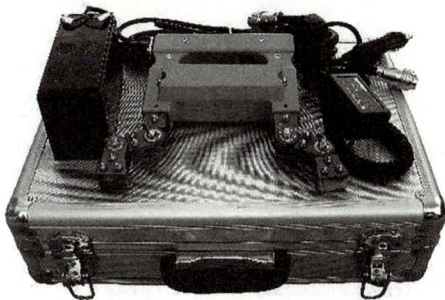

图 6-4　携带式磁粉探伤机

2.磁粉探伤机型号

磁粉探伤机常用的编号及命名方法如下：

$$C \times \times - \times$$
$$\downarrow \downarrow \downarrow \quad \downarrow$$
$$1 \ 2 \ 3 \quad 4$$

第1部分：C,代表磁粉探伤机；

第2部分：字母,代表磁粉探伤机的磁化方式(J—交流；D—多功能；E—交直流；Z—直流；X—旋转磁场；B—半脉冲直流；Q—全脉冲直流)；

第3部分：字母,代表磁粉探伤机的机构形式(X—携带式；D—移动式；W—固定式；E—磁轭式；G—荧光磁粉探伤；Q—超低频退磁)；

第4部分：数字或字母,代表磁粉探伤机的最大磁化电流或探头形式。

例如,CJW-4000 型表示交流固定式磁粉探伤机,最大周向磁化电流为 4 000 A；CDX-型为多功能携带式磁粉探伤机；CJX-220E 为便携式交流磁粉探伤机。

三、磁粉及磁悬液

1.磁粉

磁粉是一种硬磁性的单畴颗粒。磁粉是显示缺陷的重要手段,磁粉质量的优劣和选择是否得当,将直接影响磁粉探伤的结果。

(1)磁粉类型

①荧光磁粉

以磁性氧化铁粉、工业纯铁粉等为核心,在外面黏合一层荧光染料树脂,经紫外光(黑光)照射可激发出明亮的黄绿色荧光,与工件表面颜色形成高度反差。

荧光磁粉具有较高的检测灵敏度,其可见度和与工件表面的对比度高于非荧光磁粉。

荧光磁粉适合暗处与作业空间狭窄部位的磁粉检测,如大型船舶双层底环境中的磁粉检测作业。

②非荧光磁粉

非荧光磁粉指在可见光下观察磁痕显示所使用的磁粉,包括黑磁粉、红磁粉及白磁粉等。

（2）磁粉性能

磁粉的特性主要包含磁特性、粒度、形状、流动性、密度及识别度。

①磁粉应具有高磁导率、低矫顽力和低剩磁性质,磁粉之间不应相互吸引。

②磁粉粒度应均匀。湿粉法用磁粉的平均粒度为 2~10 μm,最大粒度应不大于 45 μm;干粉法用磁粉的平均粒度不大于 90 μm,最大粒度应不大于 180 μm。

③为使磁粉既有良好的磁吸附性能,又有良好的流动性,所以理想的磁粉应由一定比例的条形、球形和其他形状的磁粉混合在一起使用。

④磁粉应能在受检工件表面流动。

⑤密度对检测结果有一定的影响,黑磁粉、红磁粉在湿法中密度约为 4.5 g/cm^3;干法用纯铁粉的密度约为 8 g/cm^3,空心球形磁粉的密度为 0.7~2.3 g/cm^3。

⑥识别度:非荧光磁粉的颜色应与被检工件表面之间产生明显的对比度,需要时应在被检工件表面施加反差增强剂,反差增强剂的厚度应适中,以不降低探伤灵敏度为准。

注意:磁粉应置于密封容器内,并在干燥环境中贮存。否则,使用前应将磁粉在 60~80 ℃温度下烘焙 1 h。

2. 载液

载液可分为油基和水基两种。

常用的油基载液为变压器油、煤油或变压器油和煤油的混合液。

常用的水基载液为含有添加剂（表面活性剂、防锈剂或防冻剂）的水。

3. 磁悬液

将磁粉混合在载体介质中形成磁粉的悬浮液称为磁悬液。

在磁悬液中,磁粉和载液是按照一定比例混合而成的。先将磁粉或磁膏用少量载液调成均匀的糊状,在连续搅拌中慢慢加入所需的载液,直到磁粉和载液之间达到规定的比例。

磁悬液的黏度应小于 5.0 mm^2/s。

新配制的非荧光磁悬液浓度为 10~20 g/L,荧光磁悬液浓度为 1~3 g/L。

磁悬液浓度应用梨形管进行测定,测定前应对磁悬液进行充分的搅拌。一般情况下,每 100 mL 磁悬液中,非荧光磁粉沉淀体积为 1.2~2.4 mL,荧光磁粉沉淀体积为 0.1~0.3 mL。

重复使用的磁悬液搅拌时间不少于 30 min。

4. 反差增强剂

反差增强剂的目的是提高缺陷磁痕与工件表面颜色的对比度,一般使用环境为观察背景不利或检查细小缺陷、应力腐蚀裂纹等。

反差增强剂配方主要包括丙酮、稀释剂、火棉胶、氧化锌粉,一般构成为一层白色薄膜（25~45 μm）。

四、磁化工艺

一些物体在磁体或电流的作用下会显现磁性,磁化电流可用直流电、全波整流电、半波整流电或交流电。

1.电流磁化法

如图6-5所示,两支杆触头接触工件表面,通电后电流通过触头施加在工件表面,形成以触头为中心的周向磁场,用于发现与两触头连线平行的缺陷,也称触头法。

电流磁化法

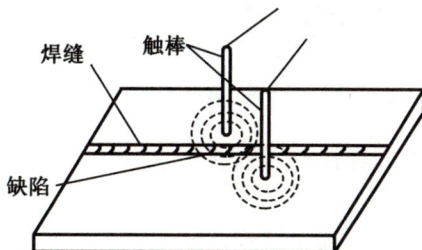

图6-5　电流磁化法

电流磁化法适于平板对接焊缝、T型焊缝、管板焊缝、角焊缝及大型铸件、锻件局部检测。采用电流磁化法时,电极间距应为75～200 mm,两次磁化区域间应有一定的磁化重叠区(不小于10%)。

注意通电时间不应太长,电极与工件之间的接触应保持良好,以免灼伤工件。

电流磁化法磁化电流值参见表6-1。

表6-1　电流磁化法磁化电流值

工件厚度 T/mm	电流值 I/A
<20	(3～4)倍触头间距值
≥20	(4～5)倍触头间距值

注:触头间距以毫米为单位。

检测坡口和焊缝层间时,应注意保持触头与工件表面良好接触后再通电磁化,并在关闭电源后再拿开触头,以免烧伤工件。

2.线圈法

将工件放在通电线圈中(或用软电缆缠绕在工件上通电磁化)形成纵向磁场,以发现工件周向(横向)缺陷,如图6-6、图6-7所示。

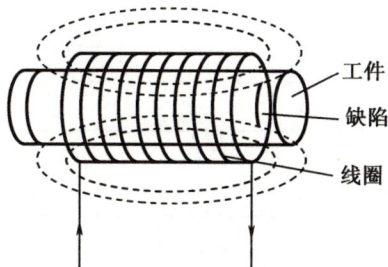

图6-6　线圈法

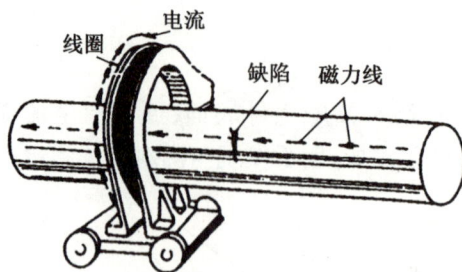

图 6-7　线圈法(软电缆缠绕工件)

线圈法适用于纵长工件如焊接件、轴、管子、棒材、铸件及锻件磁粉检测。

(1)填充因数

填充因数为线圈横截面积与被检工件横截面积的比值。

填充因数大于等于 10 的线圈为低填充因数线圈,填充因数大于 2 且小于 10 的线圈为中填充因数线圈,填充因数小于等于 2 的线圈为高填充因数线圈。

(2)有效磁化区

工件置于线圈中开路磁化,能够获得满足磁粉检测磁场强度要求的区域称为线圈的有效磁化区。

低填充因数线圈法的有效磁化区在线圈内中部,离两端各 0.5 倍线圈直径的长度范围内,如图 6-8 所示。

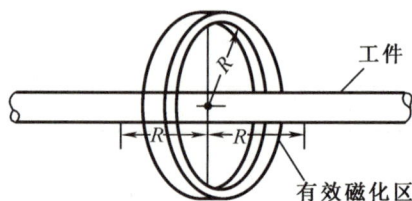

图 6-8　低填充因数线圈有效磁化区

中填充因数线圈的有效磁化区为从线圈中心向两侧分别延伸至线圈端外侧各 100 mm 区域。

高填充因数线圈的有效磁化区为从线圈中心向两侧分别约 200 mm 区域,如图 6-9 所示。

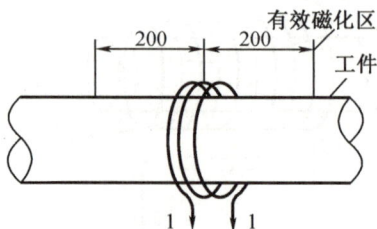

图 6-9　高填充因数线圈有效磁化区

（3）磁化电流

线圈填充因数不同时,磁化电流不同。

①采用低填充因数线圈对工件进行纵向磁化时,可将工件放置在线圈中靠近线圈内壁区域。

偏心放置时,线圈的磁化电流计算公式:

$$I = \frac{45\,000}{N(L/D)}(1\pm0.1)$$

正中放置时,线圈的磁化电流计算公式:

$$I = \frac{1\,720R}{N[6(L/D)-5]}(1\pm0.1)$$

式中　I——电流值,单位为安培(A);

　　　N——线圈匝数;

　　　L——工件长度数值,单位为毫米(mm);

　　　D——工件直径或横截面上最大宽度数值,单位为毫米(mm);

　　　R——线圈半径数值,单位为毫米(mm)。

②采用高填充因数线圈对工件进行磁化时,磁化电流计算公式:

$$I = \frac{35\,000}{N[(L/D)+2]}(1\pm0.1)$$

式中　I——电流值,单位为安培(A);

　　　N——线圈匝数;

　　　L——工件长度数值,单位为毫米(mm);

　　　D——工件直径或横截面上最大宽度数值,单位为毫米(mm)。

高充填因数线圈法的有效磁化区,从线圈中心向两侧分别约200 mm为有效磁化区,如图6-15所示。

注意:长径比(L/D)大于等于3的工件,可按上述公式计算磁化电流。

对于长径比小于3的工件,可使用磁极加长块以提高长径比的有效值,或采用灵敏度试片实测决定电流值。对于长径比大于10的工件,其长径比取10。

（4）线圈法磁化要求

工件纵轴应平行于线圈的轴线;

长工件应分段磁化,并应有10%的有效磁场重叠;

超过有效磁化区,应采用标准试片确定磁化工艺。

3. 中心导体法

中心导体法采用非铁磁性的导体材料,穿过环形工件,电流从芯棒上通过,并在其周围产生周向磁场,用以检验工件的纵向缺陷,如图6-10所示。

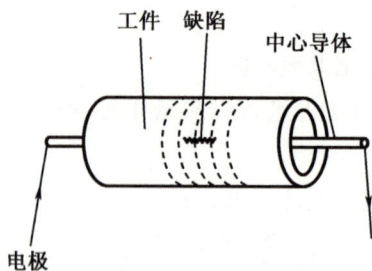

图 6-10　中心导体法

　　管子或空心零件应采用中心导体法检测,中心导体法具有效率高、不损伤工件等优点。

　　采用中心导体法时,芯棒的材料宜用铜质,芯棒直径应尽可能大。芯棒可以正中放置,也可偏心放置。

　　芯棒偏心放置时,芯棒中心与工件内表面的间距为 10~15 mm;每次的有效检测区约为 4 倍芯棒直径(d),如图 6-11 所示。

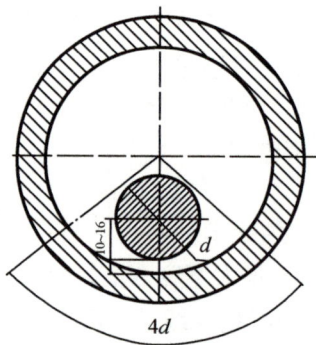

图 6-11　偏心放置示意

　　注意:中心导体法时检测应有一定的重叠区,重叠区长度应不小于 $0.4d$。

　　中心导体法磁化电流值见表 6-2。

表 6-2　中心导体法磁化电流值

最大壁厚/mm	芯棒直径/mm			
	12.5	25 电流值/A(±10%)	37.5	50
3~6	500	750	1 000	1 250
>6~9	750	1 000	1 250	1 500
>9~12	1 000	1 250	1 500	1 750
>12~15	1 250	1 500	1 750	2 000

注:对于壁厚大于 15 mm 的工件,壁厚每增加 3.2 mm,电流值增加 250(±10%)A。

4.磁轭法

磁轭法是用固定式电磁轭两磁极夹住工件进行整体磁化,或用便携式电磁轭两磁极接触工件表面进行局部磁化,用于发现与两磁极连线垂直的不连续性。

如图6-12所示,当线圈通电后,处在磁轭两极之间的工件局部区域产生磁场,适用安全电压,不易触电,并且不会产生局部过热现象。此外,磁轭法设备简单,磁化方向可自由变化。

磁轭法

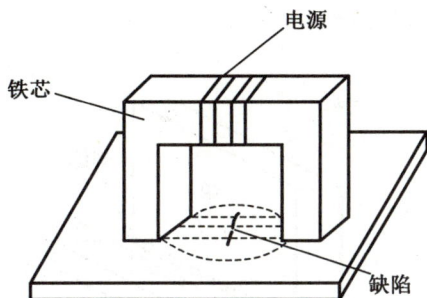

图6-12   磁轭法

采用磁轭法磁化时,磁轭磁极间距应控制在50~200 mm,检测的有效区域为两极连线两侧各1/4磁极间距范围内,磁化区域每次应有15 mm重叠。

磁轭法主要用于检测焊缝中的纵向缺陷。

5.旋转磁场法

旋转磁场法(交叉磁轭法)是指两个绕线式U型电磁轭垂直交叉后同时接触工件表面,从而形成旋转磁场进行磁化的方法,如图6-13所示。

旋转磁场法可对焊缝做连续行走检测,焊缝被旋转磁场连续磁化,在一次通电过程中可同时检出各个方向上的缺陷,适于平板对接焊缝磁粉检测。

(1)交叉磁轭磁化检验只适用于连续法;

(2)为确保检测灵敏度,避免漏检,磁轭移动速度不宜过快,不超过4 m/min的移动速度,可通过标准试片磁痕显示确定;

(3)喷洒磁悬液时应保证有效磁化场范围内始终保持润湿状态;

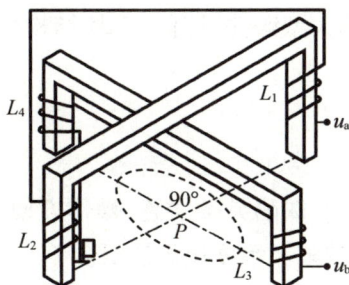

图6-13   交叉磁轭法

（4）磁痕观察必须在交叉磁轭通过后立即进行，避免已形成的缺陷磁痕遭到破坏；

（5）必须通过标准试片确定有效磁化区范围；

（6）交叉磁轭磁极必须与工件有效接触，特别是磁极不能悬空，最大间隙不应超过1.5 mm。

6.平行电缆法

平行电缆法指将通电电缆平行放置在与焊缝附近的磁化方法。检测角焊缝纵向缺陷时，可采用平行电缆法，如图6-14所示。

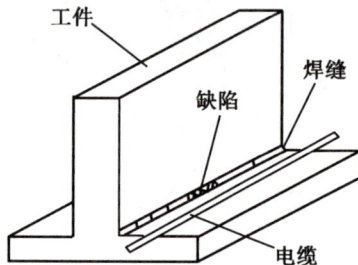

图 6-14　平行电缆法

检测时，将电缆平行放置在焊缝附近，电缆应紧贴工件，但应注意不要遮盖焊缝，以免影响施加磁粉和观察。

平行电缆法磁化电流应根据灵敏度试片实测结果来确定。

五、磁粉检测方法

1.检测时所用的载液或载体不同

根据检测时所用的载液或载体不同，磁粉检测分为干粉法检测和湿粉法检测。

（1）干粉法检测

干粉法检测是以空气为载体将干磁粉施加在工件表面进行检测。

干粉法具有对大裂纹灵敏度高、干法+单相半波整流电对近表面缺陷灵敏度高以及适用于现场检验等优点，但其对小缺陷灵敏度不如湿法，磁粉无法回收及不适用于剩磁法检验。

干粉法适用于表面粗糙的大型锻件、铸件、毛坯结构件和大型焊缝的局部检查以及灵敏度要求不高的工件。

（2）湿粉法检测

湿粉法检测是将磁粉悬浮在载液中进行检测。

湿粉法具有对工件表面微小缺陷灵敏度高、操作方便、效率高及磁悬液可回收等优点，但其对大裂纹和近表面缺陷灵敏度比干法低。

湿粉法检测适用于管道焊缝等灵敏度要求高的工件。

2. 磁化工件和施加磁粉(或磁悬液)时机不同

根据磁化工件和施加磁粉(或磁悬液)时机不同,磁粉检测分为连续法磁粉检测和剩磁法磁粉检测。

(1)连续法磁粉检测

连续法磁粉检测是在外加磁场磁化的同时,将磁粉(或磁悬液)施加到工件表面进行检测。

连续法适用于所有铁磁性材料,具有最高的检测灵敏度,可用于多向磁化、交流磁化,不受断电相位影响,能发现近表面缺陷以及可采用干法和湿法的优点,但其效率较低,易产生非相关显示以及目视可达性差。

(2)剩磁法磁粉检测

剩磁法磁粉检测是在停止磁化后,再将磁悬液施加到工件表面,利用工件上的剩磁进行检测。

剩磁法具有检测效率高、有足够的灵敏度、缺陷显示重复性好及可靠性高、目视可达性好,易实现自动化,可评价金属表面或近表面的缺陷及可避免螺纹根部、凹槽和尖角处磁粉过度堆积等优点,但其只适合于高剩磁高矫顽力(硬磁)材料,无法用于多向磁化,交流磁化受断电相位的影响,对近表面缺陷灵敏度低,不适用于干法检验。

【任务实施】磁粉检测工艺制定

1. 磁粉检测工艺制定任务

(1)描述磁粉检测工艺制定内容、要求及注意事项;

(2)编制磁粉检测工艺卡。

2. 按船体钢焊缝磁粉检测标准,编制磁粉检测工艺,并将检测结果记入表6-3 中。

表6-3　磁粉检测工艺卡

检测日期		检件名称		检测标准	
验收等级		检件材质及规格		焊接方法	
检测时机		检测部位		检测长度 (或比例)	
热处理状态		表面状态		磁化方法	
磁化装置		设备型号		灵敏度	
磁化电流类型 及数值		提升力		磁化时间	
磁粉种类		磁悬液浓度		施加方法	
任务评价					

【课后习题】

1. 选择题

(1)磁粉的特性主要包含(　　　)。

①磁特性;②粒度;③形状;④流动性;⑤密度;⑥识别度。

(2)采用电流磁化法时,电极间距应为(　　　)。

①60 mm;②75～200 mm;③50 mm;④250 mm。

(3)磁轭磁极间距应控制在(　　　),磁化区域每次应有(　　　)重叠。

①50～200 mm;②45 mm;③15 mm;④10 mm。

(4)重复使用的磁悬液搅拌时间不少于(　　　)min。

①5;②10;③20;④30。

(5)非荧光磁粉包括(　　　)等。

①黑磁粉;②红磁粉;③白磁粉。

2. 判断题

(1)荧光磁粉经紫外光照射可激发出明亮的黄绿色荧光。　　　　　　(　　　)

(2)磁悬液的黏度应大于 5.0 mm^2/s。　　　　　　(　　　)

(3)低填充因数线圈法的有效磁化区为从线圈中心向两侧分别延伸至线圈端外侧各 100 mm 区域。　　　　　　(　　　)

(4)干粉法检测是将磁粉悬浮在载液中进行检测。　　　　　　(　　　)

(5)剩磁法磁粉检测是在停止磁化后,再将磁悬液施加到工件表面,利用工件上的剩磁进行检测。　　　　　　(　　　)

3. 简答题

(1)什么是磁粉检测?

(2)磁感线有哪些特点?

(3)试述电流磁化法磁化规范。

(4)什么是线圈磁化法?其适用于哪些构件检测?

(5)什么是中心导体法?其磁化电流如何确定?

(6)什么是磁轭法?有何特点?

(7)什么是旋转磁场法?

(8)试述磁粉检测方法。

任务2　磁粉检测工艺实施

【任务描述】

《船舶钢焊缝磁粉检测、渗透检测工艺和质量分级》（CB/T 3958—2004）标准中，针对船舶钢焊缝磁粉检测工艺环节均给予了具体规定。诸如用于磁轭法检测的磁粉探伤机应符合提升力要求；实施焊缝磁粉检测时，应用灵敏度试片确定工件磁化规范适当与否，或用磁场指示器测试系统灵敏度等。

为确保船体焊缝质量，开展磁粉检测时应规范校核磁化规范，采用磁轭法还应检测探伤机提升力，依照标准规定，合理实施船体焊缝磁粉检测。

【相关知识】

一、磁粉检测机理及影响因素

1. 磁粉检测机理

由于介质磁导率的变化而使磁通泄漏到缺陷附近的空气中所形成的磁场，称为漏磁场。

当磁通量从一种介质进入另一种介质时，如果两种介质的磁导率不同，界面上磁力线的方向一般会发生突变。若工件表面或近表面存在着缺陷，磁化后缺陷处空气的磁导率远远低于铁磁材料的磁导率，在界面上磁力线的方向将发生改变。此时一部分磁通散布在缺陷周围，如图6-15所示。

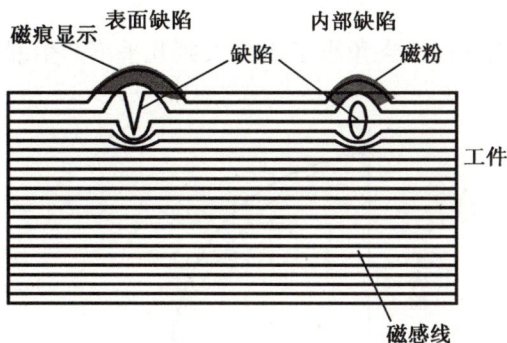

图6-15　漏磁场形成

2. 影响漏磁场的因素

(1) 外加磁场强度的影响

缺陷的漏磁场大小与工件磁化程度有关。一般情况下,外加磁场强度一定要大于产生最大磁导率对应的磁场强度,使磁导率减小,磁阻增大,漏磁场增大。

当铁磁性材料的磁感应强度达到饱和值的80%左右时,漏磁场便会迅速增大,如图6-16所示。

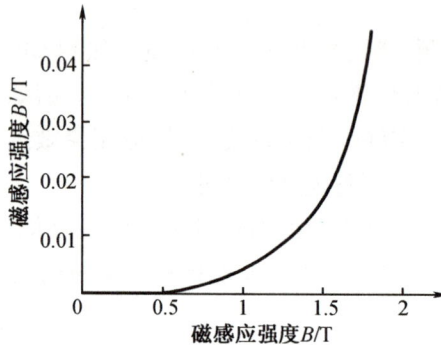

图6-16　漏磁场与磁感应强度的关系

(2) 缺陷埋藏深度的影响

针对同一缺陷,位于表面的缺陷产生的漏磁场最大,随缺陷深度增加,其漏磁场强度将迅速衰减至近似于零。

同样的缺陷,位于工件表面时产生的漏磁场大;若位于工件近表面,产生的漏磁场显著减小;若位于工件表面深处,则几乎没有漏磁场泄漏出工件表面。

(3) 缺陷方向的影响

缺陷的可检出性取决于缺陷延伸方向。

缺陷垂直于磁场方向,漏磁场最大,最有利于缺陷检出。随着缺陷与工件表面夹角由90°减小,漏磁场也由最大下降,下降曲线类似于正弦曲线由最大值降至零值,如图6-17所示。

当缺陷与磁场方向平行或夹角小于20°时,则几乎不产生漏磁场,无法检出缺陷。

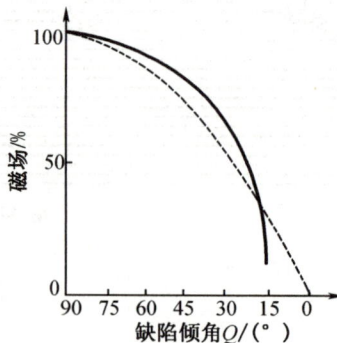

图6-17　缺陷倾角与漏磁场的关系

（4）缺陷深宽比的影响

缺陷的深宽比是影响漏磁场的一个重要因素，缺陷的深宽比愈大，漏磁场愈大，缺陷愈容易发现。

（5）工件表面覆盖层的影响

工件表面的覆盖层会影响磁痕显示，图6-18为工件表面覆盖层对漏磁场和磁痕显示的影响。

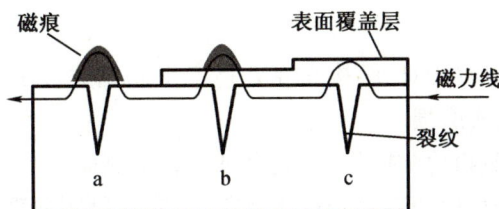

图6-18 工件表面覆盖层对漏磁场和磁痕显示的影响

图中有三个深宽比相同的横向裂纹，纵向磁化后产生同样大小的漏磁场。裂纹a上无覆盖层，磁痕显示浓密清晰；裂纹b上覆盖层较薄，出现磁痕显示；裂纹c上覆盖层较厚（如漆层），漏磁场不能泄漏至覆盖层之上，所以不吸附磁粉，无磁痕显示，致使检测时产生漏检现象。

油漆层厚度对漏磁场的影响如图6-19所示。

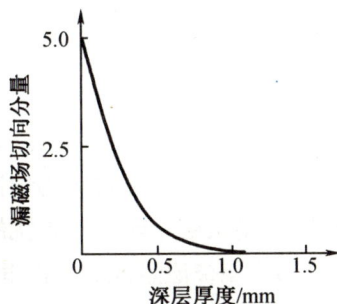

图6-19 油漆层厚度对漏磁场的影响

（6）工件材料及状态的影响

钢材的磁化曲线随合金成分、含碳量、加工状态及热处理状态而变化。一般情况下，增加合金元素、增加含碳量，漏磁场的强度随之增加。

材料磁特性不同，缺陷处形成的漏磁场也不同。金属材料金相组织为铁素体和马氏体时呈铁磁性，渗碳体呈弱磁性，珠光体具有一定的磁性，奥氏体不呈现磁性。具有一定磁性的材料能够进行磁粉检测，反之则不能进行磁粉检测。

晶粒越粗大，漏磁场的强度越小。

二、磁粉检测工艺

所有焊缝磁粉检测应在外观检查合格后进行。

对于易产生延迟裂纹的焊缝,应在焊缝经时效后进行检测。

1. 预处理

(1)表面要求

被检焊缝表面需经外观检查合格后方可进行磁粉探伤。工件表面粗糙或不清洁时,容易对喷洒的磁粉产生机械挂附,造成伪显示,因此检测前要求预先进行处理。

被检焊缝表面及两侧各 25 mm 区域内应清洁、干燥,没有油脂、铁锈、污垢、氧化皮、棉纤维、涂层、焊剂和焊接飞溅物。

(2)结构要求

结构复杂,磁化、退磁困难;结构交界处易产生非相关显示;流入运动部件结合面的磁悬液难以清洗,造成磨损。

结构分解后易于磁粉检测操作,可观察到所有检测面。

被检工件上的孔隙,检测后磁粉难于清除时,应在检测前采用无害物质堵塞。

(3)接触垫安装

为防止电弧烧伤焊缝表面和提高导电性能,应将焊缝和电极接触部分清除干净,必要时应在电极上安装接触垫。

(4)反差增强剂

反差较小的工件表面,经标准试片验证后,可以涂敷反差增强剂。

施加反差增强剂的方法包括浸涂、刷涂及喷涂等。

2. 磁化

采用连续法时,磁粉或磁悬液应在通磁时间内施加完毕,连续通磁时间为 $1\sim3$ s,应至少反复磁化两次,停施磁悬液至少 1 s 后才可停止磁化。应注意,已形成的磁痕不应被流动磁悬液破坏。

采用干粉法时,应确认检测部位和磁粉已完全干燥后再施加磁粉。干磁粉可采用手动或电动喷粉器或其他合适的工具施加。磁粉应均匀撒在工件被检面上,磁粉不应施加过多,以免掩盖缺陷磁痕,吹去多余磁粉时不应干扰缺陷磁痕。

采用湿粉法时,应确认检测部位能被磁悬液良好湿润后再施加磁悬液。磁悬液的施加可采用喷、浇、浸等方法,不可采用涂刷法,控制磁悬液的流速不应过快。

采用磁轭法和电流磁化法检测焊缝表面时,焊缝的每一区域至少应进行两次独立的检测,即在与焊缝轴线大致呈 $+45°$ 和 $-45°$ 的方向上分别进行磁化。若有必要,还应在与焊缝轴线平行的方向上进行磁化,以检测焊缝表面横向缺陷。相邻两个检测区域之间,应有一定的交叉覆盖宽度($10\sim20$ mm)。

采用旋转磁场法检测焊缝表面时,四个磁极均应与被检部位保持良好接触,控制移动速度应不大于 2 m/min。

注意,易产生淬火裂纹的焊缝不允许采用电流磁化法进行检测。

3. 施加磁粉或磁悬液

(1)干法

①应确认检测面和磁粉已完全干净、干燥,然后再施加磁粉;

②工件磁化后再施加磁粉,观察分析磁痕后再撤去磁场;

③磁粉应以气流或云雾状形式缓慢施加到工件表面,形成薄而均匀的覆盖层,防止磁粉堆积,可采用手动或电动喷粉器及其他合适工具进行;

④用压缩空气吹去多余的磁粉时,风压、风量和风口距离要控制适当,且按顺序从一个方向吹向另一个方向,不应吹掉磁痕显示。

（2）湿法

①连续法宜用浇法,液流要微弱,防止冲刷磁痕显示;

②剩磁法浇法、浸法皆宜,浸法要控制时间,防止产生过度背景;

③用水基磁悬液时,应做水断试验;

④应根据工件要求,选择不同的磁悬液浓度;

⑤仰视检验和水中检验宜用磁膏。

（3）连续法

连续法磁粉检测主要程序:预处理→浇磁悬液→通电→检验→停止浇磁悬液→停止通电→退磁→后处理。

①采用湿法时,应先用磁悬液润湿工件表面后再浇磁悬液;

②采用干法时,对工件通电磁化后撒磁粉,并在通电的同时吹去多余的磁粉,待磁痕形成和检验完毕后再停止通电;

③通电时间 1~3 s,停止浇磁悬液至少 1 s 后才可停止通电;

④至少反复通电磁化两次。

（4）剩磁法

剩磁法磁粉检测的主要操作程序:预处理→磁化→施加磁悬液→检验→退磁→后处理。

①通电时间 1/4~1 s;

②浇磁悬液 2~3 遍,保证各部位充分润湿;

③浸入均匀搅拌的磁悬液中 10~20 s,取出检验;

④经磁化的工件检验前不得与任何铁磁性材料接触,以免产生磁性;

⑤交流磁化时应配备电相位控制器以确保工件的磁化效果。

【知识拓展】提升力、磁化工艺及灵敏度检测

一、便携式磁粉探伤机提升力检测

提升力是指便携式磁粉探伤机的磁轭在最大磁极间距时对铁磁性材料的吸引力。

船舶钢焊缝磁粉检测标准规定,用于磁轭法检测的交流电磁轭,在其最大磁极间距上的提升力应大于 44 N(选择 45 N 试块),直流电磁轭在其最大磁极间距上的提升力应大于 177 N(177 N 试块)。

图 6-20 为 45 N 提升力试块实物照片。

借助提升力试块,将磁轭放置钢板上通电,使用磁轭最大间距时,如可将对应试块提升起来,表明达到了需要的提升力。

板对接磁轭法
（操作视频）

壳体磁轭法
（操作视频）

提升力检测
（不符合要求）

提升力检测
（符合要求）

图 6-20　提升力试块

二、磁化工艺确定

焊缝磁粉检测时,应采用灵敏度试片确定工件磁化适当与否。

1. 灵敏度试片

(1)A 型灵敏度试片

A 型灵敏度试片仅适用于连续法,以试片上显示清晰的磁痕,确认被检焊缝表面有效磁场强度和方向、有效检测区范围。

图 6-21 为 A 型灵敏度试片实物。A 型灵敏度试片的灵敏度分高、中、低三挡,型号及槽深见表 6-4,若无特殊规定应采用中挡灵敏度试片。

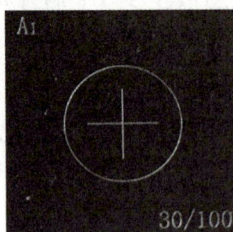

图 6-21　A 型灵敏度试片

表 6-4　A 型灵敏度试片

类型	人工槽深/mm	试片厚度/mm	灵敏度	图形和尺寸/mm
A_1-15/100	15±2.0		高	
A_2-30/100	30±4.0	100±10	中	
A_3-60/100	60±8.0		低	注:l_1:20±1;l_2:10±0.5;l_3:6±0.3

(2)C 型灵敏度试片

检测角焊缝和焊缝坡口等狭小部位,由于尺寸关系,A 型灵敏度试片使用不便时,可用 C 型灵敏度试片。C 型灵敏度试片的型号及人工缺陷深度见表 6-5。

表 6-5　C 型灵敏度试片

名称		试片几何尺寸	图形和尺寸
试片长度 l_1/mm		10±0.5	
试片宽度 l_2/mm		50±0.5	
分割线间隔 l_3/mm		5±0.5	
人工槽深度 /mm	高灵敏度	8±1.0	
	中灵敏度	15±2.0	
	低灵敏度	30±4.0	
人工槽宽度/mm		60~180	

2. 灵敏度试片使用

(1)试片表面有锈蚀、褶纹或磁特性发生变化时不得继续使用。

(2)使用试片前,应用溶剂清洗防锈油,如工件表面贴片处凹凸不平,应打磨平整,并除去油污。

(3)使用时,应将试片无人工缺陷面朝外,并保持与被检面有良好接触(间隙应小于测试 0.1 mm)。为使试片与被检面接触良好,可用透明胶带或其他合适方法将其平整粘贴在被检面上,注意胶带不能覆盖试片上的人工缺陷。然后对工件进行磁化并施加磁粉。

(4)用完试片后,可用溶剂清洗并擦干。干燥后涂上防锈油,放回原装片袋保存。

(5)检测时,应清晰显示与磁场方向垂直的刻槽的磁痕。

磁化工艺确定
(A 型灵敏度
试片)

三、系统灵敏度检测

CB/T 3958—2004 标准规定,磁粉检测必要时应采用磁场指示器测试系统灵敏度。

1. 磁场指示器(八角试块)

磁场指示器用于对被检工件表面磁场方向、有效检测区范围做粗略的校验,图 6-22 为磁场指示器实物照片,其几何尺寸如图 6-23 所示。

2. 磁场指示器使用

采用连续法对工件磁化的同时,将指示器平稳地放在焊缝检测区表面,将指示器铜面朝上,八块低碳钢面朝下紧贴工件。

图 6-22　磁场指示器

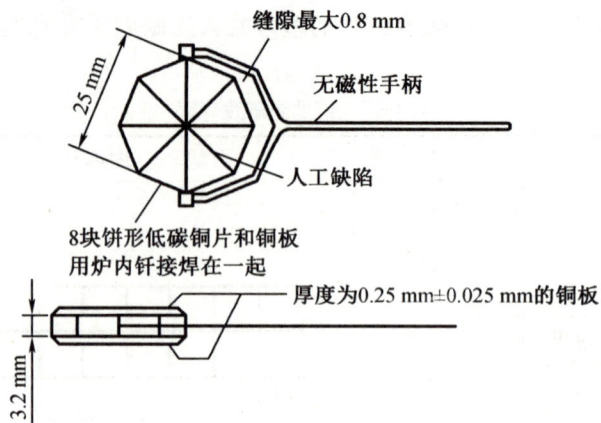

图 6-23　磁场指示器几何尺寸

对其表面施加磁悬液,以是否出现部分"*"形磁痕来判定磁化适当与否。

当磁场指示器上没有形成磁痕或没有在所需的方向上形成磁痕时,应改变或校正磁化方法。

【任务实施】磁轭法磁粉检测工艺实施

1. 磁粉检测工艺实施任务

(1)描述磁粉检测内容、要求及注意事项;

(2)采用磁轭法对板对接试件进行磁粉检测。

2. 试件及工具准备

(1)携带式磁粉探伤机(CJX-220E);

(2)5 倍放大镜;

(3)照度计;

(4)低碳钢板对接缺陷试件;

(5)磁悬液及反差增强剂。

3. 按船体对接钢焊缝磁粉检测标准,实施典型构件磁粉检测工艺,并将工艺参数记入表6-6 中。

表 6-6　磁粉检测记录

磁粉检验报告			报告编号	
委托单位			生产指令号	
产品名称			产品编号	
图号(修订号)		材料		工件规格	
部件名称		检验比例		检验时机	
表面状态		验收标准		工艺规程号	

表 6-6（续）

检验条件					
设备型号		试块型号		表面对比度增强剂	
磁化方法		磁化方向		磁化间距	
磁化种类		载液		磁悬液浓度	
电流种类		磁化电流		提升力	

检验区域示意图

【拓展任务实施】磁粉探伤机提升力检测

1. 磁粉探伤机提升力检测任务

（1）描述磁粉探伤机提升力检测内容、要求及注意事项；

（2）实施磁粉探伤机提升力检测。

2. 试件及工具准备

（1）携带式磁粉探伤机（CJX-220E）；

（2）提升力试块：45 N 提升力试块 1 支。

3. 按船体钢焊缝磁粉检测标准，实施磁粉探伤机提升力检测，并将检测结果记入表 6-7 中。

表 6-7 磁粉探伤机提升力检测记录

仪器型号	形成磁场	提升力试块/N	磁轭最大间距/mm	执行标准
提升力检测结果				
任务评价				

【拓展任务实施】磁化工艺确定

1. 磁化工艺确定任务

（1）描述磁化工艺确定内容、要求及注意事项；

（2）确定磁化工艺。

2.试件及工具准备

(1)携带式磁粉探伤机(CJX-220E);

(2)A型灵敏度试片;

(3)5倍放大镜;

(4)照度计;

(5)低碳钢板对接缺陷试件;

(6)磁悬液及反差增强剂。

3.按船体钢焊缝磁粉检测标准,实施磁化工艺检测,并将检测结果记入表6-8中。

表6-8 磁化工艺检测记录

仪器型号	灵敏度试片型号	照度计型号	磁悬液	反差增强剂
磁化工艺检测结果				
任务评价				

【拓展任务实施】系统灵敏度检测

1.系统灵敏度检测任务

(1)描述系统灵敏度检测内容、要求及注意事项;

(2)实施灵敏度检测。

2.试件及工具准备

(1)携带式磁粉探伤机(CJX-220E);

(2)磁场指示器(八角试块);

(3)5倍放大镜;

(4)照度计;

(5)低碳钢板对接缺陷试件;

(6)磁悬液及反差增强剂。

3.按船体钢焊缝磁粉检测标准实施系统灵敏度检测,并将检测结果记入表6-9中。

表6-9 系统灵敏度检测记录

仪器型号	磁场指示器型号	照度计型号	磁悬液	反差增强剂
灵敏度检测结果				
任务评价				

【课后习题】

1.选择题

(1)钢材的磁化曲线随(　　)而变化。

①合金成分;②含碳量;③加工状态;④热处理状态。

(2)采用连续法磁化时,磁粉或磁悬液应在通磁时间内施加完毕,连续通磁时间为(　　),应至少反复磁化(　　)次,停施磁悬液至少(　　)后才可停止磁化。

①1~3 s;②两;③1 s;④无要求。

(3)A 型灵敏度试片的灵敏度分为(　　)多挡。

①高;②低;③中;④较高。

(4)C 型灵敏度试片参数包括(　　)。

①试片长度;②试片宽度;③分割线间隔;④人工槽深度;⑤人工槽宽度。

2.判断题

(1)同样的缺陷,位于工件表面时产生的漏磁场较小。　　　　　　　(　　)

(2)所有焊缝磁粉检测应在外观检查合格前进行。　　　　　　　　(　　)

(3)检测时必须涂敷反差增强剂。　　　　　　　　　　　　　　(　　)

(4)借助提升力试块,将磁轭放置钢板上通电,使用磁轭最小间距时,如可将对应试块提升起来,表明达到了需要的提升力。　　　　　　　　　　　(　　)

(5)焊缝磁粉检测时,应采用灵敏度试片确定工件磁化适当与否。　　(　　)

3.简答题

(1)什么是漏磁场? 有哪些影响因素?

(2)检测时对工件表面有哪些要求?

(3)磁粉探伤机提升力有何要求?

(4)使用灵敏度试片有何要求?

(5)如何使用磁场指示器?

任务3　磁粉检测质量等级评定

【任务描述】

《船舶钢焊缝磁粉检测、渗透检测工艺和质量分级》(CB/T 3958—2004)标准规定,焊缝质量等级是根据缺陷指示性质、长宽比及累计长度进行评定的。显然正确定性缺陷指示,定量缺陷指示尺寸参数,是评定焊缝质量等级的先决条件。

为避免误差,应正确定性、定量分析磁痕,并根据船舶钢焊缝磁粉检测质量评定规定,正确评定船舶钢焊缝磁粉检测质量等级,编制检测报告,并合理实施质量等级后续工艺。

【相关知识】

一、磁痕观察

磁痕是指检测过程中可观察到的不连续性或缺陷导致磁粉聚集的图像。

磁痕观察及分析应在磁痕形成后立即进行。

非荧光磁粉磁痕应在白光照射下进行观察,白光强度不小于 1 000 lx。

荧光磁粉磁痕应在白光强度不大于 20 lx 的黑暗环境下,借助黑光灯进行观察,焊缝表面的黑光强度应不低于 1 000 μW/cm²。

肉眼不易识别磁痕的情况下,可用 2~10 倍的放大镜来观察磁痕,也可采用其他有效方法进行验证。

二、质量等级评定

磁粉检测时磁痕显示,主要包括缺陷产生的漏磁场吸附磁粉而形成的磁痕,称为相关显示;因工件截面变化或材料磁导率改变所产生的漏磁场吸附磁粉而形成的磁痕,称为非相关显示;由非漏磁场吸附磁粉形成的磁痕,称为伪显示。

1. 缺陷指示分类

(1)线状缺陷指示

指示的长度与指示的宽度之比大于 3 的缺陷指示。

(2)圆形缺陷指示

指示的长度与指示的宽度之比不大于 3 的缺陷指示。

同一直线上间距不大于 2 mm 的两个或两个以上缺陷指示,按一个缺陷指示计算,其长度为其中各个缺陷指示的长度及其间距之和。

2. 质量分级

(1)不允许存在的缺陷

不允许存在的缺陷是指任何裂纹、任何未熔合、任何长度大于 3 mm 的线状缺陷指示以及任何单个缺陷长度或宽度大于或等于 4 mm 的圆形缺陷指示。

(2)缺陷指示等级评定

缺陷指示等级评定按表 6-10 所示进行,评定区尺寸为 35 mm×100 mm,评定区选在缺陷指示最密集的部位。

表 6-10 缺陷指示的等级评定

评定尺寸/mm	等级	缺陷指示累计长度/mm
35×100	I	<0.5
	II	0.5~2.0
	III	>2~4
	IV	>4~8
	V	>8

3. 缺陷指示记录

根据实际需要和现场条件,可采用照相、示意图、描拓和覆膜以及其他记录方法进行缺陷指示记录。

4. 检测报告内容

委托单位、报告编号;

焊接件名称及编号、焊缝尺寸;

技术草图和被检区域及缺陷记录;

焊缝情况(母材材质、表面状态、焊接方法、焊缝长度);

执行标准和验收等级;

检测方法,探伤剂名称(或牌号);

渗透剂的施加方法和渗透时间,乳化剂的施加方法和乳化时间,洗净方法或去除方法,干燥方法及其温度和时间;

对比试块;

缺陷指示的评定和解释;

缺陷性质;

质量评定结果;

检测人员、审核人员等级和签字;

检测日期及审核日期。

三、后处理及标记

1. 后处理

磁粉检测后,为不影响工件的后续加工和使用,往往在检测后对工件进行后处理。后处理包括以下内容:

清洗工件表面,包括孔、裂缝和通路中的磁粉;

使用水磁悬液检验,为防止工件生锈,可用脱水防锈油处理;

如果进行过封堵,应取出封堵物;

如果涂抹过反差增强剂,应清洗掉;

被拒收的工件应隔离。

2. 合格工件标记

打钢印:钢印应打在产品的工件号附近。

刻印:用电笔或风动笔刻上标记。

电化学腐蚀:不允许打印记的工件可用电化学腐蚀的方法进行标记,标记所用的腐蚀介质应对产品无害。

挂标签:对粗糙度低的产品,或不允许用上述方法标记时,可以挂标签或装进纸袋并在纸袋上用文字说明,表明该工件合格。

四、退磁

铁磁性材料及工件磁化后,即使除去外加磁场后,某磁畴仍会保持新的取向而不会回复到原来的随机取向状态,该材料或工件就留有了剩磁。铁磁性材料留有剩磁,在加工或使用时会造成影响。

当产品图样、技术文件或合同中有规定时,需要对磁化后的工件进行退磁。

退磁是将工件置于交变磁场中,利用磁滞回线递减进行退磁。随着交变磁场的幅值逐渐衰减,磁滞回线的轨迹越来越小。当磁场逐渐衰减到零时,会使工件中残留的剩磁接近于零。

1. 交流退磁法

将需退磁的工件从通电的磁化线圈中缓慢抽出,直至工件离开线圈 1 m 以上时再切断电流,或将工件放入通电的磁化线圈内,将线圈中的电流逐渐减小至零。

(1)通过法(线圈法)

小型工件退磁时,将工件放在拖板上置于线圈前 30 cm 处,线圈通电时将工件从线圈中缓慢拖出离线圈至少 1 m 以外断电,如图 6-24 所示。

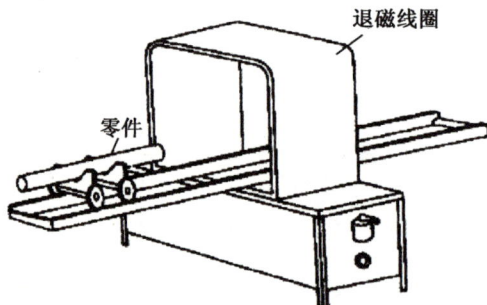

图 6-24　线圈法退磁

大型工件退磁时,可采取工件不动线圈动的方法,将通交流电的线圈套在工件上,缓慢移动线圈并远离工件至少 1 m 以外断电。

(2)衰减法

由于交流电方向不断改变,故可用自动衰减退磁器或调压器逐渐降低电流为零进行退磁。可采用线圈工件不动,衰减电流到零,或者两磁化夹头夹持工件,衰减电流到零。

焊缝衰减法退磁可采用交流电磁轭退磁。将电磁两极跨在焊缝两侧,接通电源,控制电磁轭沿焊缝缓慢移动。远离焊缝 0.5 m 以外断电,进行退磁。

大面积扁平工件可采用扁平线圈退磁器退磁,如图 6-25 所示。

退磁器内装有 U 型交流电磁铁,铁芯两极上串绕退磁线圈,外壳由非磁性材料制成。用软电缆盘成螺旋线,通以低电压大电流构成退磁器。使用时给扁平线圈通电,在工件表面往复熨烫,之后控制扁平线圈远离工件 0.5 m 以外后断电进行退磁。

2. 直流退磁法

将需退磁的工件从磁化源(磁化线圈或磁轭)中缓慢抽出,直至工件离开 1 m 以上时,或将工件放入通电的磁化线圈内,反复改变电流的方向,并将磁化电流逐渐减小至零,初始磁化强度应不小于原来的磁化强度。

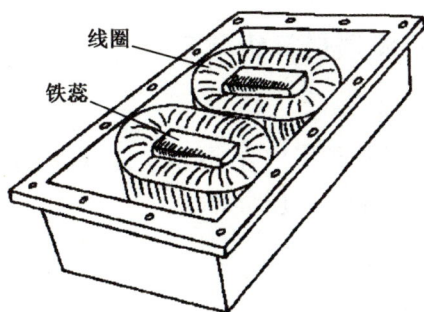

图6-25 扁平线圈退磁器

3. 大型工件退磁

大型工件可使用交流电磁轭进行局部退磁或采用缠绕电缆线圈分段退磁。

【知识拓展】磁痕定性分析

通过分析磁痕显示,确定磁痕缺陷性质,易于排除非缺陷磁痕造成的伪显示。

1. 裂纹

（1）裂纹磁痕特征

裂纹的磁痕轮廓较分明,对于脆性开裂多表现为粗而平直,对于塑性开裂多呈现为一条曲折的线条,或者在主裂纹上产生一定的分叉。它可连续分布,也可以断续分布,中间宽而两端较尖细。

（2）裂纹鉴别

擦掉磁痕,裂纹缺陷目视可见或不太清晰;

在2~10倍放大镜下观察裂纹缺陷呈V字形开口,清晰可见;

用刀刃在工件表面沿垂直磁痕方向往复刮削,裂纹缺陷阻挡刀刃。

2. 发纹

（1）发纹磁痕特征

发纹磁痕均匀、清晰且不浓密,呈直线或曲线状短线条,两头呈圆角。

（2）发纹鉴别

擦掉磁痕,裂纹缺陷目视不可见;

发纹缺陷目视不可见,可在2~10倍放大镜下观察;

用刀刃在工件表面沿垂直磁痕方向往复刮削,发纹缺陷不阻挡刀刃。

3. 条状夹渣物

条状夹渣物的分布没有一定规律,其磁痕不分明,具有一定的宽度,磁粉堆积比较低而平坦。

4. 气孔和点状夹渣物

气孔和点状夹渣物的分布没有一定的规律,可以单独存在,也可密集成链状或群状存在。磁痕的形状和缺陷的形状有关,具有磁粉聚集比较低而平坦的特征。

除能确认磁痕是因工件材料局部磁性不均或操作不当造成之外,其他磁痕显示均应作为缺陷磁痕处理。

【任务实施】磁粉检测质量等级评定

1.磁粉检测质量等级评定

(1)描述磁粉检测质量等级评定内容、要求及注意事项;

(2)对板对接试件磁粉检测进行质量评定。

2.试件及工具准备

(1)5倍放大镜;

(2)照度计;

(3)石笔;

(4)直尺;

(5)板对接试件(显示磁痕);

(6)退磁装备。

3.按船体钢焊缝磁粉检测标准,实施磁粉检测质量评定任务,并将检测结果记入表6-11中。

表6-11　磁粉检测报告

检验单位	磁粉检测报告		委托单位	
工件名称		工件编号		
材料		热处理状态		
磁化设备		磁化方法		
检验方法		磁粉名称		
试片名称、型号		验收标准		
检验结果				
工件和缺陷示意图				
检验日期		检测人	审核	
任务评价				

【课后习题】

1.选择题

(1)缺陷指示分类包括(　　)。

①线状缺陷指示;②圆形缺陷指示;③危害严重。

(2)不允许存在的缺陷包括(　　)。

①裂纹;②未熔合;③长度大于3 mm的线状缺陷指示;④单个缺陷长度或宽度大于或等于4 mm的圆形缺陷指示;⑤条渣。

2. 判断题

(1)缺陷产生的漏磁场吸附磁粉而形成的磁痕为相关显示。　　　　(　　)

(2)因工件截面变化或材料磁导率改变所产生的漏磁场吸附磁粉而形成的磁痕为非相关显示。　　　　(　　)

(3)由非漏磁场吸附磁粉形成的磁痕为伪显示。　　　　(　　)

(4)缺陷评定区尺寸为 35 mm×100 mm。　　　　(　　)

3. 简答题

(1)什么是磁痕? 观察磁痕有哪些要求?

(2)试述磁粉检测质量等级的具体规定。

(3)磁粉检测后处理包括哪些内容?

(4)磁粉检测报告应包含哪些内容?

(5)什么是退磁? 退磁有哪些方法?

(6)试述裂纹、发纹、条状夹渣物、气孔和点状夹渣物磁痕特点。

船舶钢焊缝渗透检测

学习目标

知识目标：

（1）熟悉渗透检测机理及影响因素

（2）熟悉渗透检测常用器材与标准

（3）掌握渗透检测设备操作的方法

（4）掌握渗透检测要素及工艺流程

能力目标：

（1）能够正确使用渗透检测设备

（2）能够规范编制渗透检测工艺卡

（3）能够正确评定检测质量等级

素质目标：

（1）树立严谨细致的工作态度

（2）养成规范操作的工作习惯

项目背景

渗透检测是以毛细作用原理为基础，以检查表面开口缺陷的无损检测方法。渗透检测是产品制造中质量控制、节约材料、优化工艺以及提高劳动生产率的重要手段，是设备维护中不可或缺的工艺方法。

渗透检测难以定量表征缺陷特征，且受检测人员经验、认真程度及视力敏锐程度影响。因此开展渗透检测应养成培养细致观察、规范操作的工作习惯，并树立严谨细致的工作态度。

思政案例

渗透检测适用于非磁性材料或磁粉检测无法实施的结构形式，主要用以检测非多孔性固体材料制作工件表面开口的不连续，如裂纹、重皮、折叠、气孔及未熔合等典型缺陷。

船舶制造领域中，渗透检测可应用于铸件、焊缝及锻件等结构形式检测。《船舶钢焊缝磁粉检测、渗透检测工艺和质量分级》（CB/T 3958—2004）标准规定，船体结构焊缝外观质量可通过渗透检测实施，并针对渗透检测人员、检测设备、工艺方法、检测报告的要求和质量分级等明确了具体规定。

依照渗透检测工艺流程，渗透检测主要包括渗透检测工艺制定、渗透检测工艺实施及质量等级评定三个主要工艺环节。

任务1　渗透检测工艺制定

【任务描述】

渗透检测实施包括表面预处理、浸透剂施加、去除多余渗透剂、干燥及显像剂施加等工艺环节,规范制定诸工艺环节参数及操作要素,是合理开展渗透检测及保证结构缺陷准确识别、判定的先决条件。

渗透检测工艺卡是指导渗透检测人员实施检测操作的技术文件。

为确保渗透检测工艺合理实施,应分析渗透检测工艺制定内容及要求,根据渗透检测工艺流程,合理、规范制定渗透检测工艺。

【相关知识】

渗透检测是利用带有荧光染料(荧光法)或红色染料(着色法)的渗透剂的渗透作用,显示缺陷痕迹的无损检验方法。

在黑光(荧光法)或白光(着色法)下观察,缺陷处相应呈现黄绿色的荧光或红色显示,进而可对缺陷进行评定。

一、渗透检测理化基础

1.毛细现象

毛细现象是指浸润液体在细管里升高的现象或不浸润液体在细管里降低的现象,能够产生明显毛细现象的管称为毛细管。

毛细作用是液体表面对固体表面的吸引力,致使与固体接触的液体表面升高或降低的作用。

（1）圆柱形细管内润湿液体的毛细现象

如图7-1所示,润湿液体中的毛细管由于润湿的作用,靠近管壁的液面会上升而形成凹面。另一方面,由于表面张力的缘故,使弯曲的液面产生了附加压力($F_{上}$),从而使液体表面向上收缩成平面。随后,管中靠近管壁的液体又在润湿作用下上升,重新形成凹面,而弯曲的液面在附加压力 $F_{上}$ 的作用下,收缩成平面。如此往复,使毛细管内的液面逐渐上升,直至弯曲液面附加压力与毛细管内升高的液柱重力相等为止。

（2）两平行板间的毛细现象

润湿液体在间隔距离很小的两平行板间,也会产生毛细现象,如图7-2所示,其液面为圆柱状的凹形弯月面。

浸润（动画）

不浸润（动画）

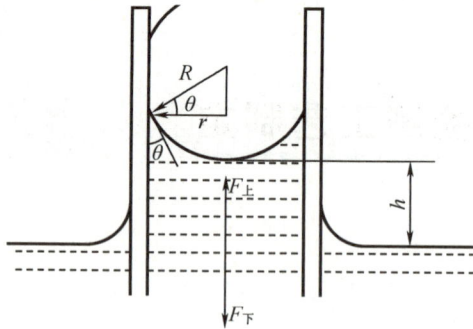

图 7-1　圆柱形毛细管中受力示意

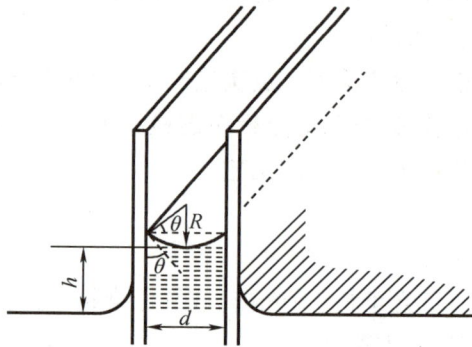

图 7-2　两平行平板间的毛细现象

2.乳化作用

油和水互不相混,即使用力振荡也只能暂时混合,静止后又会分层,这是由于油和水的接触界面上存在着界面张力,导致互相排斥和尽量缩小其接触面积的作用。

如果在油和水的混合液中加入少量的表面活性剂,油就会变成许多微小的颗粒分布于水中,静止后难以分层。由于表面活性剂的作用,使本来不能混合在一起的两种液体,能均匀地混合在一起的现象称为乳化现象,具有乳化作用的表面活性剂称为乳化剂。

渗透检测时,常用的表面活性剂为非离子型表面活性剂(在水溶液中不电离),其稳定性高,不易受无机盐、酸、碱的影响,与其他类型表面活性剂相容性好,并且在水以及有机溶剂中均具有较好的溶解性能。

3.荧光现象及机理

许多原来在白光下不发光的物质,在紫外光的照射下能够发光,这种现象称为光致发光。光致发光的物质在外界光源移开后,可立即停止发光的物质称为荧光物质,荧光渗透液中的荧光染料就是其中的一种。

4.渗透机理

工件表面的开口缺陷相当于毛细管或毛细缝隙。渗透液对工件表面缺陷的渗透作用,其本质上就是液体的毛细作用。

对表面开口的点状缺陷的渗透,相当于渗透液在圆柱形管内的毛细作用;对表面条状缺陷的渗透,相当于渗透液在间距很小的两平板间的毛细作用。

将渗透能力较强的渗透液施加于工件表面,由于毛细现象的作用,渗透液渗入各类开口于表面的细小缺陷(不连续)内。清除附着于工件表面多余的渗透液,经干燥后在工件表面施加显像剂,工件开口缺陷中渗入和滞留的渗透液在毛细现象作用下重新被吸到工件表面,从而形成清晰、易见及放大的缺陷显示。

图7-3为渗透液在凹槽内渗透时的受力情况。随着液体的渗透,被液体封闭在槽内的气体将越来越少,反压强越来越大,直到渗透液达到某一深度处于平衡状态时,液体就停止继续往下渗透。

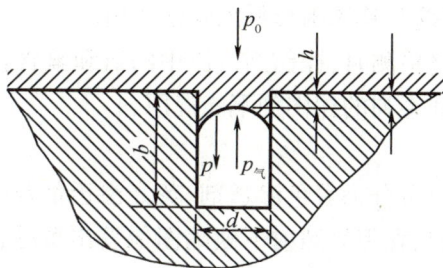

图7-3 液体渗透时的受力情况

二、渗透检测方法选择

渗透检测方法较多,分类标准各异,具体参见表7-1、表7-2。

表7-1 按渗透剂种类分类

方法名称	渗透剂种类	方法代号
荧光渗透检测	水洗型荧光渗透剂	FA
	后乳化型荧光渗透剂	FB
	溶剂去除型荧光渗透剂	FC
着色渗透检测	水洗型着色渗透剂	VA
	后乳化型着色渗透剂	VB
	溶剂去除型着色渗透剂	VC

表7-2 按显像剂种类分类

方法名称	显像剂种类	方法代号
干式显像法	干式显像剂	C
湿式显像法	湿式显像剂	W
	快干式显像剂	S
无显像剂显像法	不用显像剂	N

渗透检测方法的选用可根据被检焊缝表面粗糙度、检测灵敏度和检测现场的水源、电源等条件来决定。

焊缝渗透检测一般采用水洗型和溶剂去除型着色(或荧光)法,对于表面光洁且检查灵敏度要求高的可采用后乳化型去除工艺。

对于表面粗糙($Ra>6.3$)且检测灵敏度要求低的可采用水洗型渗透检测。

对于现场无水源、电源的检测宜采用溶剂去除型着色法。

三、探伤剂

渗透检测探伤剂包括渗透剂(荧光和着色)、乳化剂、清洗剂及显像剂。探伤剂应具有良好性能,对被检焊缝及其周围母材无腐蚀作用。

对奥氏体不锈钢焊缝检测时,探伤剂残渣中的氯和氟含量之和不应大于1%。注意:不同厂家、不同型号和系列的探伤剂不能混用。

1. 渗透剂

渗透剂按含染料成分可分为着色渗透剂、荧光渗透剂及荧光着色渗透剂三大类。荧光渗透剂含有荧光染料,在黑灯照射下缺陷图像发出黄绿色荧光;着色渗透剂含有红色染料,在白光下观察缺陷图像显示红色;荧光着色渗透剂缺陷图像在白光下显示鲜艳的暗红色,在黑光下显示明亮的荧光。

按多余渗透剂去除方法,渗透剂可分为水洗型渗透剂、后乳化型渗透剂及溶剂去除型渗透剂。水洗型渗透剂可直接用水去除工件表面多余的渗透液;后乳化型渗透剂为不含乳化剂的油基性渗透液,必须施加乳化剂后才能用水洗涤;溶剂去除型渗透剂可采用有机溶剂擦除工件表面多余的渗透剂。

渗透剂通常由溶质和溶剂组成,焊接检验时根据需要可采用着色渗透剂或荧光渗透剂,其特点参见表7-3。

表7-3 渗透检测材料分类及特点——渗透剂

检测剂	分类		特点
渗透剂	着色渗透剂	水洗型 水基型	以水为溶剂,水中溶解红色染料。配制方便,但灵敏度不高
		水洗型 自乳化型	在高渗透性油液中油溶性红色染料,渗透剂本身含有乳化剂
		后乳化型	在高渗透性油液和有机溶剂内溶解油性红色染料,不含乳化剂。渗透力强,检测灵敏度高,应用广泛
		溶剂去除型	采用低黏度、容易挥发的溶剂,可采用有机溶剂擦除
	荧光渗透剂	水洗型	由荧光染料、油基渗透溶剂、互溶剂和乳化剂构成。预清洗后简单漂洗,可不烘干进行渗透,加快检测进程;优异的润湿性和可去除性;背景残留少,信噪比高,缺陷显示清楚

表 7-3(续)

检测剂	分类			特点
渗透剂	荧光渗透剂	后乳化型	油基渗透剂、互溶剂、荧光染料、润湿剂,不含乳化剂	缺陷中的荧光液不易洗去,抗水污染能力强,不易受酸和铬盐的影响; 荧光灵敏度按其在紫外线下发光强弱可分为三种,即标准灵敏度、高灵敏度、超高灵敏度
		溶剂去除型		不需要水,具有很高的灵敏度,批量工件的检测工效较低,适于受限制的区域性检测

2. 乳化剂

乳化剂以表面活性剂为主体,可适当添加溶剂以调节黏度、调整与渗透剂的配比以及降低费用,其分类及特点参见表 7-4。

表 7-4　渗透检测材料分类及特点——乳化剂

检测剂	分类	亲和力(HLB)	特点及应用
乳化剂	亲水性乳化剂	8~18	乳化剂浓度决定乳化能力、乳化速度及乳化时间,推荐使用浓度为 5%~20%(用水稀释)
	亲油性乳化剂	3.5~6	不加水使用。黏度大时扩散速度慢,则乳化过程容易控制,但乳化剂损耗大;黏度低扩散速度快,乳化速度快,需控制乳化时间

3. 去除剂(清洗剂)

渗透检测去除剂可用于工件表面预处理、去除工件表面多余渗透剂及被检工件表面后处理等环节。

去除剂包括水、有机溶剂及乳化液等,其特点参见表 7-5。

表 7-5　渗透检测材料分类及特点——去除剂

检测剂	分类	特点及应用
去除剂	水	清除水洗型渗透液
	有机溶剂	清除溶剂去除型渗透液
	乳化液	清除后乳化型渗透液

4. 显像剂

显像剂施加于工件表面,可提高缺陷中截留渗透剂渗出及增强渗透显示。

显像剂包括干粉显像剂、悬浮或溶解于水中(水悬浮、水溶性)的显像剂、悬浮于非水挥发性溶剂中(不可燃的、可燃的)的显像剂,参见表 7-6。

表 7-6　渗透检测材料分类及特点——显像剂

检测剂	分类	使用要求
显像剂	干粉显像剂	干粉显像剂为蓬松的白色粉末,可用粉末喷球或喷粉枪手工施加,或者将工件埋入干粉中的埋粉法施加。 干粉显像剂是在工件表面堆积粉末形成显像膜,仅适用于荧光渗透检测,通常与荧光水洗型渗透剂搭配使用
	水悬浮型显像剂	水悬浮的显像剂不溶于水,会形成悬浮液体。水悬浮显像剂必须持续搅拌,以确保粉末均匀的悬浮,从而提供一致的显像剂浓度。 水悬浮显像剂能够产生适合的白色显像剂膜层,可同时增强着色渗透剂和荧光渗透剂的缺陷指示,可与荧光渗透剂和着色渗透剂配合使用
	水溶性显像剂	水溶性显像剂粉末可完全溶解于水中,在溶液制备期间仅需要简单的搅拌。 水溶性显像剂不能产生足够的白色背景,所以仅可用于荧光渗透检测,不能与着色渗透剂一起使用
	溶剂悬浮型显像剂	溶剂悬浮型显像剂是将显像剂粉末加入挥发性的有机溶剂中配制而成。 显像剂灵敏度高,挥发快,形成的显示扩散小,显示轮廓清晰,与着色渗透液配合使用

四、渗透检测工艺

《船舶钢焊缝磁粉检测、渗透检测工艺和质量分级》(CB/T 3958—2004)标准给出渗透探伤检测工艺流程,如图 7-4 所示。

渗透检测工
(动画)

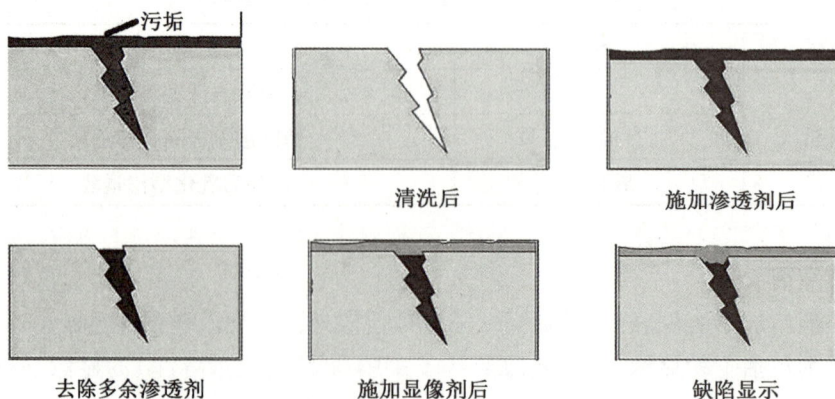

污垢

清洗后　　　　　　　施加渗透剂后

去除多余渗透剂　　　施加显像剂后　　　缺陷显示

图 7-4　渗透检测工艺流程

1. 表面预清理

被检工件焊缝表面及其两侧 25 mm 区域内应无锈蚀、氧化皮、焊渣、飞溅物、油脂、涂层、油膜、污垢等有可能干扰渗透检测的物质。

表面预处理可分别采用碱洗、酸洗、蒸气清洗、溶剂清洗、机械清洗和超声波清洗等方法。不允许用喷砂、喷丸和硬砂轮打磨等可能堵塞缺陷的清理方法。

2. 施加渗透剂

渗透剂施加应在焊缝表面预清洗、干燥,并达到规定温度后方能进行。

渗透剂和被检焊缝的表面温度应保持在 10~52 ℃(在检测过程中,允许做局部的加热或冷却,但温度应保持在 10~52 ℃)。当无法满足上述要求时,应按实际情况做对比试验,来鉴定工艺方法的可用性。

在渗透时间内应保持被检区域表面全部被渗透剂覆盖,并保持湿润状态。

(1)施加温度

被检表面和渗透检测材料的温度,不宜超过所使用的材料说明书中所标明的范围。

(2)施加方法

渗透剂应彻底且均匀润湿被检表面,渗透剂可采用喷涂、涂刷、流布和浸渍等方法施加。

(3)渗透时间

渗透时间与渗透剂的性能、检测时温度、被检材料和具体的缺陷等有关。渗透时间长不会降低灵敏度,通常较长的渗透时间可以使不连续有较清晰的显示。

在规定温度下,渗透时间应参照产品使用说明书中的规定且不应少于 5 min。

3. 去除多余渗透剂

达到规定渗透时间后,应清除残留在被检表面上的渗透剂。去除过程中,应防止清除不足而造成对缺陷指示的识别困难,且避免清除过度造成渗入缺陷中的渗透剂被除去。

荧光渗透剂去除应在紫外线照射下观察清除程度。

(1)去除水洗型渗透剂

水洗型渗透剂应用喷水方法清除,水压不应超过 345 kPa,水温应为 10~38 ℃。无合适水洗装置,可采用干净不起毛的吸湿材料蘸水擦拭焊缝表面上多余的渗透剂。

(2)去除溶剂去除型渗透剂

去除时应沿着某一个方向擦拭,先用干燥的布或纸擦拭,直到大部分渗透剂都已去除后,再用蘸有少量溶剂去除剂的布或纸轻轻擦除残留的渗透剂。

(3)去除后乳化型渗透剂

去除后乳化型渗透剂应施加亲油性或亲水性的乳化剂。

①施加亲油性乳化剂。亲油性乳化剂可通过涂刷或浸渍的方法施加在焊缝表面。

乳化时间应从施加乳化剂时开始计算,乳化时间应参照产品说明书中建议,并根据应用情况通过试验确定。

②施加亲水性乳化剂。亲水性乳化剂施加前,应对渗透后的焊缝表面预清洗。可

采用喷水清洗焊缝,水温应控制在 10~38 ℃,水压应在 170~275 kPa,清洗时间不应超过 60 s,清洗后可用压缩空气(一般压力为 175 kPa)将残留积水去除。

亲水性乳化剂可通过喷洒或浸渍的方法施加在焊缝表面。乳化剂的温度应保持在 10~38 ℃。

③去除。焊缝表面已乳化的渗透剂可采用喷水以及浸泡等方法清洗掉。

喷水清洗的水温应控制在 10~38 ℃,水压应遵守产品说明书的规定,同一部位最大喷水时间不应大于 120 s。

浸泡清洗时应将需清洗部位完全浸没在水中,用空气或机械方法搅动水。水温应保持在 10~38 ℃,最大浸泡时间不应超过 120 s。

4. 干燥

在去除多余渗透剂之后和施加显像剂之前,应选择下列之一方法对表面进行干燥。

干燥方法可采用干净布擦干、压缩空气吹干、热风吹干和自然干燥,干燥时间通常为 5~10 min。

施加快干式显像剂之前或施加湿式显像剂之后,检测面须经干燥处理。一般可用热风干燥或自然干燥。干燥时,被检面的温度不应高于 52 ℃。

采用清洗剂清洗时,不应加热干燥。

5. 施加显像剂

使用干显像剂时,应先经干燥处理,再用适当方法将显像剂施加到焊缝表面,并保持一段时间。

使用含水液体显像剂时,可采用喷涂、流布或浸渍等方法。被检焊缝表面经过清洗后,可在干燥前直接将湿显像剂施加在被检焊缝表面,然后迅速排除多余显像剂,再进行干燥处理。

使用溶剂显像剂时,焊缝表面经干燥处理后,再将显像剂喷洒到被检焊缝表面,然后进行自然干燥或用压缩空气吹干。

着色渗透剂只能用湿显像剂。荧光渗透剂则干、湿显像剂都可以应用。

显像剂在使用前应充分搅拌均匀,显像剂施加应薄而均匀,不可在同一区域反复多次施加。

喷洒湿显像剂时,喷嘴离被检表面距离为 300~400 mm,喷洒方向与被检表面夹角为 30°~40°,或根据产品使用说明书的规定进行操作。

不应在被检表面上倾倒溶剂显像剂,以免冲洗掉缺陷内的渗透剂。

显像时间取决于显像剂的种类、缺陷大小以及被检工件温度,应按产品使用说明书规定,一般应不少于 7 min,特殊情况可通过试验确定。

五、渗透检测工艺卡

工艺卡的内容一般包括:

(1)依据的文件名称、编号,编写日期;

(2)工程的名称、焊接件的名称、图号、焊缝检查部位、检测时机和检测比例或

渗透检测工

长度；

（3）检测工序中应控制的内容：预处理方法、渗透方法、渗透时间、渗透剂牌号、乳化时间、清洗方法、水温、水压、压缩空气压力、干燥温度、干燥时间、显像方法和时间、显像剂牌号、灵敏度、环境条件、紫外线辐照度；

（4）执行标准、验收等级。

【任务实施】渗透检测工艺制定

1.渗透检测工艺制定任务

（1）描述渗透检测工艺制定的内容、要求及注意事项；

（2）编制渗透检测工艺卡。

2.编制渗透检测工艺卡，并将工艺规范记入表7-7中。

表7-7　渗透检测工艺卡

渗透检测方法							
渗透剂		去除剂		乳化剂		显像剂	
表面预处理							
清理方法				清理规范			
施加渗透剂							
施加温度		施加方法			渗透时间		
施加乳化剂							
去除多余渗透剂							
干燥							
施加显像剂							
方法				显像时间			

【课后习题】

1.选择题

（1）去除剂包括（　　）等。

①水；②有机溶剂；③乳化液。

（2）被检工件焊缝表面及其两侧（　　）mm 区域内应无可能干扰渗透检测的物质。

①20；②25；③30；④无要求。

（3）渗透时间不应少于（　　　）。

①5 min；②3 min；③4 min；④无要求。

（4）喷洒湿显像剂时，喷嘴离被检表面距离为（　　　），喷洒方向与被检表面夹角为（　　　）

①300～400 mm；②250 mm；③30°～40°；④60°。

（5）显像时间一般应不少于（　　　）min。

①3；②4；③5；④7。

2. 判断题

（1）毛细作用是液体表面对固体表面的吸引力，致使与固体接触的液体表面升高。　　　　　　　　　　　　　　　　　　　　　　　　　　　（　　）

（2）焊缝渗透检测一般采用水洗型和溶剂去除型法，对于表面光洁且检查灵敏度要求高的可采用后乳化型去除工艺。　　　　　　　　　　　　　　　（　　）

（3）显像剂在使用前应充分搅拌均匀，显像剂施加应薄而均匀，不可在同一区域反复多次施加。　　　　　　　　　　　　　　　　　　　　　　（　　）

（4）着色渗透剂只能用湿显像剂。　　　　　　　　　　　　　　　（　　）

（5）荧光渗透剂干、湿显像剂都可以应用。　　　　　　　　　　　（　　）

3. 简答题

（1）什么是渗透检测？

（2）什么是乳化作用？

（3）干燥规范有哪些要求？

（4）渗透检测工艺卡应包含哪些内容？

（5）试述施加显像剂的工艺要点。

任务2　　渗透检测工艺实施

【任务描述】

焊接结构生产中应依照相应规范要求，合理实施渗透检测。《船舶钢焊缝磁粉检测、渗透检测工艺和质量分级》（CB/T 3958—2004）标准针对船舶钢焊缝渗透检测工艺环节，均给予了具体规定。

鉴于渗透检测结果受被检测物体表面粗糙度影响易造成假象，中国船级社《船舶焊接检验指南》（2021）标准规定，渗透检测方法选用应根据需要的检测灵敏度、工件表面粗糙度以及检测现场水源等因素选定。正式开展渗透检测前应采用适当的试块对渗透检测剂进行灵敏度检测，以确定渗透检测工艺能够满足检测的灵敏度要求。

为保证船体焊缝质量，实施渗透检测工艺时，应分析渗透检测工艺内容及相关要求,严格按照渗透检测工艺实施,以保证船舶焊接质量。

【相关知识】

一、检测人员资格

从事渗透检测的人员,应持有中国船级社认可的相应的船舶无损检测技术资格证书。

编制工艺文件(如工艺卡和/或工艺规程)的人员,应持有相应的Ⅱ级及以上船舶无损检测技术资格证书。

审核渗透检测工艺文件的人员,应持有相应的Ⅱ级船舶无损检测技术资格证书。

检测人员的视力应每年检查一次,矫正视力不应低于1.0,无色盲和色弱。

二、标准试块

渗透检测灵敏度根据特定材料中特定类型的不连续的性质而定,例如细裂纹或开口裂纹,深裂纹或浅裂纹。特定的渗透剂和技术工艺,必然可得到特定的灵敏度。实际操作中,常使用人工制造的标准试块,即含有符合要求的人工缺陷和自然缺陷(通常是裂纹状)的试样,标准试块应符合《无损检测 渗透试块通用规范》(JB/T 6064—2015)规定。

1.试块类型

(1)B型试块

B型试块(不锈钢镀铬试块)包括两块,分别为五点式和三点式,如图7-5、图7-6所示,图中单位为mm。

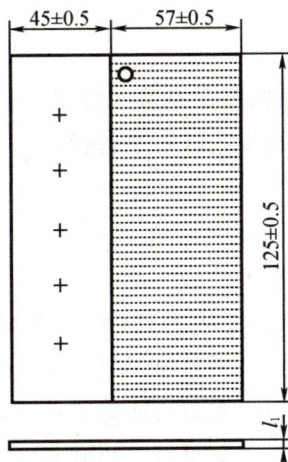

试块厚度 l_1 = 2.5±0.5 mm

图7-5 五点式B型试块

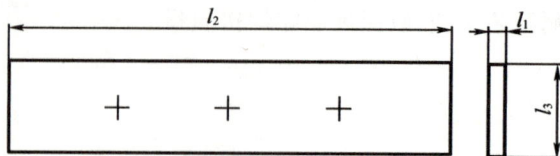

试块厚度 $l_1 = (3 \sim 4) \, \text{mm}$；试块长度 $l_2 = (100 \sim 130) \, \text{mm}$；试块宽度 $l_3 = (30 \sim 40) \, \text{mm}$

图 7-6　三点式 B 型试块

（2）C 型试块

图 7-7 所示为 C 型试块（黄铜板镀镍铬定量试块）规格示意，图中单位为 mm。

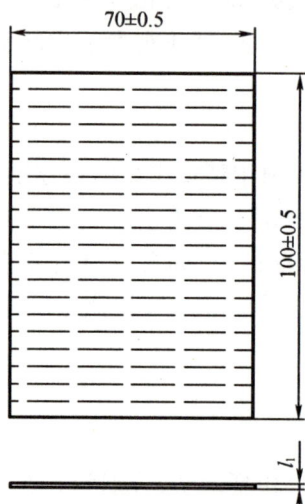

试块厚度 $l_1 = (1 \pm 0.2) \, \text{mm}$

图 7-7　C 型试块

2. 试块使用方法

标准试块主要用于检验渗透检测剂系统灵敏度及操作工艺的正确性。使用试块时，应在焊缝检测的同时按同样的工艺进行平行操作。

（1）B 型试块使用

①五点式 B 型试块使用：五点式 B 型试块工作面上有五组不同大小的辐射状裂纹，分别对应不同的渗透探伤灵敏度等级。

将试块按所用渗透系统要求的工艺处理（将试块和被检零件一同处理），然后采用标准要求对试块进行检测，确定检测系统灵敏度是否正常。

如检测系统各部分均正常，则超高灵敏度渗透检测系统可全部显示五组裂纹。高灵敏度检测系统可显示四组裂纹，正常灵敏度检测系统可显示三组裂纹。

该试块也可分别用于对新探伤剂的选择和验收或对探伤操作的考核。

②三点式 B 型试块使用：三点式 B 型试块工作面上有三组不同大小的辐射状裂纹，分别对应高、中、低三种渗透检测灵敏度等级。

将试块按所用渗透系统要求的工艺处理（将试块和被检零件一同处理），然后观

三点式 B 型
试块使用

察试块上人工缺陷的显示情况。

如果显示与照片相同,则检测系统灵敏度正常。

该试块也可用于对新探伤剂的选择和验收,以及渗透检测操作考核。

(2)C型试块使用

C型试块可用以鉴别各类渗透液性能和确定检测灵敏度等级,以及渗透检测系统性能的对比试验和校验。

①将渗透剂采用既定检测工艺涂于试块表面待裂纹显示,通过裂纹显示情况确定渗透检测系统的灵敏度。裂纹深度由镀铬层厚度决定,裂纹宽度由弯曲和校直时试块变形程度确定,可用于高灵敏度渗透材料的性能测试。

②分别将两种渗透剂采用相同的检测工艺,涂于试块表面待裂纹显示,通过裂纹显示情况确对比两种渗透剂的优劣。

试块也可用于对新探伤剂的选择和验收,以及检测操作的考核。

(3)试块使用后处理

试块使用后应按产品说明书规定进行清洗,清洗后将其置于1:1的丙酮和乙醇溶液中浸渍30 min,晾干或吹干后置于试块盒内,并放置在干燥处保存。

如标准试块有堵塞或灵敏度与原先比较有下降时,应及时更换。

三、渗透检测操作工艺流程

所有焊缝的渗透检测应在外观检查合格后进行。对于易产生延迟裂纹的焊缝,应在焊缝经时效后进行检测。

(1)对材料或工件的表面进行预清洗和清除油污以做检测准备;

(2)将渗透剂施加在处理完毕的工件表面,并停留一段时间,使渗透剂渗入该表面上开口的不连续;

(3)去除多余的渗透剂,但其方法必须确保渗透剂能滞留在不连续内;

(4)将显像剂施加在该表面,以吸出不连续内的渗透剂,从而得到一个放大的不连续的显示;

(5)在适当的观察条件下进行目视检测和评价;

(6)对检测过的表面进行清洗,如有必要,附加防腐蚀处理。

注意事项:检测时的温度若与该渗透检测材料的规定不同,可能会导致错误的结果。

渗透检测工艺流程如图7-8所示。

孔渗透检测

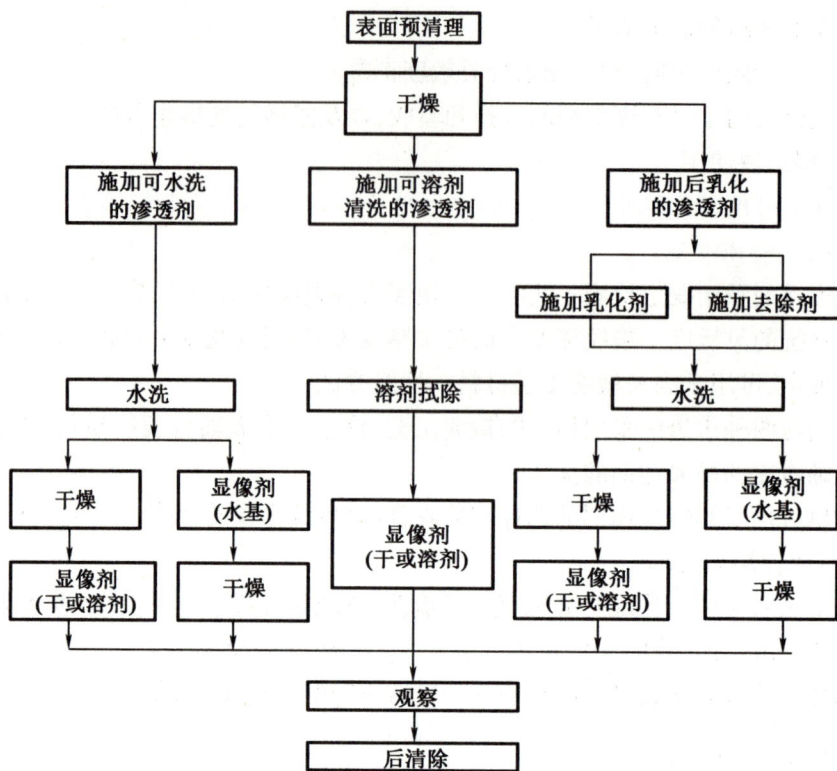

图 7-8　荧光和着色渗透检测一般工艺流程

【知识拓展】非标准温度渗透检测工艺试验

A 型灵敏度试块,适于 $10 \sim 52\ ℃$ 温度范围以外的渗透检测工艺试验;也可用于正常情况下检验渗透检测剂能否满足要求,以及比较两种渗透检测剂性能的优劣。

1. 正常使用情况

分别将两种渗透剂采用相同的检测工艺,涂于试块表面待裂纹显示,通过对比裂纹显示情况确定两种渗透剂的优劣。

2. 非标准温度

当检测温度不在 $10 \sim 52\ ℃$ 温度范围内,应采用 A 型灵敏度试块对检测方法进行鉴定。

(1)将该试块沿中间槽对半分开,一片标注"Ⅰ",另一片标注"Ⅱ"。

将试块和所有材料均加热或冷却并保持在预定的检测温度。

将拟采用的方法用于"Ⅱ"试块,将原验证适用的渗透检测方法用于"Ⅰ"试块。然后比较"Ⅰ"和"Ⅱ"试块裂纹指示,如果"Ⅱ"试块上的指示基本和"Ⅰ"试块上的指示相同,则可认为拟采用的方法可用。

否则认为拟采用的方法不适用,应调整工艺、更改试剂或采用其他检测方法。

(2)温度低于 $10\ ℃$ 时,应在该温度至 $10\ ℃$ 的温度范围内对检测工艺进行试验。

(3)温度超过 $52\ ℃$ 时,应确定温度的上下限,并在该温度范围内对检测工艺进行试验。

渗透检测
工艺试验

(4)采用着色渗透剂时,允许对标准温度和非标准温度使用同一个对比试块(也可直接使用 A 型灵敏度试块),并用照相法进行比较。

①先对非标准温度下处理的试块进行照相,然后对标准温度下处理的试块进行照相,比较两张照片中的裂纹显示指示。

②在两次处理过程之间,应将试块彻底洗干净。

③在制取上述比较用的照片时,应采用相同的照相技术。

【任务实施】渗透检测工艺实施

1.渗透检测工艺工作任务

(1)描述渗透检测工艺内容、要求及注意事项;

(2)开展渗透检测灵敏度检测;

(3)开展碳钢板对接试件渗透检测:低碳钢板对接试件。

2.器材及场地

(1)渗透剂、清洗剂、显像剂;

(2)三点式渗透探伤试块(灵敏度试块);

(3)光源;

(4)抹布;

(5)清水。

焊接检验实训室。

3.实施渗透检测灵敏度检测及对接试件渗透检测,将结果记入表 7-8 中。

表 7-8　渗透检测工艺实施

产品名称		产品编号	
检验部位		验收标准	
材料/规格		检验时机	
表面状态		检验比例	

检验条件:

设备型号		试块型号		光源	
检验方法				检验部位温度	
渗透剂		清洗剂		显像剂	
施加方法		渗透时间		显像时间	

检验区域示意图:	
任务评价	

【课后习题】

1. 选择题

(1)B 型试块包括(　　)两块。

①5 点式;②3 点式;③4 点式。

(2)C 型试块参数包括(　　)。

①试块厚度;②试块长度;③试块宽度;④面积。

(3)三点式 B 型试块参数包括(　　)。

①试块厚度;②试块长度;③试块宽度;④面积。

(4)五点式 B 型试块参数包括(　　)。

①试块厚度;②试块长度;③试块宽度;④面积。

2. 判断题

(1)编制工艺文件人员,应持有相应的 Ⅱ 级以上船舶无损检测技术资格证书。

(　　)

(2)标准试块为人工制造。　　　　　　　　　　　　　　　　(　　)

(3)渗透检测标准温度为 10~52 ℃。　　　　　　　　　　　　(　　)

(4)去除多余的渗透剂,但其方法必须确保渗透剂能滞留在不连续内。(　　)

3. 简答题

(1)B 型试块如何使用?

(2)A 型灵敏度试块如何使用?

(3)C 型试块如何使用?

(4)试述渗透检测操作工艺流程。

任务3　渗透检测质量等级评定

【任务描述】

船舶焊缝渗透检测质量等级评定,首先应正确定性分析缺陷指示,然后针对指示定量分析,确定其相应的质量等级。

《船舶钢焊缝磁粉检测、渗透检测工艺和质量分级》(CB/T 3958—2004)标准明确规定了不允许存在的缺陷形式,对允许存在的缺陷形式根据定量分析结果划分了 5 个质量等级。

为确保船舶焊接质量,应正确定性、定量分析渗透指示,依照船舶钢焊缝渗透检测工艺和质量分级标准规定,正确评定焊缝质量等级。

【相关知识】

一、指示观察

观察显示的指示应在显像剂施加后 7~30 min 内进行。

荧光渗透检测人员应在观察前用 5 min 以上时间在暗处使眼睛适应。检测人员佩戴眼镜或观察中使用放大镜,应保证眼镜和放大镜为非光敏类型。

荧光渗透检测指示观察,应在白光亮度不大于 20 lx 的暗处使用黑光灯进行。焊缝表面的黑光强度应不低于 1 000 $\mu W/Cm^2$。

着色渗透检测指示观察,应在白光强度大于 100 lx 的条件下进行。

二、缺陷指示

对于出现的指示,应区分是相关指示、非相关指示或是伪指示。如果不能分辨时,应进行再检测或用其他方法进行检测。

1. 相关显示

由缺陷或不连续引起的显示称为相关显示(真实显示),相关显示是缺陷或不连续存在的标志。

在渗透检测中,常见的缺陷有裂纹、气孔、夹杂、疏松、折叠、冷隔和分层等通过目视检测一般可发现,表 7-9 为缺陷显示特征。

表 7-9 缺陷显示特征

缺陷显示类型	缺陷名称	显示特征
连续线状显示	铸造冷裂纹	多呈规则的微弯曲的直线状,起始部位较宽,随延伸方向逐渐变细,有时贯穿整个铸件,边界通常较整齐
	铸造热裂纹	多呈连续、半连续的曲折线状,起始部位较宽,尾部纤细;有时呈断续条状或树枝状,粗细较均匀或参差不齐;荧光亮度或色泽取决于裂纹中渗透液容量
	锻造裂纹	一般呈无规则的线状,擦掉显示,肉眼可见
	熔焊裂纹	呈纵向、横向线状或树枝状,多出现在焊缝及热影响区
	淬火裂纹	呈线状、树枝状或网状,起始部位较宽,随延伸方向逐渐变细,显示形状清晰
	磨削裂纹	呈网状或辐射状、相互平行的短曲线条,其方向与磨削方向垂直
	冷作裂纹	呈直线状或微弯曲的线状,多出现在变形量大或张力大的部位,一般单个出现
	疲劳裂纹	呈线状、曲线状,随延伸方向逐渐变细。显示形状较清晰,多出现在应力集中区

表 7-9（续）

缺陷显示类型	缺陷名称	显示特征
连续线状显示	线状疏松	呈各种形状的短线条，散乱分布，多成群出现在铸件的孔壁或均匀板壁上
	冷隔	呈较粗大的线状，两端圆秃，较光滑线状，有时出现紧密、断续或连续的线状。擦掉显示，目视可见，常出现在铸件厚薄转角处
	未焊透	呈线状，多出现在焊道中间，显示一般较清晰
断续线状显示	折叠	多为与表面成一定夹角的线状，一般肉眼可见，显示的亮度和色泽随其深浅和夹角大小而异，多发生在锻件的转接部位。显示有时呈断续线状
	非金属夹杂	沿金属纤维方向，呈连续或断续的线条，有时成群分布，显示形状较清晰，分布无规律，位置不固定
圆形显示	气孔	呈球形或圆形，擦掉显示，目视可见
	圆形疏松	多数呈长宽比≤3的线条状，也呈圆形显示，散乱分布
	火口裂纹	由于截留大量的渗透液，也经常呈圆形显示
	大面积缺陷	由于实际缺陷轮廓不规则，截留渗透液多时，也经常呈圆形显示
	缩孔	呈不规则的窝坑状，常出现在铸件表面
小点状显示	针孔	呈小点状显示
	收缩空穴	呈显著的羊齿植物状或枝蔓状轮廓
弥散状显示	显示疏松	可弥散成一较大区域的微弱显示，应给予重视
	表面疏松	对相关部位重新检查，以排除虚假显示，不可简单仓促地做出评判

2. 非相关显示

非相关显示不是由缺陷或不连续引起的，可能由下述情况造成：

（1）由工件的加工工艺造成，例如装配压印，铆接印和焊接时未焊部位产生的显示。

（2）由工件结构外形引起，例如键槽、花键和装配结合缝等引起的显示，也称为无关显示。

（3）由划伤、刻痕、凹坑、毛刺、焊斑或松散的氧化层引起的显示。

表 7-10 为常见的非相关显示特征。

表 7-10　常见的非相关显示特征

种类	位置	特征
焊接飞溅	电弧焊的基体金属	表面上的球形物
电阻焊上未焊接的边缘部分	电阻焊缝边缘	沿整个焊缝长度渗透液严重渗出
装配压痕	压配合处	压配合轮廓

表 7-10（续）

种类	位置	特征
铆接印	铆接处	锤击印
毛刺	机械加工零件	目视可见
刻痕、凹坑、划伤	各种零件	目视可见

3. 伪指示

伪指示非缺陷或不连续引起，而是由不适当的渗透检测方法或处理产生的指示，可能会导致识别误差。

产生伪指示的主要原因有以下几种：

（1）操作者手上及检测工作台上的渗透液造成的污染。

（2）显像剂受到渗透液的污染。

（3）擦布或棉花纤维上的渗透液造成的污染。

（4）工件筐、吊具上残存的渗透液与已经清洗干净的工件相接触而造成的污染。

（5）工件上缺陷处渗出的渗透液使相邻的工件受到污染。

（6）清洗时，渗透液飞溅到干净的工件上造成的污染。

渗透检测时，应尽量避免产生伪指示。为此，需要采用必要的措施，如操作人员手应保持干净，工件筐、吊具和工作台要始终保持干净，使用无绒、干净的布擦洗工件，并安装黑光灯进行检查等。

根据显示特征进行分析，伪指示比较容易判别。采用蘸有酒精的棉球擦拭，虚假显示很容易擦去，且不会重新出现。

三、质量等级评定——CB/T 3958—2004

1. 缺陷指示的分类

（1）线状缺陷指示

指示的长度与指示的宽度之比大于 3 的缺陷指示。

（2）圆形缺陷指示

指示的长度与指示的宽度之比不大于 3 的缺陷指示。

同一直线上间距不大于 2 mm 的两个或两个以上缺陷指示，按一个缺陷指示计算，其长度为其中各个缺陷指示的长度及其间距之和。

2. 质量分级

（1）不允许存在的缺陷

任何裂纹、任何未熔合、任何长度大于 3 mm 的线状缺陷指示以及任何单个缺陷长度或宽度大于或等于 4 mm 的圆形缺陷指示。

（2）缺陷指示等级评定

缺陷指示等级评定按表 7-11 所示进行，评定区尺寸为 35 mm×100 mm，评定区选在缺陷指示最密集的部位。

表 7-11　缺陷指示的等级评定

评定尺寸/mm	等级	缺陷指示累计长度/mm
35×100	I	<0.5
	II	0.5~2.0
	III	>2~4
	IV	>4~8
	V	>8

3. 缺陷指示记录

根据实际需要和现场条件,可采用照相、示意图、描拓和覆膜以及其他记录方法进行缺陷指示的记录。

4. 检测报告内容

检测报告一般包括下列内容:

委托单位、报告编号;

焊接件名称及编号、焊缝尺寸;

技术草图和被检区域及缺陷记录;

焊缝情况（母材材质、表面状态、焊接方法、焊缝长度）;

执行标准和验收等级;

检测方法,探伤剂名称（或牌号）;

渗透剂的施加方法和渗透时间,乳化剂的施加方法和乳化时间,洗净方法或去除方法,干燥方法及其温度和时间;

对比试块;

缺陷指示的评定和解释;

缺陷性质;

质量评定结果;

检测人员、审核人员等级和签字;

检测日期及审核日期。

四、重检

若发现下列情况应重新将试件彻底清洗干净进行重检:

检测结束过程中发现探伤剂失效时;

在操作方法上有误时;

难以确定指示是缺陷还是非缺陷的因素引起时。

五、后清除

检测结束后,如果残留的探伤剂会干扰以后的加工过程或使用,以及会在使用过程中与其他成分结合而产生腐蚀,则应进行后清除。可采用简单水洗、机械清洗、蒸气除油、溶剂浸渍或超声波清洗等方法进行后清除。后清除应在检测完成后尽可能快地进行。

【任务实施】渗透检测质量等级评定

1.渗透检测质量等级评定

(1)描述渗透检测质量等级评定内容、要求及注意事项;

(2)开展板对接试件渗透检测质量等级评定。

2.试件及工具准备

(1)5 倍放大镜;

(2)光源;

(3)石笔;

(4)直尺;

(5)板对接试件(显示缺陷指示)。

3.按船体钢焊缝渗透检测标准,实施渗透检测质量评定任务,并将检测结果记入表7-12 中。

表 7-12 渗透检测报告

渗透检验报告			报告编号	
产品名称			产品编号	
检验部位			验收标准	
材料/规格			检验时机	
表面状态			检验比例	

Ⅰ.检验条件:

设备型号		试块型号		光源	
检验方法				检验部位温度	
渗透剂		清洗剂		显像剂	
施加方法		渗透时间		显像时间	

检验区域示意图: 检验结论:

检验记录

部件名称	部件编号	数量	焊缝号	缺陷位置	
				X	Y

X:离左端的距离   Y:离焊缝中心的距离

检测人(级别)		日期		审核(级别)		日期	

【课后习题】

1. 选择题

(1)观察显示的指示应在显像剂施加后(　　　)内进行。

①7~30 min;②5 min;③4 min;④6 min。

(2)荧光渗透检测人员应在观察前用(　　　)以上时间在暗处使眼睛适应。

①5 min;②1 min;③4 min;④3 min。

(3)缺陷指示分类包括(　　　)。

①线状缺陷指示;②圆形缺陷指示;③危害严重。

(4)不允许存在的缺陷包括(　　　)。

①裂纹;②未熔合;③长度大于 3 mm 的线状缺陷指示;④单个缺陷长度或宽度大于或等于 4 mm 的圆形缺陷指示;⑤条渣。

2. 判断题

(1)缺陷产生的显示为相关显示。　　　　　　　　　　　　　　　　(　　　)

(2)非相关显示不是由缺陷或不连续引起的。　　　　　　　　　　(　　　)

(3)伪指示是由不适当的渗透检测方法或处理产生的指示。　　(　　　)

(4)缺陷评定区尺寸为 35 mm×100 mm。　　　　　　　　　　　(　　　)

3. 简答题

(1)试述相关显示类型及特征。

(2)试述渗透检测质量等级的具体规定。

(3)渗透检测后清除有哪些要求?

(4)渗透检测应包含哪些内容?

参 考 文 献

[1]　中华人民共和国工业和信息化部. 船舶钢焊缝射线检测工艺和质量分级：CB/T 3558—2011[S]. 北京：中国船舶工业综合技术经济研究院,2011.

[2]　中华人民共和国工业和信息化部. 船舶钢焊缝超声波检测工艺和质量分级：CB/T 3559—2011[S]. 北京：中国船舶工业综合技术经济研究院,2011.

[3]　中华人民共和国工业和信息化部. 船体焊缝表面质量检验要求：CB/T 3802—2019[S]. 北京：中国船舶工业综合技术经济研究院,2019.

[4]　中国船级社. 钢质海船入级规范[S]. 北京：人民交通出版社,2021.